COVEN

RITUAIS E PRÁTICAS DE WICCA PARA GRUPOS

Claudiney Prieto

COVEN

RITUAIS E PRÁTICAS DE WICCA PARA GRUPOS

Publicado originalmente em 2003
Publicado em 2019 pela Editora Alfabeto

Direção Editorial: Edmilson Duran
Produção Editorial: Lindsay Viola
Diagramação e finalização: Décio Lopes
Revisão de Textos: Luciana Papale

DADOS INTERNACIONAIS DE CATALOGAÇÃO NA PUBLICAÇÃO (CIP)
Angélica Ilacqua CRB-8/7057

Prieto, Claudiney

Coven: rituais e práticas de wicca para grupos / Claudiney Prieto. – 2. ed. – São Paulo: Alfabeto, 2019.

416 p.

Bibliografia
ISBN: 978-85-98307-81-7

1. Wicca 2. Ciências ocultas 3. Magia I. Título

19-2552   CDD 299.94

Índices para catálogo sistemático:
1. Wicca 299.94

Todos os direitos reservados, proibida a reprodução total ou parcial por qualquer meio, inclusive internet, sem a expressa autorização por escrito da Editora.

EDITORA ALFABETO
Rua Protocolo, 394 | CEP 04254-030
São Paulo/SP | e-mail: editorial@editoraalfabeto.com.br
Tel: (11) 2351-4720
www.editoraalfabeto.com.br

Dedico a nova edição deste livro a Rafael Toledo, Flávio Lopes, Wesley Leão e Lissa Queiroz, pelo amor e pela dedicação à Arte dos sábios.

E a todos que, com a verdade do coração, perpetuaram a Religião da Deusa ao longo dos tempos.

Que esta obra ajude a tornar muitas buscas pelo Coven perfeito uma realidade possível.

Abençoados sejam os que se reúnem no Círculo para celebrar a mais antiga de todas as divindades!

O futuro da Arte e dos Covens de amanhã estão em suas mãos.

Blessed Be,
Claudiney Prieto

Rede Wiccaniana

A Lei Wiccaniana deseja perfeito amor e confiança perfeita.

Devemos viver e deixar viver, doar para receber.

Três vezes o Círculo traçar, para os espíritos indesejados afastar.

Para atar o encanto, quando desejar, o feitiço deve rimar.

Olhos brandos, suave tocar, pouco deve falar e muito escutar.

Deosil para a crescente lunar e a Runa dos Bruxos vamos cantar.

Widdershins quando a Lua diminuir, cantando a Runa para banir.

Quando a Lua da Senhora é nova e bela, beije duas vezes a mão para Ela.

Quando a Lua ao ápice chegar, um desejo o coração vai procurar.

Se o poderoso vento Norte soprar, tranque a porta e vá velejar.

Quando do Sul ventar, o amor vai você beijar.

Quando o mouro vento Oeste está soprando, vêm os espíritos sem descanso.

Quando o vento do Leste soprar, espere as novidades e prepare para festejar.

Nove madeiras no caldeirão vão queimar com rapidez e lentidão.

A árvore da Senhora é o sabugueiro sagrado, não o queime ou será amaldiçoado.

Quando a Roda começa a girar, deixe os fogos de Beltane queimarem.

Quando a Roda a Yule chegar, acende a Tora para os Corníferos reinarem.

À flor, ao bosque e às árvores que crescerão, a Deusa traz a sua bênção.

Onde a água agitada correr, jogue uma pedra para a verdade conhecer.

Quando tiver uma necessidade ou uma aflição, à ganância alheia não dê atenção.

E ao tolo, uma só estação é melhor não passar, ou como seu amigo confundido será.

Feliz Encontro e Feliz Partida, então, ilumine a face e aqueça o coração.

A Lei Tríplice devemos lembrar, três vezes o mal ou o bem vai voltar.

Quando o azar despontar, a Estrela azul na testa deve ornar.

Apaixonados devemos sempre ser, para o falso amor não crescer.

Oito palavras a Rede Wiccaniana respeita:

"Sem nenhum mal causar, faça o que você deseja".

Sumário

Prefácio 17

Introdução 21

Como usar este livro 23

1. Por onde começar? 25

Criando um Círculo 26

    Escolhendo um nome para o Círculo 28

    Consagrando seu Círculo com o nome escolhido 29

    Ritual de consagração do nome do Círculo 31

O Círculo está formado, e agora? 34

2. Seu Coven 39

3. Definindo as características básicas de seu Coven 47

Hierarquia do grupo 47

Covens com hierarquia rígida 49

Covens com hierarquia flexível 58

Covens com hierarquia igualitária 60

Cosmogonia e relação com o sagrado 62

Covens com visão cosmogônica igualitária 67

Covens com visão cosmogônica matrifocal 70

Covens com visão cosmogônica baseada no Uno 75

O Coven e o seu Panteão 77

Vestidos de céu ou robes? 79

O número ideal de membros em um Coven 82

4. Leis e regulamento do Coven 85

Definindo a meta do grupo 86

Sancta Luna Dianic Coven – *Um Coven de Mistérios Femininos*...87

O regulamento do Coven..92

Meta do grupo 93

Leis de Coven...96

Leis éticas...96

Leis da arte...97

Regulamento de Coven – *Coven Sister Moon*...........................101

5. Os cargos de um Coven...109

A Alta Sacerdotisa 110

O Alto Sacerdote..111

A Donzela...112

O Mensageiro...113

O Escriba 114

O Portador da Saca..114

O Bardo..115

O Guardião...115

Mestre de..116

Senhor(a) do Norte 116

Senhor(a) do Leste 117

Senhor(a) do Sul..118

Senhor(a) do Oeste..118

Ritual de Consagração do Guardião de um Coven 121

6. Dedicação 127

Ritual de Dedicação 131

Depois da Dedicação 136

7. Iniciação em um Coven..139

Como saber quando alguém está pronto para ser iniciado? 143

Ritual de Iniciação – criando a cerimônia do seu Coven 146

8. Introduzindo novos membros no Coven...................................157

9. Nome mágico...163

Nomes para mulheres 168

Nomes para homens 174

10. Criando um Espaço Sagrado com seu Coven 181

Limpando fisicamente a área ritual...184

A decoração do local...185

A limpeza energética...185

O Círculo Mágico..188

Traçando o Círculo Mágico 1 190

Traçando o Círculo Mágico 2 194

Traçando o Círculo Mágico 3 201

11. Preparando seu Coven para a Magia 207

Purificação 207

Purificação com os 4 elementos 210

Purificação com sino, água e incenso 211

Purificação com água e sal 212

Harmonização 213

Harmonização com o Ar 215

Harmonização com o Fogo 216

Harmonização com a Água...216

Harmonização com os quatro elementos I 217

Harmonização com os 4 elementos II 218

12. Treinando seu Coven para praticar Magia....................................221

Equilíbrio, Momento, Desejo, Imagem e Direção 221

Leis da Magia 226

As habilidades mágicas que um covener precisa possuir 228

Visualização e Controle da Mente 230

Exercícios para desenvolver as habilidades mágicas dos coveners ..232

Visualizando 235

Escudos Mágicos 235

Criando Energia 236

Projetando Energia 237

Aterrando 238

13. Um Templo Astral e o Guardião para o Coven............................239
   O Templo Astral do Coven 240
      Criando o Templo Astral do Coven......................................242
   Um Guardião para o Coven...245
      Criando um Guardião para o Coven 248
      Trabalhando com o Guardião 252
      Destruindo o Familiar 256

14. Usando o tambor e ritmos com o Coven 259
   Tocando o Tambor nos Rituais do Coven................................261
   Consagrando o Tambor..262
   Círculo de Tambores..264
   Banindo energias negativas com o Tambor 266

15. Animais de Poder...269
   Por que Trabalhar com Animais de Poder? 271
   Começando a busca 272
      Exercício 1: Dançando com o Animal de Poder 274
      Exercício 2: Reconhecendo a energia de cada animal 274
      Exercício 3: Reconhecendo a energia dos animais em você 275
   Animais de Poder – os significados mais comuns....................275

16. Desenvolvendo os dons da visão..277
   Iniciando a visualização 279
   O simbolismo nos processos de clarividência...........................279
      Exercícios para desenvolver os dons da visão......................280
   Sentindo os chacras..281
      Conhecendo mais sobre os chacras.......................................281
   Psicometria...284
   Visões na Fumaça...285
   Usando o Pêndulo 285
   Visões na Chama...285
   Visões com Pingos d'água 285
   Visões nas Cartas do Tarô...286
   Usando um Espelho Negro 286
      Consagração do Espelho Mágico 287

A Bruxaria e a Força dos Ventos 290
    Ritual de invocação aos ventos 291

17. Ervas mágicas 295
  Constituição das Plantas 296
    Estrutura das plantas...296
    Os diferentes tipos de plantas 297
    Relação dos 4 elementos com as ervas......................................298
    Relação dos 7 planetas mágicos com as ervas..........................298
    Fazendo uma tabela de correspondências das ervas.................299

18. Símbolos, talismãs e óleos mágicos para o Coven 303
  Os Símbolos Sagrados 303
  Os Símbolos mais comuns 305
  Zodiacais Planetários...305
  Elementos..306
  Símbolos Rúnicos...307
  Confeccionando Talismãs 310
    Elementos que devem ser observados pelos coveners durante a
    confecção de um talismã 310
    Construindo um talismã 311
    Construindo um bindrunes 312
    Óleos Mágicos...314
    Vestindo as velas...314
    Ungindo talismãs..315
    Ungindo objetos 315
    Ungindo o corpo 316
    Outros usos 316
  Os óleos e suas influências 316
  Alguns óleos para seu Coven...317
    Óleo da Sacerdotisa..317
    Óleo da Mãe Terra 318
    Óleo de Ísis..318
    Óleo da Deusa Solar..318
    Óleo para a Lua Negra 318
    Óleo de Athena 319

Óleo para Iniciação 319

Óleo para Dinheiro Rápido...319

19. Aura...321

Sentindo a Aura..322

Exercícios de visualização da aura 322

Exercícios de expansão e compressão da aura.......323

Exercícios para ocultar a aura.................................323

Exercícios de mudança de cor da aura 323

Decifrando as cores da aura..324

20. Prática divinatória...327

Construindo seu jogo de pedras 329

Consagrando o oráculo 330

Consultando o oráculo 331

O significado de cada pedra.....................................333

As quedas mais comuns..335

Combinação de pedras 336

21. Exercícios mágicos para seu Coven.....................341

Sabendo a hora..342

Aumentando a percepção...342

Captando impressões de pessoas conhecidas.........343

Captando impressões de pessoas desconhecidas ...343

Os exercícios que seguem visam: 343

Usando a imaginação..344

Exercício de sensação...344

Treinando a imaginação 345

Relaxando 345

Uma jornada ao outro mundo 346

Sentindo seu ser espiritual 346

Fiscalização de seu corpo energético 347

Mudanças...347

Consciência de si mesmo 347

Tornando-se transparente 348

Mudando de forma..348

Familiarizando-se com as pedras 349

Encontrando pontos de poder 349

Ampliando o tempo 349

Alterando o presente a partir do passado...................................350

Destruindo as crenças..350

Reconhecendo hábitos..351

Mudando hábitos..351

Disciplina mental...352

Autoconhecimento...352

Respirando..352

Recepção consciente da comida 352

Água 352

Força de vontade..353

Visualizando sons...353

Visualizando um lugar estranho...353

Criando manifestações naturais 353

Provando os elementos 354

A mão psíquica 354

22. Liderança de Coven 355

Avaliação de Coven..358

23. Criando bases sólidas para seu Coven 361

Apêndice..367

Onde conhecer outros pagãos? 367

Compêndio 373

Glossário..389

Bibliografia..405

Sobre o autor...411

Prefácio

A BRUXARIA, COMO A CONHECEMOS na sociedade contemporânea, é o que eu chamo de uma antiga religião do futuro. Com isso quero dizer que ela descreve a herança deixada a nós por nossos ancestrais, apesar de adaptar essas heranças, rituais, crenças e práticas para o mundo moderno.

Até muito recentemente, a Bruxaria, muitas vezes chamada simplesmente de "a Arte", foi uma religião secreta por necessidade. Na Inglaterra – local de nascimento de várias formas da Arte como praticada atualmente –, essa prática era proibida por lei. Dentro dessa religião chamada de *Bruxaria*, algumas são denominadas de *Wicca* e derivam dos escritos do então funcionário público Gerald Brosseau Gardner, que veio a publicar seus livros em meados do século 20.

A Wicca é praticada em Covens mistos dirigidos por uma Alta Sacerdotisa e um Alto Sacerdote, e baseia-se em níveis de treinamento chamados de graduação. Conforme cada nível de treinamento é alcançado, o Bruxo é elevado de grau. É por isso que ouvimos algumas pessoas se dizerem praticantes de "terceiro grau".

No entanto, nestes tempos mais igualitários, muitas Tradições da Arte e a maioria dos Covens trabalham naquilo que chamamos de "grupos de Sacerdócio", significando que todas as pessoas dominam todos os aspectos do ritual e do culto, cujas obrigações e responsabilidades se alternam entre todos os membros do grupo.

Tradicionalmente, a Wicca e a Bruxaria eram transmitidas pelos Covens. Um buscador procurava o Coven, que por sua vez procurava o buscador. Como você pode imaginar, isso nem sempre era fácil e, certamente, não conduzia a uma proliferação de Bruxos praticantes. Esse processo era seletivo e lento.

Cada buscador era monitorado e guiado, a cada passo do caminho, ao menos por um covener experiente, algumas vezes por vários ou até por todos os membros do Coven. Ou eram instruídos na Arte pela Alta Sacerdotisa ou pelo Alto Sacerdote. Covens antigos, com exceção dos grupos Diânicos (que cultuam apenas a Deusa, sem divindades masculinas) eram mistos, comportando homens e mulheres e geralmente permaneciam pequenos e intimistas. As pessoas se conheciam bem. Todas elas aceitavam a força e a fragilidade de cada membro, seus dons e suas limitações. Elas cresciam para se tornarem profundamente ligadas umas as outras, e eram muitas vezes como uma família.

Os coveners não podiam, de qualquer forma, conhecer um ao outro por outro nome que não seus nomes mágicos. Isso ocorria para prevenir a possibilidade de algum membro revelar nomes de irmãos de Coven, caso fosse questionado por alguém de fora, ou ainda, caso fosse perversamente forçado a nomeá-los. Se o covener não conhecesse seus amigos por seus nomes mundanos, ele não poderia revelá-los a qualquer autoridade que procurasse para persegui-los por suas práticas. Para muitos, isso significava uma essencial mudança de vida, um compromisso com o caminho e a conexão com nossos Deuses, ancestrais e com a natureza.

Felizmente vivemos em uma época mais aberta e tolerante, expostos a uma vasta variedade de pessoas, com práticas religiosas e étnicas diversas. Sendo assim, nós, Bruxos, somos livres para sairmos daquilo que chamamos afetuosamente de "o armário das vassouras".

Concomitantemente a essa nova liberdade surge o interesse renovado e crescente sobre nossa religião em muitos lugares do mundo. Disso resultou um número maior de pessoas desejando aprender a Arte, do que de professores para ensiná-la. Com essa visibilidade, muitas pessoas se interessaram em aprender Bruxaria e em como praticá-la, o que tornou o velho método de ensinar uma pessoa por vez impraticável. Apesar de nossos colegas mais conservadores insistirem em continuar os velhos métodos de instrução individual, a Arte é agora ensinada em aulas, algumas vezes em grandes encontros e por outros métodos. Hoje, pessoas de pensamentos semelhantes se encontram *online*, onde há uma enorme, próspera e sempre crescente comunidade de Pagãos e de Bruxos. Existem muitos Bruxos que anseiam por um grupo pequeno com quem possam praticar e cultuar. Isso está levando muitas pessoas a formarem seus próprios Covens, sem a vantagem de um longo aprendizado com um grupo já existente, sem o auxílio de uma integração gradual das instruções e sem o aconselhamento espiritual que Covens estabelecidos podem prover.

Nós, Bruxos, somos muito criativos. Somos adaptáveis às mudanças dos tempos e às circunstâncias. Essa adaptabilidade tornou possível a nossa continuidade, conseguimos sobreviver às perseguições, permitindo assim, florescermos hoje.

Uma das soluções para resolver a carência de instrutores qualificados e dar continuidade às situações de aprendizado, é as pessoas formarem seus próprios Covens. Por meio de livros, recursos da Web, discussões no espaço virtual e presencial, além de suas próprias experiências pessoais, os praticantes da Bruxaria têm se reunido para criarem seus próprios grupos de trabalho. Esses Covens se baseiam em nossa herança ancestral. Aliado a isso, combinamos as práticas e os estudos científicos, biológicos, antropológicos, sociológicos e psicológicos disponíveis. Misturamos e avaliamos tais conhecimentos com nossas experiências pessoais sobre o numinoso e o Sagrado. Grupos de pessoas fazendo esse trabalho mágico-religioso e praticando juntos podem resultar num Coven, numa identidade de Coven e, em algumas vezes, até numa Tradição da Arte válida por direito.

Para auxiliar todos aqueles que desejam formar seu próprio Coven, sem as instruções e os aconselhamentos que um grupo estabelecido pode prover, Claudiney Prieto escreveu este valioso livro. Aconselhar-se com este material, observando suas sugestões e empregando-as quando achar apropriado, pode auxiliar novos Covens a evitarem alguns dos problemas inerentes a qualquer grupo de atividade humana. As informações neste livro podem servir para aquilo que eu chamo de "validação pela realidade" para os Bruxos de Covens "novinhos em folha".

Previno que este, ou qualquer outro livro, não é uma fórmula para ser rigorosamente seguida. Em vez disso, é um sábio conjunto de direcionamentos para ajudá-lo em seus esforços, oferecendo, ainda, o benefício das experiências de outros para ajudar você a não cair nas armadilhas comuns. Algumas sugestões podem não ser aplicáveis ao seu Coven em particular. Você sempre será requerido a exercitar seu bom senso em cada situação. Bruxaria não é uma religião "de livros"; embora ela possa ser transmitida por eles, às vezes até por bibliotecas inteiras, ela deve ser, antes de qualquer coisa, experiencial.

Você, leitor, pode praticar sua religião da forma que achar melhor, como minha antiga irmã de Coven Cerridwen Fallingstar frequentemente dizia: "como meus ancestrais, eu estou fazendo isto se manter vivo enquanto eu coopero".

Essa é uma frase forte que mesmo eu, uma Bruxa parcialmente conservadora, poderia endossar, pois há muita verdade nisso. Até porque *alguém* criou tudo isso algum dia. A Bruxaria não tem textos ou conjuntos de preceitos divinamente revelados, ela é uma religião altamente individual, consequentemente, muitas de suas crenças e práticas vêm mais do "fazer" que da aceitação dos fatos e das verdades que os outros dizem ser a "maneira correta" de praticar sua religião. Nos Estados Unidos, chamamos carinhosamente esses grupos de "Covens do faça você mesmo". Por esse termo, queremos dizer que pegamos tudo o que for possível para empregar da forma como achamos correto, para que, então, surja um estilo, um sistema de práticas mágicas que expresse a nossa visão de mundo. Este livro seguramente o auxiliará em sua jornada.

M. Macha NightMare
San Rafael, Califórnia, USA

M. Macha NightMare é uma das principais vozes norte-americanas da Bruxaria na atualidade. Foi cofundadora da Tradição *Reclaiming* e Elder do *Covenant of the Goddess* (COG), a maior e mais antiga organização de Bruxos dos Estados Unidos.

Macha é autora do livro *Bruxaria e a Internet: Conexões Online das Tradições Pagãs* e coautora da obra *The Pagan Book of Living and Dying,* e membro do *Biodiversity Project Spirituality Working Groups*; da *Sacred Dying Foundation*; do *Marin Interfaith Council*, da *Ord Brighideach* e do *Nature Religion Scholars Networks*.

Além disso, seus artigos têm aparecido em muitos periódicos Pagãos. Suas práticas mágicas e religiosas são inspiradas pelo Feminismo e direcionadas para a cura do Planeta.

Introdução

ESDE OS PRIMÓRDIOS, o homem sempre teve a necessidade de se reunir em pequenos grupos. Clãs, tribos, vilas, bairros, estados, países são apenas alguns termos usados pelos homens para expressar o sentimento de integração a algo. Esse sentimento também se expressa na religiosidade, quando indivíduos se juntam em grupos distintos para celebrar, compartilhar, guardar ou simplesmente para transmitir conhecimentos.

É difícil resumir em apenas uma palavra o que é, na realidade, um Coven. A minha definição é de que um Coven é uma família, um lugar onde se aprende a Arte da Bruxaria, um refúgio, onde vamos recuperar nossas forças, compartilhar nossas alegrias e nossas tristezas. Um Coven é um lugar onde nos reunimos para reverenciar os nossos Deuses e, com isso, crescermos cada vez mais em nosso interior e espiritualmente.

Etimologicamente, a palavra *Coven* vem do termo *Coventus,* que significa "reunir-se", "reunião". Outra possibilidade na mesma raiz seria *Convene e Con,* significando "estar com", o que nos remete à mesma ideia.

Baseados nisso, percebemos que um Coven é um grupo de pessoas que decidem, de livre e espontânea vontade, se reunir para estabelecer ou transmitir uma forma específica de prática mágica Wiccaniana.

Muitos são os motivos que levam um grupo de pessoas a formar um Coven. Talvez o mais relevante seja a necessidade de se sentir parte de um grupo fixo, estabelecido e estruturado, com um conjunto específico de ritos e cerimônias. Outro motivo, talvez, seja a possibilidade de compartilhar as experiências mágicas com pessoas mais experientes ou não. Isso nem sempre é possível aos Bruxos Solitários, aqueles que escolheram ou foram levados por forças alheias a praticar a Wicca sozinhos.

Um problema com o qual nos defrontamos hoje em dia é o grande número de pessoas desejando ingressar em um Coven e o pouco número de grupos capazes de receber aqueles que o anseiam. Isso leva muitas pessoas a tentarem criar grupos e Covens que, quase sempre, acabam se dissolvendo em um curto espaço de tempo, devido à pouca experiência da prática religiosa em grupo, de seus fundadores, ou à inabilidade em lidar com os problemas de convivência humana que, invariavelmente, surgem dentro dos Covens e de quaisquer grupos de pessoas.

Um Coven não é um grupo que se cria da noite para o dia. Ele é fruto de muita convivência entre seus membros, criando, ao longo do tempo, um elo de "perfeito amor e perfeita confiança", uma das máximas Wiccanianas.

Um Coven é o lugar onde buscamos informações e possibilidades de ampliar nossos conhecimentos acerca da Bruxaria. Por isso, fundar ou participar de um, demanda muito estudo e dedicação. O grupo de pessoas que decide formar um Coven deve se reunir, experienciar e viver muitas e muitas maneiras diferentes de práticas rituais por muito tempo. Isso leva o grupo a criar ou adotar um conjunto distinto de rituais, filosofia, liturgia, litania e maneiras de transmissão de conhecimentos.

Claro que formar um Coven não é tarefa fácil. Muitas serão as tentativas de erro e acerto até que se chegue a um grupo com bases sólidas e raízes profundas. Muitas serão as pessoas que ingressarão e abandonarão o grupo com ou sem motivos.

Se você está tentando formar um Coven, não se iluda!

Mas também não desanime se muitas vezes suas tentativas forem frustradas. Saiba que a tarefa não será fácil, você terá de doar muito do seu tempo e ter muita dedicação, conhecimento e recursos, sabendo que, muitas vezes, a ingratidão vai bater à sua porta. Mas a Deusa sempre está ao lado daqueles que possuem o coração puro e se reúnem, com amor, para celebrar os Antigos dentro do Círculo.

Se a sua vontade for firme e sua intenção boa, a Deusa com certeza o contemplará com um grupo que permanecerá unido por muito tempo, vivendo muitas coisas juntos, e que será agraciado com muitos e muitos Covens descendentes do seu, possibilitando que a voz da Deusa novamente seja ouvida e sua sabedoria ancestral seja resgatada e compreendida.

As mais brilhantes bênçãos da Deusa,
Claudiney Prieto

Como usar este livro

ESTA OBRA FOI ESCRITA para ser utilizada por uma pessoa que deseja fundar e organizar seu próprio Coven, fornecendo informações úteis e exemplificando possíveis situações vividas por um grupo Wiccaniano. Em decorrência disso, ela provavelmente será lida também pelos demais membros de um grupo em formação, para que todos tenham um vislumbre da dinâmica ritual e ética inerentes a um Coven. Também poderá ser lida pelos praticantes solitários e aqueles que têm apenas o interesse em conhecer as práticas, os rituais e a dinâmica quando a Wicca é praticada em grupo.

Tendo isso em mente, a linguagem do livro ora será dirigida ao leitor, ora ao grupo. Isso não significa, de nenhuma maneira, que determinadas funções e rituais são individuais e outros coletivos. Na realidade, todos os rituais e todo material aqui demonstrados são para a prática de Coven, com os membros do grupo realizando diferentes ações ao mesmo tempo ou alternadamente. Quem vai desempenhar uma ou outra função dependerá muito do tipo de grupo que será formado. Se essa for sua primeira incursão ao tema "Covens", isso será compreendido conforme for avançado em sua leitura, permitindo maior entendimento sobre os diferentes grupos que existem, entendendo quais funções são as mais importantes, quais são aquelas realizadas somente pelos Sacerdotes e quais são menos hierárquicas e permitindo que a liderança do grupo se alterne entre os diferentes membros do Coven a cada ritual.

Os termos utilizados aqui talvez sejam um pouco avançados para alguns praticantes. Sendo assim, há um extenso glossário ao final da obra para que o leitor possa consultar todas as vezes que tiver dúvida sobre o verdadeiro significado de uma expressão.

É altamente recomendado que o iniciante leia livros básicos sobre a Wicca[1], previamente, para poder compreender esta obra de forma ampla. Uma lista de literatura sugerida é fornecida no Apêndice, e pode ser muito útil se você está começando a trilhar os caminhos da Bruxaria agora.

Todo o material prático aqui apresentado pode e deve ser adaptado pelo leitor para expressar a sua visão sobre o Sagrado, bem como a que melhor se adapte a identidade do seu grupo em formação.

---

1. Como, por exemplo, os livros *Wicca – a Religião da Deusa* e *Wicca para Todos*, do mesmo autor, publicados pela Editora Alfabeto. (N.E.)

1

Por onde começar?

NTÃO VOCÊ QUER FORMAR UM COVEN?

Bom, o primeiro passo é refletir alguns instantes sobre o quanto você conhece a respeito da Arte.

Sim, todos os que desejam fundar um Coven precisam ao menos conhecer relativamente a Wicca e tê-la praticado por um bom tempo solitariamente, caso não tenham sido iniciados formalmente em uma Tradição

Saber com precisão sobre as origens da Bruxaria, quem é a Deusa, o Deus, a história e os costumes típicos de cada Sabbat é muito importante. Realizar os Esbats, saber como criar, direcionar e manter energia e conhecer as correspondências utilizadas para elaborar os seus próprios rituais e feitiços também é necessário.

Pratique a Bruxaria, primeiro solitariamente, mantendo um programa de meditações e de rituais, muitos deles encontrados neste livro e que podem ser facilmente adaptados para a prática individual. Embora os exercícios e as meditações aqui descritos tenham sido planejados para um grupo, é possível adaptá-los caso você esteja começando na Wicca agora e seja um Bruxo Solitário.

O ideal é girar uma Roda do Ano completa antes de se aventurar a organizar um grupo para se tornar posteriormente um Coven. Isso deve levar um ano e um dia, o que corresponde ao antigo calendário lunar de 13 meses com 28 dias, que é um tempo tradicional entre Wiccanianos para aprender os rudimentos da Arte.

Conforme for praticando, mantenha um registro preciso de suas experiências em seu Livro das Sombras. Repita as experiências que não foram bem-sucedidas muitas e muitas vezes, até obter pleno êxito.

Não se aventure a criar e a organizar um Coven se você tiver menos de 18 anos. Montar e dirigir um grupo implica responsabilidade, liberdade e privacidade, e isso nem sempre é possível quando dependemos financeiramente de outras pessoas. Creia em mim, se você ainda é menor, terá muito mais benefícios e menos dores de cabeça praticando a Arte solitariamente, até que tenha condições de estruturar o seu próprio Coven.

Leia tudo o que você puder, procurando sempre pelos melhores autores e pelas principais obras sobre a Wicca. Hoje, a Internet é um ótimo recurso para os que desejam conhecer outros Pagãos. Sites e periódicos Wiccanianos são facilmente acessíveis pela Web. Por isso, entre em listas de discussões na Internet, participe de grupos, curta as principais páginas sobre o assunto, compareça a rituais públicos, e, por fim, procure conhecer Bruxos de carne e osso em sua cidade ou em seu bairro. Isso não é tão difícil quanto parece, nem tão fácil quanto talvez quisesse. Seguramente, você vai se surpreender quando descobrir a quantidade de Bruxas e Bruxos que existem por aí, e que estão bem pertinho de você ou navegando pelas ondas da Internet.

Se mesmo assim sentir dificuldade em encontrar outras pessoas em sua região, peça auxílio à Deusa. Numa noite de Lua cheia, estenda seus braços à Lua formulando um pedido claro de que deseja expandir seus horizontes sobre a Arte e quer conhecer outros praticantes da Antiga Religião. Isso colocará as energias ao seu redor em movimento, e tenha certeza de que, em breve, fatos inesperados o colocarão em contato com outros Bruxos.

Criando um Círculo

Antes de a formação de um Coven, deve-se dar início ao que é geralmente denominado entre os Wiccanianos de *Círculo de Prática*.

Um Círculo é um grupo que se reúne periodicamente para aprofundar seus conhecimentos nos aspectos práticos e filosóficos da Arte. Ele ainda não é um Coven, com todos os seus comprometimentos e implicações, mas também não é meramente um grupo de estudos.

O Círculo é o início do processo que culminará, depois de algum tempo, na fundação do Coven, geralmente um ano e um dia depois. Levando isso em consideração, para fazer parte do seu Círculo convide apenas pessoas com as quais se sinta bem e que tenham uma maneira de pensar parecida com a sua. Jamais convide pessoas com energia e forma de pensamentos incompatíveis com os seus ou com os das demais pessoas do grupo. Também evite aquelas que sempre tentam "forçar a barra" se convidando para fazer parte do seu grupo. Em suma, não aceite pessoas com as quais não se sinta confortável, pois estará começando errado.

Todos os integrantes do grupo devem se sentir bem nele. Considere uma perda irreparável a saída de alguém que tenha uma vasta experiência mágica, para o ingresso de um membro que sempre coloca os integrantes em situações constrangedoras ou que se contrapõe a tudo o que os outros propõem.

De forma alguma convide pessoas que não conheça bem, assim, não terá surpresas posteriores. É sempre bom criar uma vida social com futuros membros prospectivos; saia para dançar, jantar, ver um filme ou uma peça de teatro, converse sobre todos os temas, indo desde as boas lembranças da infância até o tipo de música que gostam. Estabeleça um vínculo de amizade antes de criar qualquer laço mágico ou decidir convidá-los definitivamente para seu Círculo.

Pergunte às pessoas que já foram selecionadas qual a impressão delas acerca dos novos membros que estão sendo observados para o grupo. Deixe-as livres para darem sugestões ou indicarem outras pessoas também. Inclua-as nas decisões a partir do momento em que considerá-las integrantes do Círculo, já que esse deve ser um local para compartilhar, e não onde o poder é monopolizado.

Um Círculo é um lugar inicialmente de consenso, que poderá se tornar um grupo mais ou menos rígido naturalmente com o passar do tempo e por meio das experiências vividas. Existe uma diretriz Wiccaniana bastante em voga e levada a sério pela maioria dos Covens que aconselha não receber uma pessoa para fazer parte da comunidade se não houver unanimidade quanto a sua aceitação. Então, é bom sempre discutir com os membros do Círculo sobre os motivos que os levaram a convidar tal pessoa ou as razões que levam você ou outros a rejeitarem o ingresso dela.

Um bom número para compor um Círculo de prática Wiccaniana gira em torno de 10 a 15 pessoas. É bem comum o número diminuir pela metade nos meses subsequentes, reduzindo-se muitas vezes a um terço do inicial. Não desanime, isso é um processo de seleção natural que fará permanecer no grupo somente as pessoas que tiverem mentes afins umas com as outras, firme vontade e propósitos.

Escolhendo um nome para o Círculo

Definidas quantas e quais pessoas farão parte do Círculo, é hora de se reunir para decidir o nome do grupo. Essa é uma das partes mais difíceis da formação de um Coven, visto que cada membro terá expectativas e sugestão diferentes. O nome do grupo estabelece uma egrégora, a energia que é criada e focada por meio da vontade, que dá origem a um conceito ou forma de pensamento. O nome do Círculo criará a identidade mágica do grupo e, por isso, deve ser escolhido apropriadamente, já que refletirá a natureza de sua comunidade, bem como as energias que estarão ao redor dela ou serão naturalmente atraídas para ela.

O primeiro passo para escolher um nome é reunir-se com os membros do Círculo para chegar a uma conclusão sobre a opinião deles quanto a identidade do grupo e qual tipo de energia almejam que seja mais presente nele. O nome refletirá não só o padrão energético do grupo, como também o tipo das pessoas que serão atraídas para o Círculo. Escolham, portanto, um nome que inspire conhecimento, solidificação e conforto.

Por muito tempo tive um Círculo que se chamava *Northwind*, que significa, literalmente, "Vento Norte" em inglês. Apesar de o nome ser muito bonito e inspirador, o grupo jamais se solidificou e os integrantes do Círculo iam e vinham como folhas levadas ao vento. Por longos anos ficamos rodando de um lado para outro para realização de nossas reuniões, sem local fixo. Os locais dos rituais se alteravam como o próprio curso dos ventos. Depois de algum tempo, mudei o nome do grupo para "Espiral da Criação", que é usado até hoje. Essa mudança de nome trouxe ao grupo uma nova energia e novos propósitos, deixando as coisas muito mais estruturadas. Sendo assim, por experiência própria, se o que você procura é solidez e constância, usar um nome que contenha a palavra "vento", ou outras que sugiram algo mutável, não é apropriado para o seu Círculo. Seguramente, cada membro tem uma sugestão mais criativa que outra. Anote todas em um papel e tentem fazer combinações, eliminando aquelas que sejam extremamente parecidas. É quase certeza de que vocês chegarão a um produto final com um belo nome para o seu grupo.

Caso não tenham conseguido encontrar um nome inspirado dessa maneira, uma boa alternativa é pedirem para sonhar com um nome ou com uma cena que sugira algo a vocês. No dia seguinte, todos podem comparar seus sonhos e chegarem a uma conclusão. Tarô, Runas, Astrologia, Ogham ou qualquer outra forma oracular também podem ser muito inspiradores.

Sem dúvida, cada membro do Círculo gosta de uma Deusa ou de um Deus em particular, e um belo nome para o grupo pode ter como base uma Divindade.

Não descarte animais, flores, árvores, cores ou símbolos como fonte inspiradora para o nome do seu Círculo, mas descartem nomes estranhos ou cabalísticos, que não possuem nenhuma relação com a Wicca e que podem dar um sentido dúbio ao seu Círculo. Evitem, também, nomes muito comuns como "Círculo da Wicca", "Círculo do Caldeirão", "Círculo do Pentáculo", "Círculo das 13 Luas", pois certamente você encontrará vários grupos com o mesmo nome, e isso pode criar uma verdadeira confusão na identificação e na distinção do seu Círculo para com os demais.

Se as opções encontradas forem muitas, o melhor é pedir ajuda aos Deuses. Escreva todos os nomes em pequenos pedaços de papel, dobre-os, coloque-os em uma vasilha e retire apenas um. O que sair poderá se tornar o nome do Círculo.

Escolhido o nome, agora é hora de consagrar seu grupo com o título escolhido.

Consagrando seu Círculo com o nome escolhido

Assim como todos ajudaram na escolha de um nome para refletir a identidade mágica do Círculo, da mesma maneira todos devem se reunir para a definição e a criação de um ritual que consagrará o grupo com o nome escolhido.

Para isso, pensem primeiro ao que o nome definido os remetem, e então, criem um ritual com elementos específicos relacionados a ele.

Cada membro pode rascunhar algumas ideias no papel e juntá-las harmoniosamente com as dos demais, formando um único ritual, que deve ser composto de forma que cada pessoa se sinta parte do mesmo. É importante que cada membro do círculo participe ativamente do rito e desempenhe uma função no ritual.

Suponhamos que o nome escolhido para o Círculo seja "Crescente de Prata". Vamos pensar a quais símbolos e significados esse nome nos remete.

Lembre-se inicialmente da Deusa, já que a Lua é um dos seus mais altos símbolos. A Deusa aqui se apresenta na sua face de Donzela e está relacionada à Lua crescente. Isso nos liga aos atributos do início, jovialidade e crescimento, aspectos bem propícios para serem lembrados em um Círculo que se forma. A cor prata, que é consagrada à Deusa, também deve ser lembrada. Baseados nisso, podemos deduzir que a melhor época para o ritual ser realizado é na entrada da Lua crescente.

Vamos tentar juntar essas ideias em um ritual para a consagração do nome do Círculo.

O altar poderia ser coberto com um pano prateado e, sobre ele, haveria uma estátua de uma jovem mulher, simbolizando a Deusa na sua face de Donzela. Outra opção para representar a Deusa poderia ser a imagem de uma Lua crescente prateada, no centro do altar, o que lembra bem o nome escolhido pelo grupo. Velas prateadas no número de integrantes do Círculo poderiam estar sobre o altar formando um crescente lunar, esperando para serem acesas no momento oportuno. Os integrantes do grupo poderiam estar vestidos com um robe prateado, que também vai ser utilizado nas próximas reuniões e rituais do Círculo.

Os membros dariam as mãos em volta do altar, formando um círculo. Uma invocação à Donzela seria proferida por cada membro, pedindo que o grupo seja abençoado por Ela e que ele cresça de modo que o amor e a paz se façam presentes entre os integrantes.

Os membros, um por um, em sentido horário (usado para construir, invocar as energias), acenderiam as velas que formam o crescente sobre o altar, e então, eles expressariam um desejo para o Círculo, como paz, amor, integração, evolução na busca do conhecimento, etc.

Para finalizar, as pessoas se dariam as mãos novamente ao redor do altar e cada um poderia dizer, em poucas palavras, o que sente pelo outro, procurando, assim, começar a estabelecer a relação de perfeito amor e perfeita confiança. Palavras de agradecimento seriam direcionadas à Deusa na sua face de Donzela, e um beijo circular poderia percorrer o Círculo para o encerramento ritual.

Obviamente que esse é um exemplo extremamente simples. Quanto mais conhecimentos e prática você e os outros membros do grupo tiverem, mais elaborado o ritual de consagração do nome do seu Círculo pode ser. Quanto mais simbólico for o nome do seu Círculo, mais elementos podem ser usados na criação do seu ritual de nomeação.

Caso você e o seu grupo não se sintam inspirados para criar um ritual, observe abaixo um exemplo de nomeação que poderá ser usado por qualquer Círculo, independentemente do simbolismo particular do nome escolhido. Este exemplo, bem como todos os outros abordados nesta obra, são dados apenas como uma diretriz. Sinta-se à vontade para modificá-los, inserindo ou retirando detalhes com os quais não esteja de acordo ou que não pareçam confortáveis para você ou para seu grupo, alterando-os conforme sua vontade e o seu conhecimento pessoal.

O ritual a seguir é dado partindo da ideia de que você saiba como montar um altar, consagrar um Círculo Mágico e invocar os Quadrantes. Caso não possua esses conhecimentos prévios, vá ao capítulo 11 e leia-o antes de prosseguir.

Ritual de consagração do nome do Círculo

MATERIAL NECESSÁRIO:

- Um cristal ou pedra comum
- Um incenso de olíbano
- Uma vela vermelha
- Um cálice com água
- Uma estátua ou símbolos que representem a Deusa e o Deus
- Um frasco de óleo de madeira de sândalo
- Uma vela branca para cada membro do Círculo
- Um papel em branco e um envelope para cada membro do Círculo
- Frutas e vinho ou suco de uvas

PROCEDIMENTO:

Monte o altar de maneira harmoniosa, disponha a pedra ou o cristal ao Norte, o incenso ao Leste, a vela ao Sul e o cálice ao Oeste.

Todos os membros devem pingar algumas gotas de óleo nos seus pulsos, esfregar um no outro, cheirar os pulsos perfumados pelo óleo e então sentir o aroma entrando pelas narinas e percorrendo todo o seu interior, promovendo uma limpeza energética nos corpos físico, espiritual e emocional. Passe as mãos ao redor do corpo um pouco acima da pele, pedindo aos Deuses por purificação e bênçãos.

Trace o Círculo Mágico e invoque a Deusa e o Deus com palavras espontâneas.

Um dos integrantes pega a pedra do altar e a eleva ao Norte, andando uma vez ao redor do Círculo Mágico enquanto diz:

Poderes do Norte, Espíritos da Terra.

Deusas e Deuses da Terra.

Pedimos os dons da concretização, solidificação e crescimento

ao nosso Círculo que será nomeado neste dia.

Que possamos verdadeiramente conhecer a sua força.

Que sejamos recebidos neste Círculo como a terra recebe a raiz,

como o solo recebe a semente.

Terra, Corpo da Deusa, abençoe-nos.

A pedra é passada entre os integrantes do Círculo e cada um a eleva em direção ao Norte, pedindo as bênçãos da Terra.

Outro integrante pega o incenso, eleva-o ao Leste e anda uma vez ao redor do Círculo Mágico dizendo:

Poderes do Leste, Espíritos do Ar.

Deusas e Deuses do Ar.

Pedimos os dons do conhecimento, entendimento e eloquência

ao nosso Círculo que será nomeado neste dia.

Que possamos verdadeiramente conhecer a sua inspiração.

Que sejamos recebidos neste Círculo como o vento recebe as folhas, como

a nuvem recebe a brisa.

Ar, sopro da Deusa, abençoe-nos.

O incenso passa ao redor do círculo, cada membro eleva-o em direção ao Leste e pede as bênçãos dos espíritos do Ar.

Um terceiro membro do Círculo pega a vela, eleva-a ao Sul, anda uma vez ao redor do Círculo Mágico e diz:

Poderes do Sul, Espíritos do Fogo.

Deusas e Deuses do Fogo.

Pedimos os dons da coragem, da força de vontade e purificação

para o nosso Círculo que será nomeado neste dia.

Que possamos verdadeiramente conhecer o seu vigor.

Que sejamos recebidos neste Círculo como a chama recebe a lenha,

como o fogo recebe a luz.

Fogo, Espírito da Deusa, abençoe-nos.

A vela é passada ao redor do Círculo, cada membro a eleva em direção ao Sul e pede as bênçãos do fogo.

Um quarto membro do Círculo pega o cálice com água, eleva-o no Oeste e anda uma vez ao redor do Círculo dizendo:

Poderes do Oeste, Espíritos da Água.

Deusas e Deuses da Água.

Pedimos os dons da fluidez, emoção e amor

ao nosso Círculo que será nomeado neste dia.

Que possamos verdadeiramente conhecer o equilíbrio.

Que sejamos recebidos neste Círculo como o mar recebe a concha,

como o rio recebe o seixo.

Água, útero da Deusa, abençoe-nos.

O Cálice é passado ao redor do Círculo, cada membro o eleva em direção ao Oeste e pede as bênçãos da Água.

Na sequência, os integrantes do Círculo escrevem no papel em branco todas as suas expectativas sobre o grupo. Cada membro lê a sua carta. A seguir, a carta deve ser dobrada e guardada dentro do envelope.

Cada integrante unge a sua vela, do pavio para a base, refazendo seus pedidos aos Deuses para o Círculo que está sendo formado neste dia.

Um integrante acende a sua vela e diz:

> Hoje, neste lugar sagrado, neste dia sagrado, nesta hora sagrada,
> o nosso Círculo recebe o nome de [diga o nome escolhido].
> Que sejam abençoados esta hora, este lugar
> e todos aqueles que estão conosco.
> Abençoado seja!

O integrante que acender a vela primeiro passa a chama da sua vela para a vela da pessoa à sua esquerda, acendendo-a. Ele diz as mesmas palavras e, em seguida, procede da mesma maneira, sucessivamente, até o último membro.

Todas as velas acesas são colocadas sobre o altar. Os integrantes dão as mãos uns aos outros e começam a Circular o altar, no sentido horário, cantando o nome do Círculo. A cada rodada ao redor do altar, o ritmo da canção passa a ser mais e mais rápido. Isso deve permanecer até que não conseguiam mais manter o ritmo e o cântico atinja o ápice do seu poder, quando todos gritam o nome do Círculo juntos, elevando ao mesmo tempo suas mãos aos céus e sentindo o grande poder gerado pelo cântico e pela dança.

Todos respiram algumas vezes até voltarem à sua consciência normal.

Cada um eleva as frutas e o cálice de vinho ou suco, abençoando-os com palavras simples e espontâneas, pedindo o melhor para o Círculo.

Se quiserem, compartilhem algumas palavras e impressões sobre o ritual que acabou de acontecer e marquem um dia para uma próxima reunião.

No final, os Quadrantes, a Deusa e o Deus são agradecidos e o Círculo Mágico é destraçado.

O Círculo está formado, e agora?

Depois que o Círculo foi formado e o nome consagrado, o próximo passo é estudarem e praticarem juntos a Arte da Bruxaria.

É importantíssimo ressaltar que, um Círculo é como um ensaio para a formação do Coven, sendo assim, é necessário ficar atento para as potencialidades mágicas e naturais de cada membro. Com o passar do tempo, os dons de cada um serão demonstrados ou descobertos naturalmente e, em breve, haverá pessoas aptas para criar cânticos e desenvolver melodias para rituais, perscrutar o futuro por meio de oráculos, curar, ensinar aos outros sobre os mitos de diferentes povos, etc.

Durante um ano e um dia vocês devem ler tudo o que puderem sobre Wicca para tirarem suas próprias conclusões e desenvolverem uma identidade particular de prática própria.

Procurem se encontrar com certa periodicidade. Muitos grupos preferem um encontro semanal, enquanto outros se encontram somente nos Esbats e Sabbats. Quantas vezes seu grupo vai se encontrar é algo que depende da disponibilidade dos membros do Círculo, mas é importante manterem um programa de estudos contínuo.

Uma boa opção é a escolha de um livro por mês para ser lido por todos os participantes do Círculo. Cada pessoa pode fazer um resumo do livro ou uma lista com os tópicos mais interessantes para serem debatidos posteriormente com todos. É interessante, também, fazer um círculo de leituras, onde o grupo poderá se encontrar em dias determinados para ler o livro escolhido. Enquanto a obra é lida, partes importantes são debatidas e os integrantes do Círculo podem se revezar na leitura. No final desta obra há uma lista de livros altamente recomendados tanto ao leitor, que necessita de conhecimentos básicos sobre a Wicca, quanto aos praticantes de um Círculo, para serem estudados durante o período de aprendizado.

Nesse um ano e um dia, enquanto praticarem como um Círculo, vocês deverão estudar temas básicos da Arte e realizarem juntos todos os Sabbats e Esbats. Conforme os meses forem passando, vocês criarão intimidade uns com os outros, fortalecendo o florescimento de confiança e de carinho, imprescindíveis para uma boa relação mágica.

A seguir, uma pequena lista de tópicos a serem estudados e vivenciados durante a Roda do Ano em que praticarão como um Círculo:

A HISTÓRIA DA ARTE AO LONGO DOS TEMPOS

- A Religião da Deusa na pré-história.
- O culto à Deusa nas diferentes culturas antigas.
- O renascimento da Religião da Deusa na década de 1950.
- O impacto dos movimentos feministas na religião da Deusa.
- A Wicca hoje.

Princípios e crenças

- Em que os Wiccanianos acreditam?
- A Terra e a natureza como fonte inspiradora para a filosofia da Arte.
- A imanência.
- O Dogma da Arte.
- A Lei Tríplice.

Ética e Conduta de um Wiccaniano

- Os padrões pessoais de um Bruxo.
- A relação com a natureza e com os outros.
- Os princípios da Bruxaria.
- A responsabilidade social e ambiental.

A Influência da Inquisição na religião da Deusa

- Como a Inquisição interferiu na Arte.
- Inquisição, movimento político ou religioso?
- Métodos de execução e o impacto da Inquisição na sociedade medieval.
- As táticas utilizadas pela inquisição para marginalizar a Arte, seus Deuses e sua filosofia.

A Deusa como a Criadora de tudo

- Quem é a Deusa?
- As três faces da Grande Mãe.
- Conexões com as diferentes manifestações da Deusa.
- Rituais para celebrar as múltiplas faces da Deusa.

O Deus, filho e Consorte da Deusa

- Quem é o Deus?
- As três faces do Deus.
- Conexões com as diferentes manifestações do Deus.
- Rituais para celebrar as múltiplas faces do Deus.

Instrumentos Mágicos

- O uso dos Instrumentos mágicos.
- Formas de consagração dos Instrumentos mágicos.

O Círculo Mágico

- O que é um Círculo Mágico?
- Como traçar um Círculo Mágico.
- As muitas formas alternativas de traçar um Círculo.

Sabbats

- O que são?
- Quando acontecem?
- Costumes e práticas tradicionais de cada Sabbat.
- Rituais para celebrar os oito Sabbats.

Esbats

- O que são?
- Quando acontecem?
- Rituais para celebração dos Esbats.

Os elementos da natureza

- Quantos são?
- Onde residem?
- Como contatá-los?
- Quais suas analogias?
- Qual a importância dos elementos da natureza na Wicca?
- Rituais, exercícios e práticas de conexão com os elementos.

A Lua e sua influência

- A influência da Lua na natureza.
- A relação da Deusa com a Lua.
- As diferentes fases da Lua e suas energias.
- O que é a Lua negra?

Ervas mágicas

- A energia mágica das ervas.
- Como fazer pós, unguentos e filtros mágicos com ervas.
- Como consagrar as ervas mágicas.
- Como armazenar as ervas.

A prática mágica

- A energia dos dias da semana e sua relação com os sete planetas mágicos.
- As analogias relacionadas aos incensos, cores e horas mágicas.
- O trabalho ritual, as etapas e as metas de um ritual.
- Como criar, elevar e direcionar energia.
- A elaboração de rituais, talismãs e feitiços.

As diferentes Tradições da Arte

- O que são Tradições?
- Quais as diferenças entre as principais Tradições?
- Como ingressar em uma.
- Quais as Tradições acessíveis em seu país?

Exercícios Mágicos

- Exercícios de respiração, visualização, psicometria, relaxamento, centramento, aterramento, etc.

Com essa pequena lista é possível iniciar um programa de estudos que vai auxiliar muito, ao menos nos conhecimentos básicos, para a futura formação de um Coven.

2

Seu Coven

UITOS SÃO OS MOTIVOS que levam alguém a querer criar e dirigir um Coven, mas a primeira pergunta a ser feita é: Por que você deseja criar um?

Você pode ter praticado a Arte solitariamente durante algum tempo e, após uma longa e infrutífera peregrinação em busca de um Coven, sente que precisa compartilhar sua busca do sagrado com mais alguém.

Pode até ter participado de um Coven durante muito tempo, mas sente que é hora de dar início a um grupo mais afinado com sua forma de pensar, com ações e pensamentos mais compatíveis com os seus. Ou pode, ainda, ter formado um Círculo com outras pessoas, como abordado no capítulo anterior, que agora sentem que já alcançaram a maturidade espiritual e emocional suficientes para, juntos, continuarem no caminho da Arte como um Coven, como um grupo de praticantes de Bruxaria que tem uma forma coesa de prática mágica, filosófica e um forte elo espiritual e emocional.

Não importa quais são os motivos que levam um grupo a querer criar e organizar o seu Coven, o importante é que esse impulso é responsável por algo muito maior: a continuidade da religião Wicca ao longo dos tempos.

Ao montar um Coven, vocês serão responsáveis pela perpetuação de crenças e ritos sagrados da Arte. Porém, como líder ou membro de um Coven, sua responsabilidade é a de zelar por essa religiosidade e ser um transmissor dela aos outros.

Sua dedicação ao Coven será muito importante para o progresso dele, e isso implica vocação e paciência para ensinar e transmitir aquilo que aprendeu a outras pessoas, que virão em busca de aprendizado e de crescimento na Arte.

Um Coven é como uma escola onde pessoas se integrarão, aprenderão e partirão para continuar a disseminar os conhecimentos adquiridos ou simplesmente praticá-los individualmente. Já perguntei para muitos Sacerdotes e Sacerdotisas quantos membros permaneceram fiéis aos seus Covens e grupos; a resposta que obtive, na maioria das vezes, foi: "apenas um, eu mesmo!"

Apesar de muitos dizerem que laços de Coven são mais fortes que os de família, tenho presenciado que isso é um ideal utópico e dificilmente alcançado. Tudo é lindo enquanto o Coven permanece unido, mas basta um pequeno problema surgir para abalar as estruturas do grupo e criar um verdadeiro fluxo e refluxo de entradas e saídas de Coveners.

Isso é compreensível, visto que cada indivíduo possui anseios e expectativas diferentes e que nem sempre são alcançados. Muitos acabam por buscar o grupo perfeito a vida inteira, sem jamais encontrá-lo.

Se você está pensando em montar um Coven porque tem uma ideia romanceada de grupos indissolúveis, desista! Covens indissolúveis são raros, na realidade, quase inexistentes.

Agora, se você busca criar um Coven porque sente que a multiplicidade de pensamentos e as diferentes formas de entendimentos podem contribuir para o seu crescimento espiritual, independentemente dos problemas surgidos ao longo do percurso, está no caminho correto!

Ao organizar seu Coven, você deve refletir um pouco sobre como gostaria que ele fosse.

Isso pode ser muito fácil se você já pertencer a uma Tradição específica, com suas formas ritualísticas, com uma filosofia estabelecida, com cargos definidos e contando com auxílio de uma Sacerdotisa e de um Sacerdote que o iniciaram. Mas se você está tentando organizar um Coven do zero e não possui nenhuma experiência, haverá muitas probabilidades de começar e recomeçar o seu grupo sucessivas vezes, sem muito sucesso, caso suas posições não sejam firmes e suas idealizações bem estruturadas.

Experiência é algo fundamental para o processo de criação e de organização de um Coven. Esse é motivo pelo qual pessoas permanecem anos em uma Tradição específica, aprendendo não só sobre os mistérios pertencentes àquele ramo da Bruxaria, mas também prestando atenção aos acontecimentos, conflitos, erros e acertos dos mais antigos, chamados de *Elders*.

Pode parecer que não, mas isso contribui, e muito, para não cairmos nos mesmos erros, além de podermos contar com as palavras amigas de quem já passou por problemas semelhantes na hora de pedir um conselho ou uma opinião. Organizar um Coven é como tentar construir, estabelecer e dirigir uma família.

Existem muitos sistemas diferentes de Covens. Cada Tradição possui um tipo de direcionamento distinto. Este livro foi escrito partindo-se do princípio de que você não pertence a nenhum ramo específico da Bruxaria, mas deseja estabelecer um grupo coeso para a prática da Wicca, de maneira que seu Coven seja aceito legitimamente pelos Deuses, não por pertencer a uma Tradição, mas pela própria iniciativa e vivência que vão adquirir com a experiência e os longos anos que passarão unidos para criar as bases de suas práticas.

Covens formados linearmente, a partir de Tradições "antiquíssimas", estão em franca extinção. Nos dias atuais, existem mais grupos autoformados e mantidos a partir da boa vontade de seus fundadores do que por Bruxos treinados e iniciados em uma Tradição "legítima", que algumas vezes, em função de seus votos de segredo e juramentos, restringem o acesso dos novatos à Arte, sob alegação de preservação dos mistérios. Jamais se sinta diminuído se algum dia outro Wiccaniano, com décadas de Iniciação, ungido pela Sacerdotisa ou Sacerdote X (acrescente aqui os nomes mais famosos atualmente) disser que seu Coven não possui validade porque você não foi iniciado "tradicionalmente", ou que seu Coven não foi fundado de acordo com os padrões "tradicionais".

Acredito que é extremamente importante que qualquer pessoa passe por um treinamento formal pelo menos uma vez na vida[2]. Apesar de ter convicção de que um treinamento mágico por meio de um Coven com uma Tradição estabelecida é preferível à autoformação mágica, acredito firmemente que pessoas esforçadas e disciplinadas podem obter resultados

---

2. Praticamente todas as Tradições de Wicca históricas e de relevância são acessíveis atualmente no Brasil. Se sua decisão for receber uma iniciação formal antes de se aventurar em criar seu próprio Coven, o autor deste livro ficará feliz em direcioná-lo a iniciados das Tradições em atividade neste país e que são receptivos e estão disponíveis para fornecer Treinamentos mágicos aos buscadores. Você pode contatar o autor por meio de seu site em www.claudineyprieto.com.br

tão ou mais satisfatórios quanto alguém que permaneceu anos a fio sendo treinado por um Coven "Tradicional" engessado e sem inspiração, com Sacerdotisas e Sacerdotes esnobes e mesquinhos que alimentam apenas sua própria vaidade e carência emocional com o seu séquito de neófitos, de quem muito é exigido e com quem pouco compartilham.

Seja firme e perseverante em sua tentativa de criar um grupo forte, unido, onde o amor à Deusa possa ser expresso a cada rito, a cada Lua, a cada invocação e canção, mesmo que supostos "tradicionais" não o considere válido. A preocupação aqui não é se o seu Coven é valido para eles, mas se o é para você e para o seu grupo. Se a resposta for sim, prossiga confiante e tendo a certeza de que os Deuses aprovarão sua tentativa e o abençoarão com todas as dádivas e dons da inspiração, sabedoria e criatividade necessários para que o seu Coven se torne uma árvore forte, com muitos e muitos frutos. O tempo se encarregará de mostrar aos outros sua legitimidade, conquistando respeito e consideração até mesmo dos "tradicionalistas". A coisa mais corajosa que alguém pode fazer é seguir o que acredita. Siga seu caminho e seja feliz.

Muitos exemplos de como um Coven pode ser construído serão fornecidos no decorrer desta obra, a partir disso, decida qual o modelo mais atraente e condizente com a sua forma de pensar e de sentir, bem como com a dos demais integrantes do seu grupo.

Covens com um sistema de graus extremamente rígidos, nos quais o programa de estudos e o seu devido cumprimento estabelecerão em que patamar as pessoas estão e para qual nível elas subirão, são ideais para aqueles que possuem liderança natural ou uma postura mais autoritária. Um Coven com um sistema de graus mais flexível, no qual a opinião de todos tem o mesmo peso, independentemente da posição que ocupam dentro do grupo, pode ser um lugar confortante para os que procuram um meio termo entre a liberdade e a disciplina.

Um Coven igualitário, onde a liderança é rotativa a cada ano, mês ou ritual é o lugar perfeito para os que veem na Bruxaria a expressão da plena liberdade e plena igualdade dentro da religião.

Todo Coven é formado por pessoas, sendo assim, cada grupo assumirá características e prioridades diferentes.

Sentar com os membros do Círculo, caso esteja num período transitório para formação de um Coven, e conversar, definir quais pontos são mais relevantes à prática religiosa e política interna do grupo, é extremamente importante para que todos se sintam satisfeitos ou, ao menos, para que possam conviver com algumas posturas, mesmo quando elas não agradam plenamente a todos.

Como disse anteriormente, um Coven é um lugar de aceitação, onde é preciso aprender a conviver com a diversidade para não nos tornarmos líderes tiranos e ditatoriais. Se a sua personalidade não se adequar a isso, o melhor a fazer é praticar a Arte solitariamente e não se aventurar na formação de um Coven. É importante também ser sincero com aqueles cuja natureza você sinta não afinar com o seu grupo ou com espírito de colaboração de um Coven, encaminhando-os a uma comunidade mais adequada ou aconselhando-os a se tornarem Solitários. Seja sempre sincero para não se arrepender depois.

Outro aspecto importante a definir é a maneira como o seu Coven entende e se relaciona com o Sagrado e a filosofia por trás disso.

Definir se o seu grupo adotará uma característica matrifocal, na qual a Deusa e o Deus são honrados, mas o Sagrado Feminino tem papel preponderante nos ritos e na filosofia, é de suma importância. Seu Coven também pode assumir uma postura duoteísta, em que Deusa e Deus tenham os mesmos poderes e relevância e são honrados com a mesma intensidade.

Seu entendimento do Sagrado pode ainda ser centrado na crença no Uno, um ser primordial além do tempo e do espaço que, supostamente, existia antes de tudo existir, e que criou a Deusa e o Deus para ser sua manifestação divinizada acessível aos humanos. Esse conceito, no entanto, não é aceito pela maioria dos Wiccanianos, e é motivo de chacota entre muitos Pagãos que veem nessa explicação uma paródia patriarcal e cristã para o entendimento do Grande Mistério. Se você optar por essa maneira de entendimento do Divino, esteja preparado para defendê-la com bons argumentos e para receber as críticas que virão invariavelmente.

Há ainda aqueles que preferem ver o Sagrado apenas como feminino, sem honrar o Sagrado masculino, acreditando que a Deusa já o contém em suas múltiplas facetas e manifestações.

O panteão adotado pelo seu Coven também é importante. Existem muitos grupos que adotam apenas um único panteão por toda a vida e se limitam a trabalhar apenas com ele, acreditando que só assim poderão conhecer os seus Deuses com profundidade. Outros optam por um caminho mais eclético, trabalhando com diferentes Deusas e Deuses de panteões distintos. Há também os que preferem cultuar apenas a Deusa e o Deus, sem lhes atribuir nomes de nenhuma cultura. E existem, ainda, aqueles que, ao se especializarem em um único panteão, acabam desenvolvendo uma prática religiosa reconstrucionista específica dos povos relacionados àqueles Deuses, baseando suas festividades nos antigos calendários religiosos da mesma cultura.

Esses são apenas alguns dos pontos sobre os quais você e os membros de seu futuro Coven devem refletir e definir antes de prosseguirem no processo de formação e estruturação do grupo.

Seja qual for a forma que seu Coven escolher para entender o Sagrado e como ele se manifesta, vocês devem saber por que estão escolhendo essa interpretação em particular. Jamais esqueça que a sua escolha não é uma verdade infalível e representa apenas uma pequena parcela do entendimento do Grande Mistério possível à compreensão humana, que é limitada. Nenhuma é melhor ou mais correta que a outra e expressa somente o relacionamento do seu grupo com o Divino. Na Wicca, existem muitas e muitas formas de compreender "aquilo que não pode ser visto" e a Deusa se expressa em todas elas. Aqui, você encontrará as explicações e os prós e contras para cada uma das diferentes expressões da filosofia Wiccaniana, para que assim, sinta-se seguro ao adotar uma delas. Não se esqueça: a realidade por trás do Sagrado é a verdade de cada um!

Formar, dirigir e manter um Coven é uma das experiências mágicas mais enriquecedoras que um Wiccaniano pode viver.

Um Coven nos dá uma multiplicidade de possibilidades incríveis, fazendo com que possamos compartilhar nossos anseios e nossos sentimentos com outros, buscando na interação a possibilidade de chegarmos a uma maneira mais abrangente de compreensão do Sagrado.

Ao mesmo tempo em que um Coven nos expande, ele nos limita, nos doutrina e nos ensina a conviver na pluralidade de ideias. Com isso, conseguimos perceber que nem sempre o que achamos ser uma verdade irrefutável realmente o é, que existem muitas e muitas formas de ver e compreender o Todo. Um Coven é uma preparação para a vida. Nele, aprendemos a ceder, a dividir, a compartilhar e amar, e a curar e enxergar o mundo com os olhos do outro, sentindo a dor ou a alegria do seu próximo. Nele não imperam as leis dos homens, mas as leis dos Deuses que nos ensinam que a humanidade criou uma sociedade de derrotados, porque insistimos em enfraquecer os fortes em vez de fortalecer os fracos. É um lugar para os fortes de coração e de espírito, mas também para os que precisam ser fortalecidos para a vida.

Um Coven, em resumo, é o lugar onde nos sentimos no colo da Deusa, que nos dá alento e carinho. Muitas vezes Ela pode falar pela boca de outros integrantes do Coven e até mesmo por um sorriso ou um gesto que a nós é dado. Como toda Mãe faz, num Coven também recebemos palavras duras e repreensões quando é necessário.

Um Coven é um lugar para os que sabem ouvir e aprender.

Problemas sempre existirão, mas sabemos que o Coven é como uma família, e que, por mais que os problemas existam, sempre poderemos recorrer a ele quando necessitarmos, e é para ele que poderemos voltar quando o medo nos ameaçar.

3

Definindo as características básicas de seu Coven

Hierarquia do grupo

UM COVEN É CRIADO PARA SER um local de transmissão de conhecimentos sobre a Arte e de formação de Sacerdotes. É também um guardião de Mistérios, seja da Tradição a qual representa, seja da Wicca como um todo.

A Wicca é uma religião de Mistérios. O termo "mistério" não deve ser entendido aqui apenas como grandes segredos jamais revelados e mantidos durante séculos por um grupo seleto de "escolhidos", mas, sim, como a experiência religiosa que só pode ser vivida pelo contato direto e intransferível com o Sagrado, que possibilita o real entendimento sobre "o que não pode ser visto" e sobre "o que não pode ser compreendido" não por meio da experiência intelectual, mas da mística e da espiritual. Ninguém compreenderá totalmente a Magia de uma religião apenas pelo seu enfoque teórico e intelectual, mas, sim, pela comunicação direta com os Deuses.

Um Coven prepara Sacerdotisas e Sacerdotes que poderão facilitar o acesso de outros a esses Mistérios, ensinando formas e caminhos que já foram percorridos para entender o que está além de qualquer entendimento humano, e que só pode ser sentido por meio de emoções. Essas formas e caminhos quase sempre são preestabelecidos se você está dentro de uma Tradição ou de um Coven, mas cada pessoa vai sentir e interpretar o Divino de uma determinada maneira, e é aí que a Bruxaria se torna uma religião única, individual, cuja experiência com o Sagrado é pessoal e intransferível.

A tendência natural é que existam pessoas preparadas e magicamente bem treinadas para transmitirem tais conhecimentos aos Neófitos, chamados muitas vezes de *Dedicantes* ou *Dedicados*. Para isso, o Coven acaba tendo uma estrutura com funções desempenhadas por diferentes Coveners, capazes de suprir a demanda no treinamento. Tudo começa com os membros mais antigos, que transmitem o conhecimento aos que chegam e que vão passar pelo processo de aprendizado, rumo à Iniciação.

Se você está montando o seu Coven agora, vai ter de refletir muito sobre qual a melhor estrutura hierárquica a ser adotada. Talvez o seu grupo gaste dias e dias discutindo sobre qual a melhor composição hierárquica a ser adotada e até mesmo se é necessário haver uma.

Observe e responda as seguintes questões e peça aos membros do seu Coven para que respondam também. Essa referência vai auxiliá-los a tomar inúmeras decisões importantes:

- Vocês sentem que é necessário haver algum tipo de deferência, mesmo que simbólica, às pessoas, devido ao seu tempo de Iniciação ou ingresso no Coven?
- Vocês acreditam que estabelecer um sistema hierárquico é mais fácil para o processo de transmissão de conhecimentos aos que chegam?
- Um Coven com uma hierarquia estabelecida, com metas a serem cumpridas para atingir determinados postos, seria uma maneira mais eficaz e mais segura de aprendizado?
- Vocês estão convictos de que a maneira mais segura de treinamento é aquela em que os novatos adquirem conhecimentos aos poucos, passando a assumir determinadas funções no ritual e no Coven, quando demonstram habilidades para tal, e que quando isso ocorre alguma deferência deve ser feita a eles por esse motivo?
- Vocês ficam incomodados ao pensar que determinadas pessoas terão tratamento diferenciado das outras devido ao grau ou posição que ocuparem?
- Um Coven no qual todos têm voz e poder decisório por meio de um consenso é o que vocês buscam?

- Vocês acham **apropriado** escutar as opiniões de todos para análise, mas deixar a **decisão** final para os mais experientes e antigos no Coven?
- Seria mais justo um Coven onde todos tenham a mesma posição e sejam vistos da mesma maneira, com a liderança sendo alternada a cada ritual?
- O pensamento de um Coven hierárquico os assusta porque acreditam que isso pode acabar gerando uma sede desenfreada de poder por parte de alguns membros, criando uma briga de egos?

O ideal é que todos sejam extremamente sinceros ao responderem essas perguntas, pois as respostas serão decisivas para a escolha da estrutura hierárquica a ser adotada pelo seu Coven.

A seguir, veremos os pontos mais relevantes sobre algumas das estruturas mais utilizadas entre Covens Wiccanianos.

Covens com hierarquia rígida

São aqueles que possuem uma hierarquia engessada e um sistema de graus.

Neles, após adquirirem alguns conhecimentos básicos sobre a Arte, a pessoa passa por um rito que a introduz no seio do Coven. Esse rito é chamado geralmente de *Dedicação*, mas dependendo da Tradição a qual o Coven pertence, também é chamado de *Apresentação*, *Introdução*, *Recebimento* e muitos outros nomes.

A Dedicação dura um ano e um dia, e nela são aprendidos os rudimentos da Arte e é requerido que o Dedicado cumpra um programa de estudos. Durante esse período, a pessoa aprende sobre a particular expressão do Coven, sobre a Arte e a forma básica dos ritos e sobre as práticas mágicas. Muitos Covens com hierarquia rígida exigem que o Dedicante, também chamado de *Dedicado*, cumpra um vasto programa de exercícios mágicos e uma série de rituais e conexões que o capacitará a direcionar e a dirigir energia, bem como se conhecer internamente, o que é considerado fundamental. Durante a Dedicação, o Dedicante começa a desenvolver sua relação com a Deusa e os Deuses reverenciados em seu Coven.

O período de Dedicação possibilita que a pessoa aprenda sobre o Coven no qual será iniciada, bem como sobre a história de sua Tradição. É o período de análise para uma futura decisão da Sacerdotisa ou do Sacerdote para saber se a Iniciação deve mesmo ocorrer.

Na maioria dos Covens, os requerimentos básicos a serem absorvidos e aprendidos durante a Dedicação são muito parecidos com:

- Realizar a leitura de uma relação de livros recomendados.
- Participar de todos os rituais abertos do Coven, como Esbats e Sabbats.
- Participar das reuniões de treinamento do Coven.
- Fazer anotações e apontamento em um Livro das Sombras sobre os rituais lunares e demais ritos realizados pelo Dedicante.
- Fazer anotações sobre as meditações, as reflexões, os sonhos e os pensamentos relacionados à jornada espiritual do Dedicante.
- Estudar a mitologia Wiccaniana.
- Conhecer as fases lunares e suas influências.
- Aprender sobre a Roda do ano.
- Estudar a mitologia aceita e adotada pelo Coven.
- Conhecer a história da Arte.
- Estar consciente da importância e da responsabilidades da Iniciação.
- Informar-se sobre as regras e sobre as leis do Coven.
- Aprender o Dogma da Arte e seu significado.
- Conhecer a Lei Tríplice e sua atuação.
- Conhecer ética e conduta desejáveis a um Wiccaniano.
- Seguir um guia recomendado de meditações e visualizações.
- Obter conhecimentos gerais sobre Poder: como gerar e transmitir, seu uso, sentido e formas de centramento e de aterramento.
- Adquirir conhecimentos gerais sobre bênçãos e o ato de se autoabençoar.

Durante a Dedicação, o Dedicante deve aprender tudo o que for possível sobre a Arte, sempre prestando atenção às orientações de sua Sacerdotisa, do Sacerdote ou daqueles que ficaram responsáveis pela sua instrução. Ele deve manter um registro acurado do seu progresso nos exercícios, nas meditações, nos rituais, nas leituras e no conhecimento adquirido ao longo de sua participação no Coven.

O Dedicante também deve analisar se o sacerdócio Wiccaniano é o que realmente deseja para sua vida, e se o Coven no qual está sendo treinado é o melhor lugar para ele.

Caso acontecer de, durante o período de um ano e um dia, o progresso de sua Iniciação não atingir o resultado desejado, ele permanece como Dedicante por quanto tempo for necessário, até que tenha obtido um resultado favorável.

Depois desse período, o Dedicante passa pelo Rito de Iniciação que o introduz definitivamente no Coven como um membro reconhecido pelos demais.

A Iniciação é o primeiro ritual que marca o ingresso de uma pessoa ao Coven, e se o grupo tiver um sistema de três graus, o que é mais comum e ocorre na maioria das Tradições com hierarquia rígida, ele passará por mais dois rituais que marcarão sua evolução dentro da comunidade, até chegar à posição de Elder.

Cada grau implica um rito sacramental diferente, que marca novos deveres e expectativas sobre o Iniciado dentro do Coven.

Os três graus de Iniciação geralmente possuem a pré-forma a seguir:

PRIMEIRO GRAU: marca o ingresso do Dedicante[3], agora como Iniciado, dentro do Coven. O rito que confere o Primeiro Grau ocorre possivelmente no prazo de um ano e um dia depois da Dedicação, isso se o Dedicado conseguir cumprir todo o programa de estudo proposto e tiver sido bem-sucedido.

Na Iniciação de Primeiro Grau o Dedicante será apresentado aos Deuses reverenciados em seu Coven, aos Ancestrais e aos Espíritos dos Elementos reconhecidos em sua Tradição, se seu grupo fizer parte de uma.

---

3. É importante notar que algumas Tradições não adotam o período de Dedicação como um pré-requisito para iniciação e introduzem os postulantes diretamente ao Primeiro Grau sem qualquer treinamento prévio. Na realidade, os primeiros sistemas de Wicca assim o faziam e alguns puristas continuam seguindo essa formatação até os tempos atuais. O sistema de Dedicação surgiu no Estados Unidos como uma maneira de refinar o processo de formação de iniciados, fornecendo uma alternativa para a grande demanda de buscadores que surgiram entre as décadas de 1960 e 1980.

Uma pessoa que atingiu o Primeiro Grau é geralmente considerada um Bruxo e um Iniciado (Aprendiz), até que receba o Segundo Grau iniciático.

O Primeiro Grau de iniciação possibilita que o Iniciado atinja os requerimentos básicos sobre a Arte para se tornar uma Sacerdotisa ou um Sacerdote. Durante esse período, o Iniciado deverá participar de várias reuniões de treinamento e atuar como Oficiante em algum momento, realizando alguns rituais para os quais for solicitado para que assim seus orientadores na Arte possam avaliar seu progresso prático. A partir da Iniciação de Primeiro Grau, o Bruxo poderá participar de todos os rituais, exceto das Iniciações de Segundo e Terceiro graus.

Na maioria das Tradições, um programa básico para o período em que o Iniciado permanece em seu Primeiro Grau é parecido com o que segue:

- Práticas e técnicas rituais.
- Lançamento do Círculo Mágico.
- Atuação em alguns Sabbats e Esbats, como Sacerdotisa ou Sacerdote dos rituais.
- Consagração de instrumentos mágicos.
- Simbolismo acerca de cada instrumento e como usar cada um deles.
- Conhecimentos gerais sobre os três Selfs (se a Tradição em questão os reconhecer em seu sistema).
- Desenvolvimento do Eu Mágico.
- Maneiras de conferir poder ao nome mágico escolhido pelo iniciado.
- Treinamento mágico e domínio sobre o trabalho do Iniciado.
- Estrutura Tradicional de um Coven.
- Estilo de vida de um Wiccaniano.
- Prática de diversos exercícios para fortalecer o poder pessoal e o centramento.

Durante o período em que o Covener permanece como um Iniciado de Primeiro Grau, ele deve continuar mantendo um registro fiel de seu progresso mágico.

Nesse período, ele também deve decorar e compreender a liturgia básica de seu Coven e de sua Tradição, sabendo de memória todas as invocações e todos os textos sagrados que lhe foram ensinados.

O Iniciado de Primeiro Grau também deve realizar qualquer requerimento adicional pedido pelos seus Sacerdotes.

Para alcançar esse grau, o Dedicante deve ter aprendido sobre as práticas mágicas básicas e ter vivido uma Roda do Ano ininterruptamente, celebrando todos os Sabbats e Esbats.

Durante o período de treinamento lhe são ensinados os princípios e a filosofia da Arte e o correto uso dos Instrumentos. Ele deve saber como lançar um Círculo, elevar e direcionar energia, criar e desempenhar feitiços e rituais em geral, invocar corretamente a Deusa, o Deus e os Espíritos dos Elementos, tudo de acordo com os preceitos do seu Coven.

Com a Iniciação de Primeiro Grau, a pessoa recebe um Nome Iniciático, geralmente secreto, com o qual ele se apresentará aos Deuses em seus rituais particulares. É necessário ressaltar que o Nome Iniciático não é o mesmo que o Nome da Arte, que é usado comumente para o tratamento público na Comunidade Pagã e ordinariamente no Coven.

É muito comum um Iniciado de Primeiro Grau transmitir alguns conhecimentos básicos aos Dedicantes que estão ingressando no Coven. Isso é feito sempre sob a supervisão de um Iniciado de Segundo Grau ou de grau superior.

Esse é o primeiro nível de Sacerdócio concedido a uma pessoa de um Coven hierárquico. A partir daqui ele é capaz de desempenhar algumas funções e passa a participar do trabalho interno do Coven, muitas vezes não permitido àqueles que ainda não foram devidamente iniciados e, consequentemente, aceitos no grupo.

Segundo grau: marca o segundo sacramento pelo qual o Iniciado de Primeiro Grau passa. A Iniciação de Segundo Grau ocorre no mínimo um ano e um dia após a de Primeiro Grau. Tudo depende de como o Iniciado evoluiu na Arte com base no programa de estudo proposto pelo Sacerdote ou pela Sacerdotisa de seu Coven.

A partir do Segundo Grau de iniciação, o Covener deve ter integrado completamente a filosofia Wiccaniana em sua vida e ter chegado ao ponto em que pode assumir responsabilidades como líder em algum nível. Um Iniciado de Segundo Grau presta auxílio ao Coven e muitas vezes atua como um orientador, ajudando outras pessoas a encontrar e a desenvolver o melhor de suas habilidades. Todos os rituais do Coven, exceto a Iniciação de Terceiro Grau, são abertos para um Iniciado de Segundo Grau.

Na maioria dos Covens e Tradições, o programa básico do processo iniciático de Segundo Grau é muito parecido com o que se segue:

- Defesa mágica e psíquica.
- Conhecimentos profundos sobre técnicas de proteção mágica.
- Conhecimentos profundos sobre a liturgia do Coven e da Arte em geral.
- Técnicas oraculares.
- Conhecimentos sobre Astrologia.
- Projeção, Precognição, Clarividência, Clarisenciência, Psicometria e conhecimentos sobre a Visão Mágica de maneira geral.
- Herbalismo mágico ou uso mágico e medicinal das ervas.
- Rituais e exercícios sobre dinâmica de grupo.
- Técnicas de cura psíquica.
- Conhecimentos profundos sobre os quatro elementos da natureza e sua magia.
- Conhecimentos avançados sobre magia com velas.
- Conhecimentos avançados sobre a arte dos talismãs, amuletos e símbolos mágicos.
- Conhecimentos avançados sobre a arte de lançar feitiços com velas, cordões, palavras de poder, ervas, pedras, cores.
- Conhecimentos avançados sobre as oito formas de fazer magia.
- Conhecimentos avançados sobre a criação e o uso do templo astral.
- Técnicas avançadas de elevar poder e energia.
- Conhecimentos avançados sobre a alma-grupo e a mente-grupo.
- Em alguns Covens, iniciados de Segundo Grau são autorizados a se desmembrar do Coven Mãe e fundar um Coven descendente, que permanece em avaliação até que esteja apto a ser tornar autônomo e independente.

O Iniciado de Primeiro Grau deve permanecer no mínimo por um ano e um dia em processo de aprendizado e, geralmente, só passará para o Segundo Grau quando os seus orientadores e Elders souberem que ele está preparado. Lembrando de que ele deve comparecer a todas as reuniões de treinamento para as quais for requisitado.

Nesse período, geralmente lhe é pedido que escreva um ritual para ser realizado pelo Coven, comprovando assim seu progresso como futuro líder de um grupo.

Um Bruxo de Segundo Grau tem o direito de iniciar outras pessoas na Arte com o consentimento de seu Sacerdote, assumindo, assim, funções importantes em muitos rituais do Coven. Nesse grau, ele pode substituir o Sacerdote ou a Sacerdotisa do Coven quando for necessário, e é encorajado a treinar outras pessoas na Arte para serem posteriormente iniciadas dentro do grupo. Muitas vezes ele se responsabiliza por um Iniciado de Primeiro Grau para instruí-lo e transmitir os conhecimentos por ele adquiridos.

Um Iniciado de Segundo Grau ainda não atingiu a posição mais elevada, mas ocupa uma posição de destaque e é muitas vezes chamado de Elder pelos mais novos.

Para atingir esse grau, o Covener passa por um longo treinamento sobre as bases religiosas, ritualísticas, filosóficas e mágicas da Wicca, e deve conhecer os principais rituais da Arte e de seu Coven, incluindo todos os Ritos de Passagem.

A partir daqui ele é treinado na dinâmica mágica de grupo para, futuramente, fundar e dirigir seu próprio Coven quando atingir a Iniciação de Terceiro Grau, se assim o desejar. Em alguns casos, e quando a necessidade se fizer presente, o Iniciado de Segundo Grau é autorizado a formar seu próprio grupo para iniciar pessoas no Primeiro e no Segundo Grau. Esse tipo de Coven é chamado de Coven Filho[4], já que é um grupo descendente da comunidade original na qual foi treinado e iniciado, mas ainda não é independente dele, permanecendo em vínculo de lealdade e obediência ao Coven Mãe, até que esteja pronto a se tornar um grupo autônomo. Isso geralmente acontece apenas quando o Iniciado de Segundo Grau é elevado ao Terceiro Grau.

---

4. Algumas pessoas preferem usar a expressão Coven Filha (do inglês Daughter Coven) ainda que a concordância soe equivocada e inadequada ao português.

Durante o período em que permanecer como um Iniciado de Segundo Grau, a Sacerdotisa ou o Sacerdote do Coven passará mais tempo em companhia do Covener, transmitindo todos os conhecimentos necessários que ainda faltam a ele, preparando-o para ocupar uma posição mais elevada dentro de sua comunidade e na Arte num futuro próximo.

Terceiro grau: essa é a posição mais elevada a que uma pessoa pode chegar na maioria das Tradições Wiccanianas hierárquicas que adotam o sistema de graus. A partir daqui, o Iniciado de Terceiro Grau é chamado de Alta Sacerdotisa ou de Alto Sacerdote.

O Iniciado de Terceiro Grau se torna um Elder e suas funções são muito similares ao Iniciado de Segundo Grau, porém, nesse estágio, ele pode partir e fundar seu próprio Coven de maneira completamente autônoma.

Um Covener só chega ao Terceiro Grau depois de integrar completamente os caminhos da Arte em sua vida e ter auxiliado inúmeras outras pessoas em seu Coven a se tornarem iniciados. A maior diferença entre um Iniciado de Terceiro Grau e um de Segundo Grau é que o de terceiro possui treinamento de liderança mágica e de grupo completos e, a partir desse ponto, será extremamente encorajado a fundar seu próprio grupo, pois essa é a maneira como os ensinamentos de um Coven e de uma Tradição se espalham. Quando um Iniciado de Terceiro Grau sai de um grupo para fundar o seu próprio, ele se torna completamente independente do Coven Mãe. A partir desse momento, todos os rituais são abertos para ele.

O treinamento de um Iniciado de Terceiro Grau é muito pessoal e individualizado. Porém, a seguir estão algumas linhas gerais do que é mais comum durante este treinamento:

- Conhecimentos avançados sobre dinâmica de grupo e trabalhos de um Coven.
- Conhecimentos gerais sobre a psicologia humana e como um Sacerdote deve aconselhar aqueles que o procuram.
- Conhecimentos gerais e avançados sobre os ritos de passagem: nascimento, ritos da puberdade, casamento, Iniciação, ritos da maturidade e morte.
- Estudos individuais para suprir a necessidade individual de conhecimentos do Covener em áreas específicas.

O Iniciado de Terceiro Grau também deve ter auxiliado a Sacerdotisa e/ou Sacerdote nas reuniões de treinamento do Coven, ensinando pessoas de graus menores. Ele só chega a essa posição após permanecer, no mínimo, um ano e um dia no Segundo Grau, demonstrando qualidades de respeito e ética para a sua comunidade e participando ativamente de todas as atividades do grupo. No entanto, é muito comum se passarem anos até que a pessoa chegue a essa posição, pois só a Sacerdotisa e/ou Sacerdote sabem qual é o melhor momento para uma pessoa se tornar um Iniciado de Terceiro Grau. A partir de então, o Iniciado passa a ser independente e pode iniciar pessoas no primeiro, segundo e terceiro graus da Arte.

Existem alguns Covens que optam por um sistema com cinco, sete, nove e já cheguei a ver alguns com até vinte graus de Iniciação ou mais. O maior ou menor número de graus não representa qualidade ou falta dela, mas diferentes possibilidades de transmissão de conhecimentos que, divididas, acabam por originar um programa de treinamento que corresponde ao sistema adotado por um ou outro grupo em particular. Não se iluda achando que quanto mais graus seu Coven tiver, mais qualidade ou importância ele poderá ter. Na realidade, um grande número de graus dificulta, e muito, o processo de aprendizado de uma pessoa. Um grande número de graus também acabará desestimulando aqueles que se aproximarem do seu Coven em busca de treinamento e crescimento na Arte. Mantenha a coisa simples. Se a maioria das Tradições usa um sistema de três graus é porque ele funciona e o tempo comprovou sua eficácia. Além disso, o número três é muito simbólico para a Arte, representando as três faces da Deusa. Se o seu Coven assumir uma identidade mais matrifocal, você poderá consagrar cada grau a uma face da Deusa. O Primeiro Grau poderá ser associado à Donzela, representando o início, a busca pelo conhecimento. O Segundo Grau seria associado à face Mãe da Deusa, representando a maturidade do conhecimento. E o Terceiro Grau seria associado à Anciã, trazendo a sabedoria que só o tempo é capaz de proporcionar.

Num Coven hierárquico, decisões como quem entra ou sai, quem vai comprar as velas ou os incensos do próximo Sabbat ficam, na maioria das vezes, a cargo da Sacerdotisa/Sacerdote e dos Elders. Aos neófitos é dado o direito apenas de ouvir e quase sempre não se manifestar. A Alta Sacerdotisa ou o Sacerdote lideram os rituais na maior parte das vezes, e as práticas mágicas e as invocações simples, como a dos Quadrantes, são feitas por eles próprios ou por um Sacerdote de Primeiro ou Segundo Grau designados para essa função.

Apesar de um Coven de hierarquia rígida possibilitar um sistema crescente e seguro de transmissão de conhecimentos, já que só pessoas capacitadas assumem as funções ritualísticas e mágicas, isso acaba por desenvolver um sentimento de frustração ou de inutilidade para aqueles que chegam ao Coven buscando não só por conhecimento, mas também por ação, interação e dinamismo.

A opção por um Coven de estrutura hierárquica deve ser pensada e repensada, pois pode não ser adequada para a maioria das pessoas que procura uma religião mais flexível e igualitária em suas práticas.

Covens com hierarquia flexível

Talvez um Coven com uma estrutura hierárquica rígida não seja o que você e os membros do seu Coven procuram. Sendo assim, existem outras inúmeras formas de organização que vocês poderão adotar.

Uma boa alternativa talvez seja um Coven com uma hierarquia mais solta, nem tão rígida como a exposta anteriormente e nem tão livre e descompromissada como aquela adotada pelos Covens igualitários que será explicada mais adiante.

Existem muitos Covens que operam com sistema de um único grau iniciático. Neles, os novatos são instruídos e passam pela Dedicação após uma instrução básica sobre a filosofia e práticas Wiccanianas. Depois de um ano e um dia de Dedicação, o Covener passa pelo Rito de Iniciação e entra para o seio interno do Coven, sendo reconhecido como um membro legítimo.

A partir daí, ele é considerado um Sacerdote e Elder dentro de sua comunidade, passando a auxiliar e a instruir os que chegam e precisam cumprir o mesmo programa de treinamento básico pelo qual um dia ele passou.

Nesses grupos com hierarquia mais flexível, muitas vezes é exigido o cumprimento de outro programa de treinamento ao Iniciado, com tarefas específicas para Iniciados. Dessa forma, geralmente ele vai precisar esperar mais algum tempo antes de poder iniciar outras pessoas e fundar seu próprio Coven. Após esse período, ele passa a exercer plenamente todas as suas funções sacerdotais.

Esse tipo de sistema é uma boa base para os que não se enquadram em um perfil hierárquico rígido, com muitas regras e formalidades. Conheço muitos Bruxos que foram treinados dessa maneira e hoje são peças fundamentais dentro dos seus Covens para a instrução dos novatos, ou se tornaram grandes líderes de Coven.

Existem outros Covens com hierarquia flexível que adotam um sistema de treinamento diferente. Neles, o Covener deve aprender todos os temas relacionados à Arte durante sua Dedicação, pois, ao passar pelo Ritual de Iniciação, ele deve estar bem treinado e conhecer plenamente a filosofia e a prática para assumir o papel de Sacerdote quando necessário, ou para fundar o próprio Coven, se for seu desejo. Nem sempre esse tipo de sistema é eficaz, pois muito há para se aprender, e um ano e um dia não é tempo suficiente para dominar todos os temas e práticas plenamente. Além disso, corre-se o risco de um treinamento superficial e falho, em que os mistérios podem não ser assimilados ou compreendidos completamente em decorrência do pequeno período de Dedicação e de treinamento mágico. Isso contribui não só para a formação de um futuro líder de Coven ou Iniciado que domina de forma rudimentar os temas que deveria, bem como para um sistema falho de metas a serem cumpridas que é, consequentemente, desmotivador.

Você e seu Coven devem pensar muito antes de adotar um sistema menos rígido que pode ser mais agradável, mas, muitas vezes, pouco eficaz, contribuindo para a insatisfação dos seus membros e acarretando entradas e saídas intermitentes de pessoas.

Se vocês escolherem essa estrutura, não deixem de criar um programa exigente de Dedicação, com metas específicas a serem atingidas, possibilitando também ao Dedicante uma prática constante dos ritos e demais aspectos práticos Wiccanianos. É ideal que durante o período de treinamento o Dedicante demonstre seus avanços, guiando alguns rituais ou dinâmica de grupo proposta ou escolhida por ele mesmo como meditações, exercícios, o relato de um mito ou as tradições dos Sabbats. Deixe-o liderar um Esbat ou Sabbat sob a supervisão de alguém mais experiente, após conhecer minimamente os ritos básicos. Incentive-o a criar os rituais ou dar seu toque de personalidade aos ritos preestabelecidos do Coven. Deixe à sua disposição uma lista de literatura recomendada, indo desde os livros mais básicos sobre a Wicca até os mais complexos e avançados, não esquecendo as obras mitológicas, antropológicas e psicológicas com temas relacionados à Deusa ou a Arte de uma forma ou de outra. Algumas ideias para um bom programa inicial são dadas no primeiro capítulo deste livro, que fala sobre a formação de Círculos.

Não se esqueça de criar também um programa mínimo de treinamento pós-iniciatório, dando ênfase às meditações e aos exercícios mágicos, possibilitando ao Covener uma ampla atuação no Coven e no treinamento de novos integrantes. Quanto mais ele se sentir útil, mais evoluirá trazendo benefícios a si mesmo e ao grupo como um todo.

Um Coven com um sistema hierárquico menos rígido pode ser a opção ideal para os que não gostam de se submeter às leis fixas de um grupo hierárquico radical, mas querem um treinamento confiável, em que bons resultados podem ser alcançados ao final da jornada de Dedicação.

Covens com hierarquia igualitária

Existem muitos Covens de hierarquia igualitária atuando hoje em dia. Com a recente propagação da Wicca como uma religião sem liderança, sem hierarquias, em que todos são vistos sob o mesmo prisma, igualitarismo é o que mais se procura nos Covens hoje em dia. Os Coven mais tradicionais e de hierarquia mais engessadas parecem estar fora de moda.

Um Coven igualitário torna-se um lugar onde todos podem expressar suas opiniões e sentir que eles fazem diferença. Nele, a palavra de todos, independentemente do tempo de prática ou da experiência, tem o mesmo peso e valor.

Esse tipo de Covens é regido pela unanimidade para todas as decisões relativas ao grupo: se um novo integrante deve ser aceito no grupo, se os incensos para o próximo Sabbat serão de rosas ou jasmim, se as cores das velas a serem utilizadas no ritual de cura serão amarelas ou verdes, se a briga entre dois Coveners abalou tanto o grupo, bem como sua própria relação de perfeito amor e perfeita confiança a ponto de ambos ou apenas um deles ter de deixar o grupo, etc. TODAS as decisões devem passar pelo crivo e pela aceitação de cada um, até que TODOS concordem com a conclusão final. Nos Covens igualitários, a Iniciação marca apenas um rito de passagem pelo qual a pessoa passa a fazer parte de uma família mágica. Geralmente não há um programa de treinamento específico nesses grupos, e os temas abordados e propostos de maneira aleatória são estudados e vivenciados por todos.

Uma Iniciação aqui jamais representa papel de supremacia ou maior importância em relação aos outros. Ela expressa tão e somente o amor de alguém à Deusa, que decide, de livre e espontânea vontade, fortalecer sua relação com Ela, não um compromisso de submissão ao grupo ou a uma pessoa em particular. Todos os Covens igualitários possuem suas formas de Iniciação, mas, na maioria das vezes, ela é somente simbólica. Tais Ritos de Iniciação estão sujeitos à aprovação e à alteração de quem será Iniciado, e é muito comum que a pessoa escreva seu próprio ritual. Num Coven igualitário, o que importa é que as pessoas se sintam bem e confortáveis com o que estão fazendo, sem se preocupar com a aceitação de outros grupos ou Tradições. Cada Coven igualitário tem sua maneira de ser, que é muito particular e pode se diferenciar muito dos padrões mais comuns de outros Covens da Arte.

Talvez essa seja a melhor opção para aqueles que percebem a Wicca muito mais como uma religião de cunho marcadamente individual, do que um sistema religioso com regras, liturgias e filosofia fixas. O único problema aqui é que Covens igualitários podem se tornar tão livres e soltos, que acabam tendo um sistema extremamente simplista e elementar de treinamento mágico. Nem sempre isso é relevante para os membros desse tipo de Coven, já que, na maioria das vezes, eles estão muito mais preocupados em expressar sua própria forma de religiosidade do que aprender tabelas com extensas analogias ou correspondências, invocações e demais temas, que para muitos pode ser primordial, mas que para eles só representa perda de tempo para tentar expressar algo da forma como não veem ou sentem.

Em Covens igualitários, a liderança ritual roda entre os seus membros. Sendo assim, uma determinada pessoa pode ficar responsável por desempenhar o papel de Sacerdote ou de Sacerdotisa durante um tempo, ou essa função pode ser desempenhada por uma pessoa diferente a cada ritual.

Se você e seu Coven optarem por essa forma de estrutura, será interessante criarem um programa de estudo e prática semestral ou anual. Caso contrário, passarão mais tempo debatendo sobre qual "cor de pano usar sobre o altar" ou "quantos pés deve ter o caldeirão" do que estudando e efetivamente praticando.

Distribuam tarefas entre vocês de forma que cada pessoa fique responsável por um tema diferente para estudos, ou leia um livro para depois compartilhar com os outros aquilo que aprendeu. É importante que cada um se sinta importante para o grupo como um todo, contribuindo com o melhor de si.

Covens igualitários acabam por desenvolver uma grande relação de amor e inter-relação entre os seus membros, onde o perfeito amor e confiança podem se manifestar divinamente. Se o que você e seu Coven procuram é muito mais uma família religiosa que um grupo de prática de Magia, seguramente essa é a melhor opção.

Cosmogonia e relação com o sagrado

Cada religião tem sua filosofia e seus pensamentos sobre como o Universo foi criado. A esse sistema de fundamento e teoria dá-se o nome de *cosmogonia*, o entendimento de mitos para melhor compreensão da causa primeira da Criação.

Depois de estabelecer qual será a forma de hierarquia do seu Coven, é hora de pensar em sua crença cosmogônica e na relação que desenvolverão com o Sagrado com base no grupo.

Quando a Wicca saiu das brumas e passou a percorrer todo o mundo, inúmeras pessoas começaram a se identificar com essa manifestação religiosa, porque ela era a única até aquele momento, e também pelo fato de que ela tinha uma divindade central feminina como Criadora. Isso foi em meados de 1950 e se estendeu até os anos 1970 e início dos anos 1980.

Mulheres que lutavam pelos direitos de igualdade encontraram nessa religião um porto seguro para se sentirem fortes, vivas e ativas. Foi na Wicca que elas encontraram uma religião capaz de resgatar sua dignidade, tanto social quanto religiosa.

Da busca por uma nova religião onde mulheres não fossem excluídas, surge, nos Estados Unidos, com foco no esforço de inúmeras feministas engajadas, uma Wicca com uma nova identidade, centrada preponderantemente na Deusa. Essa é a Wicca que hoje o mundo conhece e, se não fossem essas mulheres de poder, os escritos de Gerald Gardner provavelmente não tinham passado de papéis empoeirados numa gaveta.

Desse movimento crescente, surgiram várias ramificações dessa religião, desde aquelas em que a Deusa e o Deus têm a mesma importância, até ramos em que o Deus não é sequer reconhecido ou mencionado.

Junto ao crescimento e à divulgação da Wicca, destacaram-se, em meados dos anos 1980, vários outros movimentos Pagãos. Druidismo, Asatru e outros incontáveis movimentos Neopagãos reconstrucionistas mundiais só começaram a ser visíveis graças ao esforço dos Wiccanianos, que buscavam reviver uma religião mais centrada na Terra, no Sagrado Feminino, na busca da conexão com a natureza, e que levantavam com isso a bandeira da luta pela liberdade religiosa, num país protestante (Estados Unidos), mostrando que cada um pode reverenciar os Deuses à sua maneira, resgatando rituais quase esquecidos no tempo.

Como a Wicca trazia em sua estruturação influências celtas, nórdicas, gregas, sumerianas e qualquer outra que parecesse correta, já que essas culturas também foram herdeiras da Religiosidade da Deusa, inúmeros grupos se separaram da Wicca, buscando assim uma tradição com um corpo único de práticas e com identidade cultural definida.

As pessoas que passaram a pertencer a esses movimentos começaram então a criticar a flexibilidade da Wicca, dizendo que ela não era a verdadeira herdeira da Religião da Deusa, que a Wicca não era celta, que era invenção de Gardner, que isso ou aquilo.

Mesmo com opiniões contrárias, a Wicca continuou sua escalada e crescimento, passando por uma revolução interna dentro do seu próprio meio. Congressos, encontros e seminários começaram a ser realizados para discutir as práticas dessa religião nos Estados Unidos. Por causa dos vários ataques à Wicca, até mesmo um Conselho com os mais renomados Wiccanianos da época foi criado para redigir os 13 princípios da Bruxaria, publicado em forma de edital. O 11º Princípio diz: "Como Bruxos Americanos, não nos sentimos ameaçados por debates a respeito da História da Arte, das origens de vários termos, da legitimidade de vários aspectos de diferentes Tradições. Somos preocupados com nosso presente e com nosso futuro".

Com essa nova identidade que a Wicca começava a assumir, a Deusa, como o centro de culto dessa religião, foi enfatizada cada vez mais. Ela passou a ser invocada nos ritos como "A Deusa dos dez mil nomes", assim como Ísis, que era todas as Deusas em uma, a afirmação de que todas as Deusas são a mesma Deusa passou a ser definitivamente aceita entre os Wiccanianos e largamente utilizada.

Isso nos mostra que a Wicca é uma religião que reconhece a Deusa como Criadora e sua principal Divindade, e que, mesmo que alguns Wiccanianos se considerem politeístas (alguns se consideram monoteístas), reverencia uma única Deusa manifesta sob diferentes formas, nomes e atributos.

Hoje, muitos caminhos Wiccanianos são visíveis graças aos esforços de muitos Bruxos que divulgaram pelo mundo essa religião de maneira corajosa e abnegada, fazendo com que ela fosse aceita socialmente; resgatando a dignidade da mulher não só na religião, mas também na sociedade; dando impulso às causas ambientais e ecológicas, possibilitando, assim, a exposição positiva de outros movimentos pagãos.

As diferenças quanto ao que ocorre no interior de cada Tradição são meras distinções estruturais de cada subgrupo e ramificação da Arte. Elas deveriam ser utilizadas para o crescimento pessoal, para troca de informações e para o crescimento de cada praticante, e não como ponto de conflito ou separação.

Num Coven formado por diferentes pessoas que pensam e sentem de maneiras distintas, estabelecer uma filosofia coesa e uma crença cosmogônica unânime é algo muito difícil e que deve ser muito bem pensado antes de se chegar a uma posição final.

Talvez tentar diferentes alternativas até que uma funcione de maneira satisfatória seja o melhor caminho. Não esqueça que essa decisão será um fator determinante na identidade de seu Coven. Ela também será responsável pelo tipo de pessoas que irão se juntar a vocês e pela prática coletiva e pessoal de todos os membros de seu grupo.

A filosofia cosmogônica se relaciona ao jeito como você e o seu grupo veem o Sagrado e explicam a formação do universo e a fundação do mundo.

E também em como entendem as diferentes manifestações do Divino e como acreditam que essas manifestações se expressam em sua vida.

A compreensão acerca dos Deuses procede do contato direto e intransferível com o Sagrado. Afinal, cada ser humano é um universo único em miniatura. Por isso, a Deusa, o Deus, ou os Deuses de maneira geral, vão se apresentar para diferentes pessoas de diferentes maneiras.

Existe um ditado corrente na Wicca que diz: "Pergunte a cinco Wiccanianos o que é a Wicca e obtenha seis respostas diferentes"[5]. Isso é verdade não só ao que se refere à Wicca, mas também às Divindades com as quais trabalhamos. Todos os Deuses são multifacetados, possuem diferentes características e atributos e, por isso, irão se apresentar de forma única a cada um de nós.

Para a maioria das Tradições Wiccanianas, a Deusa é a grande Criadora, e é isso que difere nossa crença de outras. No entanto, existem muitas pessoas que preferem reconhecer o Divino como uma Divindade assexuada, criadora dos princípios masculino e feminino. A essa divindade eles chamam de Uno.

Existem caminhos Wiccanianos que dão ênfase à Deusa, relegando ao Deus um papel secundário. Outras Tradições consideram o Sagrado somente feminino e acreditam que o Deus esteja contido na Grande Mãe. Algumas pessoas preferem uma prática mais politeísta, vendo os Deuses como muitas faces da Deusa.

Todas essas maneiras de compreender o Divino são aceitas e válidas para a Wicca, visto que os Deuses são formados a partir da egrégora,

---

5. Exatamente por isso, muitas Tradições de Wicca têm a ortopráxica como caminho, o que significa que o aspecto mais importante é a experiência religiosa. No mundo ocidental, a maioria das religiões são ortodoxas. Isto significa que a própria religião se encontra definida em cada aspecto. Existem regras sobre como cultuar, pensar e sentir a religiosidade. Na ortopráxica os rituais são vistos como a forma para que cada pessoa se abra aos Mistérios. Uma vez que um dos aspectos mais importantes da Arte é a experiência pessoal, com o ritual é dado à cada pessoa a oportunidade de entender o que a experiência espiritual significa individualmente. Não é dito às pessoas o que elas vão experimentar e nem o significado daquela experiência. Em vez disso, são exploradas a estrutura básica dos rituais compartilhados que permitem certa abertura espiritual para uma experiência direta com o Mistério.

que é uma forma de pensamento. Os Deuses são como conceitos que se solidificaram, foram nomeados e passaram a ser aceitos e reverenciados por um grupo de pessoas ao longo dos tempos.

Isso não invalida a crença daqueles que, como eu, afirmam que os Deuses sempre existiram.

O rio, a fonte, o fogo sempre existiram, independentemente da mente humana para serem criados. Porém, quando a energia existente nesse rio, fonte ou fogo passou a ser chamada de Brigit (ou qualquer outro nome) e lhe atribuíram uma forma, uma personalidade, um sistema de culto, etc., uma Divindade passou a existir, mas em essência ela sempre esteve lá, ela sempre existiu, já que os Deuses são essencialmente a própria natureza manifestada.

Vocês terão que refletir muito antes de pensarem como entenderão as manifestações do Divino em seu Coven. Seria interessante fazerem as seguintes perguntas:

- Vocês compreendem o Sagrado como masculino, feminino ou hermafrodita?
- Acreditam que a Deusa, o Deus ou os Deuses possuem forma específica humana, animal ou que seja possível identificá-los na própria natureza?
- Consideram que a Deusa exerce papel de supremacia ao Deus?
- Classificam Deusa e Deus como iguais, mantendo uma posição de equilíbrio, quer na filosofia, nos ritos ou na liturgia?
- Como explicam a criação do universo e a teoria da fundação do mundo?
- Como compreendem as leis que regem o Universo?

Depois de fazer tais indagações a si mesmos, estarão prontos para chegarem a uma conclusão sobre a Cosmogonia e a Cosmologia a serem adotadas pelo seu Coven.

A seguir, encontram-se informações elementares sobre alguns dos entendimentos mais comuns acerca do Divino entre Wiccanianos, bem como diferentes Mitos da Criação. Sintam-se à vontade para reescrever os mitos, dando a eles uma forma mais poética, desde que mantenham a sua estrutura básica como direcionamento.

Dar seu toque de personalidade nesse estágio é perfeitamente aceito, pois todo processo criativo é inspirado pelos Deuses. Sendo assim, mitos e textos sagrados podem muitas vezes ser mudados e adaptados, desde que sejam mantidas suas características originais básicas.

Covens com visão cosmogônica igualitária

No princípio dos tempos nada existia. Terra, céus, mares ainda não tinham sido formados.

A Deusa, aquela cujo nome jamais pode ser dito, elevou-se da escuridão, cantando a canção da vida que ecoou pela escuridão.

E Ela dançou e, em seu êxtase, se dividiu na Lua e no Sol. Agora a Deusa era Ela e Ele e os dois, que ao mesmo tempo eram um, dançavam a canção da vida, sendo atraídos um pelo outro. E assim, Eles se uniram e se amaram. A Deusa disse ao Deus, seu irmão, filho e amado:

Você veio de mim e eu de você.
Nossa é a união que trará vida.
Vida que se manifesta e cresce dentro de mim, através do nosso amor.
Eu sou a geradora desta vida, que agora presenteio a você.

E a Deusa dançou, e conforme Ela dançava, a luz da vida se formava em seu interior, dando origem ao Ovo Cósmico da Criação. E agora Ela dançava com o Ovo em suas mãos.

E o Deus disse à Deusa, sua irmã, filha e amada:

Eu vim de você e você veio de mim.
Eu honro em você o poder de gerar a vida
Vida que se manifesta e cresce dentro de você através do nosso amor
Meu é o poder fertilizador, que agora presenteio a você.

E o Deus dançou, e seu brilho dourado iluminou o Ovo Cósmico da Criação nas mãos da Deusa. E, juntos, Eles dançaram a canção que daria origem a tudo aquilo que é, foi e será. A luz do Deus se refletia cada vez mais intensamente, até que seu calor explodiu o Ovo Cósmico. Dele surgiram o Universo e os planetas que se uniram à Dança da Criação e tornaram-se os amados filhos da Deusa e do Deus.

E a Deusa disse à sua criação:

Eu sou a Deusa e falarei pela boca de cada mulher

Abençoados sejam aqueles que me compreenderem e voltarem-se a mim, reconhecendo minhas múltiplas faces na natureza, pois eu estou presente em cada árvore, montanha, pedra, estrela e poeira cósmica.

Preservem a minha criação, filhos da terra e dos céus.

E se vocês não puderem encontrar um rio que seja puro suficiente para ser bebido, parem, pensem e então abandonem sua forma de vida, procurando em sua memória ancestral os ensinamentos que eu ofereço para encontrarem a verdadeira liberdade.

E jamais se esqueçam que cada partícula existente veio de mim!

E o Deus disse à sua criação:

Eu sou o Deus e falarei pela boca de cada homem.

Abençoados sejam aqueles que compreenderem e guardarem as palavras de nossa Mãe.

Reconheçam a beleza e a sacralidade daquilo que está acima de suas mentes e abaixo de seus pés e preservem a sagrada Criação.

E se vocês não puderem encontrar um pequeno lugar de ar puro para respirar, parem, pensem e voltem suas consciências para os antigos ensinamentos. Chamem pela Grande Mãe e por mim e saibam que ouviremos o seu chamado através dos dias quentes e noites frias, ensinando o caminho de reconciliação com a vida.

E a Deusa e o Deus abençoaram seus filhos amados e juntos continuaram a Dança da Criação, constantemente renovando a vida, que jamais terminará.

O mito acima retrata uma das muitas versões Wiccanianas do mito da Criação. Cada Tradição tem uma cosmogonia distinta, e todas elas são aceitas, já que nossa religião entende que a Divindade é imanente e, assim, cada versão revela parte da Verdade infinita contida na Deusa.

Se seu Coven optar por uma visão cosmogônica igualitária, a versão da Criação citada talvez reflita a maneira como vocês compreendem o Sagrado.

Muitos segmentos Wiccanianos acreditam que Deusa e Deus têm a mesma importância religiosa. Tal crença se dá pelo fato de muitos sustentarem que a criação do Universo e das leis que regem a vida surgiram a partir desses dois princípios divinos. Tais segmentos encorajam o papel de igualdade entre os sexos dentro do Coven e na vida em geral.

Essas facções Wiccanianas, diferentes da maioria, acreditam que a Deusa não deu nascimento ao Deus, mas, sim, se dividiu Nela e Nele, dando origem a todas as coisas. Sendo assim, essa visão cosmogônica coloca o Deus em posição igualitária à Deusa.

Tal filosofia sustenta que toda Criação é resultado dessas duas importantes e complementares energias e, como cocriadores, precisaríamos levar em consideração o equilíbrio entre o masculino e o feminino, dentro e fora de nós. Os Covens que optam por uma visão cosmogônica igualitária acabam por assumir uma postura bastante sexista, vendo como vital o mesmo número de homens e mulheres para um rito perfeito, a mesma quantidade de elementos ritualísticos masculinos e femininos em uma cerimônia, etc. Isso leva a uma compreensão religiosa de que a manifestação de nenhuma força criativa é possível sem o masculino e o feminino, e de que homens e mulheres não são completos uns sem os outros. Muitos consideram essa postura como demasiadamente heteronormativa, pois coloca a homossexualidade como uma manifestação sexual inválida. Tal postura é completamente antiwiccaniana, já que nossa religião prega a liberdade plena e absoluta, vendo todos os atos de amor e de prazer como ritos da Deusa, considerando a homossexualidade uma orientação sexual tão válida quanto a heterossexual.

Na contramão, os que optam por uma visão criadora igualitária veem no entendimento do mito a possibilidade de remover a opressão sexual do homem sobre a mulher, pois se a Deusa escolheu o Deus, isso representa que a mulher tem a chance de resgatar sua dignidade e poder de escolha de quando e com quem se relacionar sexualmente. Isso impulsiona a mulher a reivindicar seus direitos, observar suas próprias necessidades, respeitando seus desejos e sentimentos. A crença em tal cosmogonia encoraja os homens a se tornarem seres mais dignos, desprogramando-os de todos os condicionamentos culturais vigentes e posturas machistas.

Os Covens que escolhem uma visão mitológica da Criação igualitária acreditam que essa seja a forma mais correta de buscar pela igualdade entre homens e mulheres, encarando ambos como essenciais. Talvez isso possibilite um relacionamento mais harmônico entre os dois sexos, formando seres humanos desprovidos de preconceitos e posicionamentos sexuais separatistas.

Se seu Coven escolher tal cosmovisão, isso influenciará fortemente a estrutura de seu grupo, dando a homens e mulheres o mesmo grau de importância e papel. Nesses Covens, Sacerdotisa e Sacerdote governam igualmente, e suas palavras têm o mesmo peso e valor.

Covens com visão cosmogônica matrifocal

No momento infinito, antes de tudo, a Deusa levantou-se do Caos e deu nascimento a Ela mesma.

Isso foi antes de qualquer coisa ter nascido, até Ela própria. E quando separou os céus das águas, a Deusa dançou sobre elas.

Conforme Ela dançava, assim aumentava seu êxtase; e em Seu êxtase, ela criou tudo o que existe.

Seus movimentos provocaram os ventos, e assim o elemento Ar nasceu e respirou, e a Deusa nomeou a Si mesma de Arianrhod, Cardea e Astarte.

E faíscas saíam de seus pés conforme Ela dançava, e brilhavam como o Sol, e as estrelas se prenderam em Seus cabelos. Os cometas passavam sobre Ela, e assim, o elemento Fogo nasceu, e a Deusa nomeou a Si mesma de Sunna, Vesta e Pele.

Sob Seus pés moviam-se as águas, formando ondas, e assim, rios e lagos passaram a fluir, e a Deusa nomeou a Si mesma de Binah, Mari Morgaine e Lakshmi.

E procurando descansar Seus pés na dança, produziu a Terra, de modo que as margens dos rios e dos mares fossem os Seus pés, as terras férteis o Seu ventre, as montanhas os seus Seios fartos e Seus cabelos todas as coisas que crescem, e a Deusa nomeou a Si mesma de Cerridwen, Deméter e Mãe do Milho.

E Ela se tornou Aquela que é, foi e será. Nascida de Sua própria dança sagrada, do prazer cósmico e da alegria infinita.

Ela sorriu e criou a mulher à Sua própria imagem, para ser a Sua Sacerdotisa.

De seus elementos Terra, Ar, Fogo e Água, a Deusa criou o Seu Consorte para lhe dar amor, prazer, companheirismo e para compartilhar. E a Deusa falou, então, às suas filhas:

Eu Sou a Lua que iluminará seus caminhos
e revelará os seus ritmos.
Eu Sou a Dançarina e a Dança.
Eu me movo sem movimento.
Eu Sou o Sol que dá calor para germinar e crescer.
Eu Sou tudo o que será.
Eu Sou o vento que virá ao seu chamado
e as águas que oferecem a alegria.
Eu Sou o Fogo da dança da vida
e a Terra abaixo de seus pés dançantes.
Eu dou a todas as minhas Sacerdotisas os três aspectos que são Meus:
Eu Sou Ártemis, a Donzela dos animais e a Virgem da caça.
Eu Sou Ísis, a Grande Mãe.
Eu Sou Ngame, a Deusa ancestral que sopra a mortalha.
Eu serei chamada por milhões de outros nomes.
Chamem por mim, minhas filhas e saibam que eu sou Nêmesis.
Nós somos Virgens, Mães e Anciãs.
Oferecemos nossa energia criada
ao espírito das mulheres que foram,
ao espírito das mulheres que virão
e ao espírito das mulheres que crescerão.

Mito da Criação Diânico
Uma releitura por Morgan Macfarlane

Talvez uma visão igualitária do sagrado não seja correta para o seu Coven e vocês prefiram um grupo com cosmogonia matrifocal, em que a Deusa exerce papel preponderante. Aliás, essa é a preferência unânime entre Wiccanianos que acreditam ser a Deusa o diferencial em sua religião.

Muitos sentem que celebrar o Sagrado Masculino num culto Wiccaniano possa ser um escape psicológico para uma mente, completamente devastada por milênios de patriarcado, poder se sentir menos errada ao tentar incluir em sua prática religiosa o reconhecimento da energia feminina como Criadora. No entanto, outros acham que cultuar exclusivamente a Deusa e o sagrado feminino seja radical demais e, com isso, surgem muitas lendas sobre aqueles que preferem orientar seu culto somente à Deusa.

O que leva um grupo ou uma pessoa a celebrar exclusivamente a Deusa em seus rituais?

Em primeiro lugar, é necessário esclarecer que tal escolha não é decorrente de um desequilíbrio religioso, nem muito menos faz parte de um grupo separatista ou radical. Grupos e pessoas com culto matrifocal acreditam que existem muitas outras formas de polaridade que não sejam baseadas em gênero, vendo nesse tipo de classificação uma forma preconceituosa de divisão energética, já que, na maioria das vezes, tudo o que é bom, bonito e apreciado, acaba por fazer parte da energia masculina, e tudo o que é feio, temido ou repulsivo está na parte feminina. Isso pode ser visto na classificação oriental de Yin e Yang que associa o bom ao Yang (masculino) e o mal ao Yin (feminino). Sendo assim, perpetuar esse tipo de divisão de polaridades seria perpetuar a visão judaico-cristã patriarcal, consequentemente, machista, de que a mulher e o feminino são naturalmente negativos e devem ser evitados. Seguramente, uma visão limitada como essa não é compatível com a religião da Deusa.

Bruxos com cosmovisão orientada para a Deusa preferem identificar as polaridades não somente como feminina e masculina, mas como muitas outras: dia x noite, bom x mau, criação x destruição, escuro x claro, ordem x caos. Dessa forma, masculino x feminino seria apenas uma das ilimitadas possibilidades de polaridade.

Quando um grupo escolhe uma prática mágica centrada exclusivamente na Deusa, não significa em nenhum momento que esteja querendo transformar a Wicca em um monoteísmo matriarcal ou colocar saias em Jeová. A escolha do culto centrado exclusivamente na Deusa provém do conforto que o Sagrado Feminino pode nos proporcionar, pois a Deusa celebra a diversidade e não impõe limites. Muitos Wiccanianos, principalmente os mais feministas, e incluam-se aqui Diânicos e Orientados para a Deusa, sentem grande dificuldade em celebrar o sagrado masculino e todos os seus Deuses dominadores, estupradores, usurpadores como Júpiter, Pan, Plutão, Cu Chulainn, Susanowo, Odin e muitos outros. Os que escolhem uma cosmogonia matrifocal o fazem porque acreditam que celebrar a Deusa pode ser um fator primordial para tentar restabelecer o equilíbrio do Universo.

Mesmo os mais radicais Bruxos matrifocais reconhecem a existência do Sagrado Masculino e o honram quando necessário. No entanto, isso não significa que tentarão celebrar o Deus em todos os rituais para criarem um pseudo equilíbrio quando não sentem que isso seja necessário.

Além do mais, como existem muitas outras formas de polaridades, e a masculina x feminina é apenas uma delas, não se faz necessário invocar o masculino num ritual quando existem faces do Sagrado Feminino que tragam em seus atributos a energia da força, guerra, independência que teoricamente seriam associados ao masculino se adotássemos a classificação de polaridades do tipo Yin x Yang. Se observarmos a mitologia, para cada Deus da Guerra seguramente existem duas Deusas ou mais com a mesma função.

Percebe-se, assim, que o culto matrifocal é tão fundamentado quanto o igualitário, e que é uma questão de opção e preferência pessoal a escolha de uma Wicca mais orientada à Deusa em nossa prática.

A escolha do caminho Wiccaniano centrado exclusivamente na Deusa é tão válido quanto qualquer outro, e tem sua beleza e expressão, e talvez hoje seja a modalidade mais difundida da Wicca no mundo. Isso possibilita às mulheres resgatarem sua dignidade religiosa como Sacerdotisas, e aos homens, a conscientização dos conceitos corrompidos trazidos pelos pensamentos patriarcais dominantes.

A esse tipo de vertente Wiccaniana dá-se o nome de *Diânica*, visto que Diana foi uma Deusa que jamais se submeteu à vontade de um homem, preferindo a companhia das mulheres.

Dianismo e *Diânica(o)* são termos utilizados para designar qualquer caminho Wiccaniano centrado preponderantemente na Deusa, onde o Sagrado feminino seja mais celebrado do que o masculino. Essa expressão não é monopólio de nenhuma Tradição ou pessoa, e qualquer um que dê mais importância à Deusa do que ao Deus pode e deve se chamar de *Diânico*.

Existem muitas e muitas Tradições Diânicas distintas estabelecidas atualmente, e pode até ser que seu Coven acabe por desenvolver uma nova maneira de prática Diânica, dando nascimento a uma das facções desse segmento. Para perceber a pluralidade dos caminhos Diânicos, basta dizer que existem ramos exclusivamente feministas, em que as mulheres acreditam que possuem o direito do título de Sacerdotisas da Deusa única e exclusivamente por serem mulheres, não havendo a necessidade de Iniciação, enquanto outros são formados por grupos de homens e mulheres com estrutura rígida de graus e treinamento mágico. Existem, ainda, caminhos Diânicos que reconhecem o papel secundário do Deus, porém, dando total supremacia ao Sagrado Feminino. Todas essas vertentes do Dianismo possuem apenas uma coisa em comum, a preponderância da Deusa em seus ritos, filosofia, cosmogonia e práticas.

A maioria dos Covens Diânicos ou com cosmogonia matrifocal é direcionada a rituais criativos e ecléticos, com fundamentos centrados nos mistérios femininos, dando às mulheres possibilidades de compreender as manifestações naturais que ocorrem em seus próprios corpos como sagradas. Nesses Covens, as mulheres aprendem que são cheias de poderes como a Deusa, e todos são orientados a ver a mulher como representante da Deusa na Terra, a quem devemos respeito e reverência, afinal, todos nós viemos ao mundo por meio de um ventre de mulher, e só isso já é o suficiente para nos mostrar o quanto elas são importantes.

Nesses Covens, os homens aprendem a ver a mulher como a própria Deusa encarnada, a respeitá-la, a perceber que ela não é um objeto, a vê-la por um ângulo completamente diferente da sociedade machista, como alguém importante, para que haja vida e para a continuidade da vida. Isso não desmerece um homem em nada, muito pelo contrário, pois se ele conseguir se libertar dos grilhões patriarcais e dar à mulher o seu devido valor, será muito mais valorizado por ela. Como sempre digo, se um homem não consegue aceitar que a Wicca é um caminho lunar e centrado nos mistérios femininos, ele deve se voltar à outra prática religiosa. Existem muitos caminhos pagãos que trazem uma filosofia mais solar, centrada nos mistérios masculinos, que são caminhos tão válidos e tão belos quanto a Wicca.

Muitos Covens matrifocais optam por serem formados apenas por mulheres, enquanto outros preferem ser mistos. Isso fica a critério de cada um e não existem regras que digam que você só pode criar um Coven

Diânico ou com cosmogonia centrada exclusivamente na Deusa, se ele for formado somente por mulheres. Desconfie de tais afirmações, pois elas não são verdadeiras e, geralmente, provêm de uma radical e pequena minoria ou de difamadores. Existem muitos homens envolvidos no Dianismo, eu mesmo sou um deles. Façam o que seu coração sentir ser correto.

Se você e seu Coven escolherem essa forma de cosmogonia, estejam preparados para serem chamados de desequilibrados, feministas radicais, entre outros estereótipos falsos criados e sustentados ao longo dos tempos, que invariavelmente baterão em suas portas. Não ligue para tais afirmações, pois elas não são reais em nenhuma instância. O importante é que a sua maneira de ver e de compreender o Sagrado responda aos seus anseios e expectativas.

Um Coven com cosmovisão matrifocal pode ser enriquecedor para todos os seus membros, que poderão encontrar na Deusa a cura para muitos dos seus males trazidos pelos séculos de patriarcado e o conforto e as respostas para várias indagações de sua alma.

Covens com visão cosmogônica baseada no Uno

Antes de todas as coisas existirem, existia o Uno, e toda extensão do Universo era o próprio Uno, presente em tudo.

O Universo se moveu e o Uno criou a Deusa e o Deus.

A Deusa e o Deus agradeceram seu Criador e se uniram,
criando, assim, terra, céus, mares e estrelas.

Dessa união surgiu toda a criação, e a Deusa escolheu a Lua,
e o Deus escolheu o Sol para serem os seus símbolos.

Todas as coisas surgiram a partir da união do Sol e da Lua,
e tudo ocorre com a bênção do Uno, o Criador.

A visão cosmogônica do Uno baseia-se na crença de que antes de tudo existir havia um ser Criador, assexuado, que deu origem a tudo o que existe, inclusive a Deusa e o Deus, que foram suas duas criações divinas feitas para darem sequência à grande obra da Criação. Depois disso, ele teria se afastado devido ao seu grande poder, e tudo criado por suas mãos passou a ser governado pela Deusa e pelo Deus.

O conceito do Uno não faz parte da filosofia original Wiccaniana. O Uno é uma releitura de princípios Druídicos, introduzidos na Arte em meados dos anos 1980, assim como outros elementos da Nova Era, movimento muito difundido naquela época.

Muitos Wiccanianos criticam a crença no Uno, acreditando que asserir nela representa perpetuar a crença de que, além da Deusa, existe alguém mais importante do que Ela, dando margem assim para as pessoas darem sua própria interpretação ao mito e, consequentemente, definirem a Deusa como uma mera criatura de Deus (compreenda aqui esse termo da forma mais judaico-cristã possível).

Desde o início da Religião Wiccà a Deusa sempre foi considerada a Criadora e a Incriada, e o Deus como seu filho e Consorte, conferindo a Ele um papel secundário. Nem mesmo os Gardnerianos, com sua grande ênfase na teoria das polaridades, relegam à Deusa um papel inferior ao Deus ou a compreendem como mera criatura de algum ser Criador. A Wicca é a Religião da Deusa, pois nela o Feminino e a Mãe são mais visíveis e enfocados. Existem muitas Tradições que procuram dar ao Deus a mesma posição da Deusa, mas é uma pequena minoria.

Mesmo assim, a Wicca é uma religião libertária e que admite inúmeras interpretações para o entendimento do Mistério, e o Uno pode ser uma das inúmeras possibilidades para essa compreensão que talvez corresponda às suas expectativas.

Para percebermos como a Deusa é importante para as práticas Wiccanianas, é só perceber que sem Ela simplesmente não existe Wicca. Acredito que ninguém consegue imaginar a Wicca sem a Deusa, não é mesmo?

No entanto, é extremamente viável a Wicca sem o Deus, tanto que existem várias Tradições Wiccanianas que não trabalham com Ele e nem por isso são menos importantes que aquelas que reconhecem Deusa e Deus e lhes dão igual importância, como vimos anteriormente.

Faz-se Wicca com a Deusa e com o Deus, só com a Deusa, mas é impossível se fazer Wicca só com o Deus.

Muitos acreditam que sustentar a crença no Uno é uma prova fatídica de que o patriarcado e toda sua intolerância estão tão arraigados em nosso DNA, que algumas pessoas não conseguem sequer imaginar uma religião em que divindades femininas exerçam um papel preponderante e os homens e divindades masculinas são secundários, ou menos importantes.

Talvez a Wicca, com a supremacia da Deusa, das mulheres e do Sagrado Feminino, não seja um caminho para todos, mas é um caminho válido para alguns, e muitos afirmam que suas características essenciais devem ser mantidas e preservadas, e que a crença no Uno acaba por descaracterizar e banalizar a Arte.

Se você optar pela visão cosmogônica baseada no Uno esteja preparado para sustentá-la e defendê-la com bons fundamentos, pois muitas serão as críticas. Porém, não se sinta intimidado se essa é a sua maneira de compreender aquilo que não pode ser visto. Abrace sua opção com orgulho e celebre os antigos como sentir ser correto.

O Coven e o seu Panteão

Uma parte importante e que não pode ser vista com pouca atenção é aquela referente à escolha do Panteão ou Panteões com os quais o Coven vai trabalhar. Essa escolha às vezes pode ser muito difícil, já que um Coven é formado por pessoas que gostam de diferentes Deuses e Panteões e muitas vezes a melhor escolha é desenvolver uma prática eclética.

Muitos Covens optam por trabalhar com apenas um único Panteão, jamais cultuando divindades de outras culturas que não seja a escolhida. Isso contribui muito para uma prática coesa e mais profunda, levando seus participantes a desenvolver uma relação íntima e profunda com aquele grupo de Divindades específicas. Geralmente, nesses Covens, todo o ciclo da Roda do Ano é relacionado àquele Panteão, refletindo o ciclo de nascimento, vida e morte do Sol naquela cultura, bem como o ciclo de plantio e colheita dos povos que reverenciavam aquelas divindades. A Roda do ano, assim, assume uma característica única e não tão genérica quanto aquela utilizada pela maioria dos Wiccanianos e Covens, que se baseia apenas no mito poético do amor entre a Deusa e o Deus. Na maioria das vezes, esses grupos acabam se tornando reconstrucionistas da religião de uma antiga cultura, procurando reviver o estilo de vida e a religiosidade de um determinado povo o mais próximo possível do que era realizado no passado por eles.

Outros Covens preferem, no entanto, o trabalho com diferentes panteões, o que é chamado de ecletismo. Covens ecléticos cultuam Deuses de diferentes culturas indistintamente e, ao mesmo tempo, acreditando que a Deusa se manifestou em muitas culturas sob inúmeros nomes e faces. Esses Covens podem invocar Inanna em um determinado ritual, cultuar Hécate em um Esbat e escolher celebrar Olwen no Equinócio da Primavera, baseados no mito céltico dessa Deusa para a explicação da chegada da Estação. Tais Covens não veem nisso uma contradição ou confusão. Acreditam que escolher chamar a Deusa e o Deus por este ou aquele nome é decorrente de uma escolha pessoal ou porque cada Divindade tem características únicas, que só podem ser acessadas por Deuses específicos.

Existem outros grupos que preferem não trabalhar com um Panteão específico, nem ser ecléticos, mas, sim, trabalhar apenas com a Deusa e o Deus, sem usar nenhum nome para invocar o Sagrado Feminino e o Masculino. Tais Covens acreditam ser essa a melhor forma de contatar os Deuses, já que assim a Wicca pode assumir uma identidade mais pessoal para cada grupo ou pessoas envolvidas nele, que dão à Divindade a face que mais lhes agrada, bem como atributos. Sendo assim, nesses grupos é muito comum atribuir apenas títulos à Deusa ou ao Deus para conferir algum significado especial. No ritual de celebração de Imbolc, o Coven pode invocar a Deusa como a "Grande Mãe que amamenta", num Esbat ela poderia ser invocada como "A Renovadora" ou "Aquela que distribui a abundância", num ritual para saúde Ela pode ser chamada de "A Curandeira" e assim por diante.

Pensem muito bem antes de escolher trabalhar com um ou outro Panteão, ou com nenhum deles, não se esquecendo de levar em consideração as preferências de cada pessoa que faz parte de seu Coven.

O ideal, como sempre, é procurar experimentar diferentes maneiras e práticas, até que o grupo se fixe naquela que mais se enquadre nas expectativas de todos. Leiam o máximo que puderem sobre mitologia e Tealogia (estudo sobre a Deusa, do radical grego *Thea*). Realizem diferentes rituais invocando diferentes Deuses. Entre Wiccanianos é comum a preferência pelo Panteão celta, mas só optem por ele se realmente algum

Deus (ou Deuses) dessa mitologia falar ao seu coração. Não escolha um determinado panteão porque a maioria dos Wiccanianos gosta dele ou não. Talvez o Panteão que mais fale ao seu grupo seja o egípcio, o sumeriano, o nórdico ou nenhum desses. Não se preocupe se eles pareçam corretos para os outros ou não, mas, sim, se eles são para vocês.

Deixe que os Deuses falem com vocês a cada ritual, em cada cântico sagrado, em cada Círculo traçado. Estejam atentos aos mistérios e segredos que eles sussurrarem em seus ouvidos e, assim, descubram qual Panteão fala ao coração do grupo.

Vestidos de céu ou robes?

E em sinal de que são verdadeiramente livres,
vocês devem se apresentar nus em seus ritos.

Essa é uma pequena parte da *Carga da Deusa*, um dos textos mais sagrados e tradicionais da Arte, utilizado por muitos Wiccanianos e que expressa a nudez como uma parte importante dos rituais.

Um ponto muito controvertido entre a comunidade Pagã é se devemos trabalhar magicamente "vestidos de céu", com as "vestes da Lua" como também é chamada a *nudez ritual*, ou se devemos trabalhar vestidos de robes, mantos ou túnicas.

Existem muitas tradições que trabalham vestidas de céu, enquanto outras preferem as vestes cerimoniais para realizarem seus ritos.

Na realidade, é muito improvável que a nudez ritual tenha sido uma regra entre as Bruxas da Antiga Europa, visto que o clima daquele continente é frio, principalmente nos períodos de inverno. Muitos historiadores e estudiosos afirmam que a crença de que as praticantes da Antiga Religião faziam seus rituais nuas é mais uma das inúmeras deturpações provocadas pela Inquisição do período medieval. Outros afirmam que a nudez ritual foi incorporada à Antiga Religião por Gardner, numa tentativa de trazer para a Religião Wiccaniana princípios do naturismo, do qual ele particularmente era simpatizante. Em meados dos anos 1950 e 1960, muitas Bruxas trabalhavam vestidas de céu, com o surgimento de outras Tradições, o uso de vestes cerimoniais se tornou comum na prática Wiccaniana e o retorno à nudez ritual se deu por volta dos anos 1970 e 1980, vinda com as Bruxas ligadas ao movimento feminista.

Muitos Bruxos alegam razões mágicas para a nudez ritual, afirmando que qualquer coisa que for usada sobre o corpo vai interferir na energia criada e projetada a partir dele. Como na Wicca o corpo humano é considerado um dos principais geradores de energia, essa explicação é bem razoável para o entendimento do ato de "vestir-se de céu" durante as práticas mágicas. Não só a roupa interfere nos ritos, mas também joias, perfumes e qualquer ornamento artificial usado sobre o corpo.

Outros Bruxos, no entanto, alegam que uma simples roupa ou outros artefatos não são capazes de impedir a criação e a veiculação da energia criada por nossos próprios corpos e aquelas trazidas para dentro do nosso Círculo pelos Deuses e pelos Elementos, já que essa energia pode atravessar qualquer barreira humana e não humana.

Mesmo com toda essa controvérsia, a nudez ritual ainda é utilizada por muitos praticantes da Arte, e quando vocês formarem seu Coven devem ponderar muito se essa vai ser a forma que os participantes do seu grupo se apresentarão aos Deuses ou não.

A nudez ritual também exerce um fator psicológico, já que isso nos impõe a necessidade de nos aceitarmos como somos ou mudarmos a nossa condição se não estamos felizes com ela. Nus, estamos sem máscaras, e para a Magia o autoconhecimento e a aceitação do que somos, sem ilusões, é essencial. Nossas roupas, nosso estilo, são reflexos do que os outros querem que sejamos. A nudez nos traz a liberdade do pensamento convencional e mundano trazido pelo uso de nossas roupas, que expressa exatamente o que os outros esperam que sejamos. A nudez ritual assegura que os ricos não terão as roupas caras, nem as joias, para demonstrarem sua classe social dentro de um Círculo.

Se por um lado a nudez ritual pode contribuir muito para que todos se apresentem da mesma forma aos Deuses, além de auxiliar no processo de desprogramação da vergonha e pecados que a criação com os parâmetros judaico-cristãos nos impôs, também pode atrair para dentro de um Coven todo tipo de malucos, maníacos sexuais e tarados. Exatamente por esse motivo, aqueles que você convidar para o seu Coven sempre devem ser indicados por outros que já pertençam ao grupo e, mesmo assim, devem ficar em observação por todos durante muito tempo para que erros graves de escolhas não sejam cometidos. Confie em mim, nem sempre é fácil se livrar de um Covener que se mostre inconveniente depois de algum tempo de convivência e relação de amizade dentro do seu grupo. Geralmente, um erro de escolha traz danos quase irreparáveis para o Coven como um todo, e até que você resolva esse problema muitas perdas de pessoas importantes para o grupo poderão acontecer.

Seguramente, a maioria dos grupos usa robes, mantos e túnicas para realizarem os seus rituais, já que o uso de vestes cerimoniais favorece o senso estético e confere uma beleza adicional para os ritos. Além disso, o ato de trocar a roupa do dia a dia por outras reservadas exclusivamente para os rituais também desperta o nosso subconsciente para o sagrado; é como se fosse um recado enviado diretamente para o nosso Eu Mágico dizendo "agora é a hora da Magia".

Seu grupo pode optar pelo tradicional preto ou por outra cor qualquer que reflita a personalidade do Coven. Existem muitos grupos que preferem o verde em vez do preto, já que essa é uma cor não só relacionada à Terra e sagrada para todos os Deuses pertencentes a esse elemento, mas também intimamente ligada aos Antigos Deuses celtas. Muitos Covens utilizam túnicas azuis, já que em várias culturas matrifocais essa cor sempre foi sagrada à Deusa, enquanto outros optam pelo vermelho ou branco, cor relacionada respectivamente às faces Mãe e Donzela da Deusa.

Muitos grupos utilizam as cores das vestes cerimoniais para refletir os diferentes níveis dos membros do Coven, usando preto para a Sacerdotisa e o Sacerdote, branco para os Iniciados e Dedicantes e as cores dos elementos (verde, amarelo, vermelho e azul) para os Senhores dos Quadrantes. Diferentes grupos podem utilizar diferentes cores para essas correlações para refletir a natureza daquele Coven. Mesmo que algumas formas sejam consideradas tradicionais, nada é estabelecido rigidamente e cada grupo pode alterar de acordo com seu próprio gosto tais correlações.

Seria interessante observar o uso de tecidos naturais, como algodão, por exemplo, para a confecção de vestes cerimoniais, já que os sintéticos podem interferir substancialmente nos rituais.

A nudez ritual ou o uso de vestes cerimoniais servem apenas para influenciar o subconsciente de forma que ele perceba a diferença entre o mundo mundano e o Mágico. Sendo assim, antes de decidirem se o seu Coven vai permanecer vestido de céu ou usar robes durante os rituais, pensem e repensem, analisando os prós e contras dessa escolha, e tenham em mente que essa decisão é importante e diz respeito somente a vocês. Jamais sejam influenciados por opiniões alheias, ou pelo que é mais ou menos aceito. Mais uma vez, façam o que sentirem correto e como se sentirem melhor.

O número ideal de membros em um Coven

O número mínimo para formar um Coven é de três pessoas. Como vimos, o número três é muito sagrado para a Arte. Ele traz em si não só a simbologia da Deusa tríplice nas suas faces de Donzela, Mãe e Anciã, mas também é o número da germinação, da base, do tripé do caldeirão com o qual toda a Bruxaria se fundamenta, representando os três grandes Mistérios da Arte: Nascimento, Vida e Morte.

Muito se tem discutido sobre qual o número ideal de integrantes de um Coven, e a resposta é quase sempre o 13.

O número 13 tem sido muito mal-entendido e interpretado ao longo dos tempos, e aqui se fazem necessários alguns comentários sobre a importância desse número para as antigas culturas.

Não há nenhuma evidência entre as culturas antigas de que o 13 tenha sido considerado um número de azar ou nefasto. Entre muitos povos antigos, o 13 sempre foi considerado um número sagrado.

Para os egípcios, que fundamentaram sua religiosidade na ascensão espiritual da alma e sua imortalidade, a vida era composta de 12 diferentes estágios, para que o ser humano alcançasse o 13º, que era a vida eterna. Sendo assim, o número 13 simbolizava a morte não como um fim fatídico, mas como uma gloriosa e desejada transformação. Os antigos egípcios desapareceram, mas a ligação do 13 com a morte sobreviveu e foi completamente mal interpretada por outras culturas que nutriam o medo da morte e não viam nela um processo sagrado de transformação.

O número 13 foi completamente renegado pelos sacerdotes das primeiras religiões patriarcais, porque sempre representou o feminino nas culturas pré-históricas da Deusa, já que correspondia aos antigos calendários lunares com 13 meses e 28 dias, refletindo também o ciclo menstrual das mulheres. O tempo foi medido inicialmente tomando como referência a observação da Lua pelo homem. A prova de que as culturas primitivas reverenciavam o 13 pode ser constatada por vários vestígios arqueológicos, como a Vênus de Laussel, uma estatueta com mais de 27 mil anos, encontrada na França, que carrega em suas mãos um chifre em forma de crescente lunar com 13 chanfros.

Foram os romanos que substituíram o calendário de 13 meses por outro de 12, desencorajando as pessoas a usarem o antigo sistema, já que o 13 estava ligado à morte e, consequentemente, era considerado nefasto. Mesmo assim, o ano de 13 meses sobreviveu entre os camponeses europeus por mais de um milênio depois da adoção do calendário Juliano.

Provavelmente, os homens primitivos que possuíam apenas 10 dedos e dois pés para representar unidades não podiam contar mais que 12. Sendo assim, o 13 era considerado um número impenetrável, portador do mistério, daquilo que não pode ser visto.

Até a disseminação da crença de que o 13 era um número nefasto, porque essa era a quantidade exata de pessoas presentes na última ceia de Jesus, esse sempre foi o número reverenciado pelos povos primitivos como sendo o da ligação entre homens e Deuses.

Diz-se no meio Pagão que o número de integrantes de um Coven não pode ultrapassar 13 pessoas. Muitos desinformados acreditam que isso se deve aos estigmas negativos ainda associados à Bruxaria, mas é uma inverdade. O 13 é um número de simbologia profunda, como vimos anteriormente.

Na realidade, a escolha do número 13 se dá por todos os fatos expostos acima. Além disso, 13 é o número resultante dos 12 signos do zodíaco mais o Sol ao centro, que governa todos os demais. Isso também representaria todos os membros do Coven (signos do zodíaco) governados pela Sacerdotisa (o Sol). Um e três também representariam respectivamente o Deus e a Deusa, criando assim um número ideal.

Hoje em dia, os Covens são muito mais flexíveis quanto ao número de integrantes. Existem grupos que preferem trabalhar com 5, 7 ou 9 pessoas, levando em consideração todo o simbolismo ao redor dos números escolhidos, enquanto outros possuem 28 ou mais.

Aos grupos com mais de 13 pessoas se dá atualmente o nome de *Grove*[6], uma analogia entre os membros do grupo e as várias árvores de um bosque, de onde o termo se originou.

Quando estiver estruturando seu Coven pense muito antes de fundar um Grove ou transformar seu grupo em um. Pratique com o seu Coven um ano ou mais para começar a pensar em um Grove. Um Coven já vai ocupar muito do seu tempo, bem como dos demais integrantes. A estruturação imatura de um Grove pode decepcionar aqueles que se vincularem a ele procurando por atenção e um sistema efetivo de treinamento. Um grupo com muitas pessoas faz com que as atenções sejam divididas igualmente entre todos e nem sempre isso é possível em um Grove com 30 pessoas ou mais. Seria sábio ter várias pessoas Iniciadas preparadas para que as funções de treinamento fossem divididas e todos pudessem obter a atenção que necessitam e merecem. Isso facilita muito o trabalho da Sacerdotisa/Sacerdote do Grove e faz com que não só os Iniciados se sintam úteis como os novos membros se sintam valorizados.

Pense bem quantas pessoas terá em seu Coven e procure, a princípio, não exceder o número limite tradicional que é o 13. A tentativa do erro e acerto tem comprovado que esse número trabalha muito bem dentro dos grupos, e só pense em ampliar o seu Coven depois de muito tempo de prática com as pessoas que escolheu para partilhar o caminho mágico com você.

---

6. Para algumas Tradições, Grove não é um grupo maior do que treze pessoas, mas o nome usado para designar um grupo externo de estudos vinculado ao Coven e que avalia membros prospectivos.

4

Leis e regulamento do Coven

QUANDO UM COVEN É FORMADO, muitas coisas no meio do caminho podem ocorrer para atrapalhar o andamento e o progresso do grupo. Os anseios espirituais individuais e grupais mudam. As próprias energias criadas, invocadas e mantidas pelo Coven podem mudar com o tempo e trazer mudanças. Isso faz parte do curso normal da vida, e um grupo jamais crescerá e criará fortes raízes sem seus problemas, dissonâncias, discordâncias, idas e vindas.

Mesmo assim, isso pode produzir muitos resultados que nem sempre contribuirão para os propósitos pelos quais o Coven foi criado. Conforme os problemas de convivência surgem, os rituais passam a não ser observados por todos os Coveners, os membros do grupo somem misteriosamente, reivindicações e insatisfações são levantadas, discussões intermináveis surgem no meio dos rituais e o clima pode se tornar tão insustentável que não só os Coveners decidem partir, mas o líder do Coven também.

Antes que isso aconteça, um dos primeiros passos a ser tomado por você e pelo seu grupo é criar o regulamento do Coven, cujas leis asseguram união e tranquilidade da prática em grupo.

Todos os grupos passam por transformações em diversos níveis, e manter o Coven "na linha" pode ser um grande desafio. Exatamente por isso os grupos criam uma série de regras e leis que devem ser seguidas por todos aqueles que desejam se tornar e continuar sendo membros de um Coven. O importante é que as leis do Coven criadas por vocês sejam capazes de manter a coesão do grupo.

Num Coven, sempre vamos lidar com pessoas cujas expectativas, modo de vida e prioridades são extremamente variadas. Invariavelmente, os conflitos acontecerão e muitas vezes um líder de Coven novato pode se sentir perdido ao ter que resolvê-los. A criação das leis do Coven é como uma matriz que guiará todo o grupo em situações difíceis e conflituosas. Quando idealizamos um conjunto de regras e de leis para o Coven, pensamos nos problemas antes de eles acontecerem, assim, é possível decidir a melhor maneira de apaziguar um conflito entre membros do grupo.

Quando os problemas surgem, acabamos por nos envolver emocionalmente com a situação, portanto, a criação de um conjunto de regras a serem seguidas pelos Coveners é extremamente importante para nos auxiliar a pensar claramente quando não estivermos em nosso melhor momento emocional, em decorrência das pressões ou estresse gerados com o desgaste natural causado pela convivência.

Definindo a meta do grupo

Manter a meta do grupo talvez seja uma das coisas mais difíceis num Coven em formação, e para que vocês obtenham sucesso pleno é necessário manter a proposta inicial pela qual seu Coven foi criado.

A meta e o foco do Coven interferirão definitivamente no tipo de energia das pessoas que se juntarão a vocês. Em primeiro lugar, você deve se reunir com os membros fundadores do seu grupo para definirem claramente qual o propósito, o foco e a meta do grupo. Talvez seja interessante criar um texto simples, que fale sobre o objetivo e a personalidade básica de seu grupo, que deverá ser lido e entregue a todos os novos membros que o integrarem futuramente.

O texto sobre os objetivos do Coven deve ser o mais direto possível. Em linhas gerais vocês devem descrever:

- A finalidade do grupo.
- Como compreendem o Sagrado.
- Os Deuses que celebram.
- A Tradição a qual pertencem, se pertencerem a alguma.
- Quais mistérios reconhecem e honram.
- Quais datas são importantes para vocês.
- Que tipo de pessoas esperam que se juntem ao grupo.
- Frases que acreditam expressar a identidade do Coven.
- O que aceitam e não aceitam nos membros e no grupo.

Sejam o mais claros possível com esse texto, pois ele não pode ser interpretado equivocadamente por aqueles que ingressarem em seu Coven. Membros novos devem saber com exatidão o que praticam, em que acreditam e o que os aguarda. Por isso, em um texto como esse escrever "Espera-se que os Coveners estejam presentes em todos os rituais" é diferente de dizer "É obrigatório que os Coveners estejam presentes em todos os rituais". Sejam dinâmicos e diretos para que não haja margem para dúvidas ou segundas interpretações.

A seguir transcrevo integralmente um texto sobre os objetivos de um grupo norte-americano, chamado *Sancta Luna Dianic Coven*, que é entregue aos membros em potencial antes de seu ingresso no Coven. Essa transcrição serve apenas como um mero exemplo, visto que os tópicos ali listados se enquadram melhor a um Coven exclusivamente feminino e Diânico, não se aplicam a todos os tipos de grupos e Tradições. No entanto, ele dá uma boa ideia e uma boa base para que você e a sua comunidade criem seu próprio texto de Objetivos de Coven para ser entregue aos novos Coveners.

Sancta Luna Dianic Coven
Um Coven de Mistérios Femininos

A SERVIÇO DELA

Essa frase é a afirmação que reflete nosso caminho religioso. Honramos a Senhora Diana como Aquela das Florestas Selvagens, Diana de Éfeso, como Mãe de todos nós, e Diana Lucífera, como Aquela que é a Senhora de Todos os Elementos.

O QUE É UMA BRUXA DIÂNICA?

Uma Bruxa Diânica é muitas coisas. Ela faz o que for necessário, apesar de qualquer inconveniência. Isso não significa abandonar sua família, amigos e vida, mas em vez disso injetar sua personalidade Diânica em tudo o que fizer. Dessa forma, ela continua fazendo tudo o que desejar, mas da "maneira Diânica". Uma Diânica é uma Bruxa – ela também é uma mãe, uma esposa, uma mulher de carreira, etc., ao mesmo tempo. Ela NUNCA deixa a Bruxa de lado, mesmo que esteja fora do Coven. Assim, como uma mãe é sempre mãe, mesmo que esteja a quilômetros de distância do seu filho. Uma Diânica tem orgulho de ser Bruxa, Ela é uma Bruxa – Ouça a sua gargalhada! – *Lunemere*

- Nós somos uma Tradição de Mistérios femininos, celebrando os mistérios interiores (Cella) da Senhora Diana. Nós a celebramos de muitas formas e em cada aspecto ela compartilha uma diferente fonte de energia conosco. Como em tempos antigos, nossa Tradição é de mistérios orais, com leis, tradições e costumes transmitidos por ensinamentos e práticas iniciatórias.

- Como Diana das Florestas Selvagens, celebramos nossa natureza instintiva e intuitiva, explorando os estágios iniciais do poder feminino.

- Esse poder, em alguns momentos selvagens e em outros civilizados, serve como uma transição para Diana de Éfeso. Essa fase nutridora nos dá força para desfrutar nosso poder pessoal, em todas as suas expressões. Diana Lucífera tem dominado os segredos do Universo e atua como uma porta de entrada à fase completa do Cella.

- Diana (ou sua contraparte grega Ártemis) é um protótipo de mulher forte. Ela mostra como mulheres de força podem alcançar o que desejam e precisam, valendo-se de seu próprio poder pessoal. Ela mostra que o poder feminino não pode ser roubado por ninguém a não ser que você deixe. O mais importante é a consciência desse poder, que permite que ela faça essas coisas e não tenha receio desse processo. Essas são qualidades que meu eu espiritual deseja incorporar e passar adiante para os outros reinos de meu mundo. Não somente para ser alguém, mas também para descobrir como ser e permanecer verdadeiro comigo mesma. Quando eu abraço meu poder, posso ajudar outros a fazer o mesmo. Esse é o caminho de Diana. – *Osprey of the Red Feri*

- Servimos a Ela pela observância da Antiga Religião. Por quê? Certamente não porque isso é antigo ou de alguma forma "místico". Como boas clássicas, estimamos as lições, ensinamentos tradicionais e costumes dos Velhos Caminhos. E isso significa ser guiado por padrões positivos que promovem o crescimento pessoal e a sabedoria que têm vencido os testes do tempo e da experiência.

- Dessa forma, honramos a Deusa dentro de nós mesmas, celebrando a força que vem por sermos membros de um grupo guiado pela Senhora Diana. Essa irmandade nos permite apreciar nossas transformações por meio desse conhecimento dado por nossa Mãe a nós, suas filhas.

- Somos todos parte do Divino Círculo da Vida, que vê nascimento, morte e renascimento às vezes feminino e às vezes masculino e em outros momentos ambos. Escolhemos nos concentrar na energia do Sagrado Feminino, que está ao nosso redor. Isso pode ser nutridor, selvagem, elemental, criativo, passional e profundamente rebelde contra todas as formas de rigidez. Temos apenas possibilidades ilimitadas em nossa vida, que criamos pela nossa conexão pessoal com o poder expressado pela nossa Deusa Diana.

- Sempre ativamente criando, seja social, política ou culturalmente, sentimos a responsabilidade pela terra que vem dos conceitos ecoambientais. Mãe Gaia nos ensinou como amá-la e, com práticas egoístas e capitalistas estamos diante da possível extinção nos próximos séculos. Para sobrevivermos prósperos e celebrarmos nova vida, precisamos olhar para as lições do passado e reconstruirmos nosso futuro.

- Seguimos a Wicca porque praticamos a Arte dos Sábios. E quem é melhor para nos ensinar que a Rainha de todas as Bruxas? Nossos caminhos afastam qualquer aproximação superficial para aprender, concentrando-se no desenvolvimento de Bruxas com altos padrões de conduta pelos ensinamentos das Elders que vieram antes de nós.

- Nossa Tradição encoraja mulheres a se desafiarem em diferentes áreas, por meio da apreciação, do entendimento e das experiências compartilhadas. O Coven Sancta Luna é um lugar sagrado onde podemos nos concentrar nos Mistérios das mulheres, honrando o feminino e o divino que é nossa fonte de poder verdadeiro.

- Como mulheres, todas nós experienciamos abusos, dor e danos emocionais, simplesmente por sermos fêmeas. Mulheres que entram no Sancta Luna procuram por "algo especial", por poder pessoal, querem abraçar a Deusa interior, celebrar o sagrado em cada uma de nós. Nessa jornada que nunca tem fim, ela pode descartar hábitos negativos que limita o seu crescimento e o seu desenvolvimento. Algumas vezes isso pode ser assustador, pois para refazermos nossa autoimagem precisamos de uma grande dose de força, energia e comprometimento. Porém, o sentido de integração que vem desse processo não é uma série de ações isoladas. No entanto, nossas Koris têm suas irmãs, Sacerdotisa e, o mais importante de tudo, a Deusa, para encorajá-las e guiá-las pelo caminho. *Lady Paulette, Pythia do Sancta Luna*

- O Santuário da Lua Crescente é uma porta de entrada para celebração dos mistérios lunares, estelares e solares, indo em direção ao Sancta Mystica e Sancta Luna.
- Celebramos a Deusa em suas muitas faces de Donzela, Mãe e Anciã.
- Vemos a energia como um espiral contínuo de vida, movendo-se para os ritmos internos da Mãe Gaia. Como era de se esperar, não aceitamos a visão estática da energia como "polaridades duais de opostos". Os pulsos da natureza não são "masculino/feminino", "luz/sombra" ou outra combinação de pares. Natureza pode ser e é muitas vezes assexuada, a vida surge dela mesma. Muitas Tradições Pagãs celebram tais divindades como Ra, Atena, Neith, só para nomear algumas. A natureza pode ser hermafrodita também. Nossa história Pagã e nossos mitos nos envolvem com as visões de tempo e estações como um vibrante fluir e refluir da energia divina, movendo-se em muitas direções simultaneamente. Ver a energia de forma dual nos impede de apreciar os aspectos de vida não linear. O Cornífero pode ser honrado a qualquer hora, individualmente ou como parceiro da Deusa, como seu Filho e Consorte, sempre que for necessário ou desejado.
- Nomear algo de "masculino" se refere a algo que as mulheres não possuem. Agressão? Ambição? Poder? Não. Mulheres possuem isso também.
- Nomear algo de "feminino" se refere a algo que os homens não possuem. A habilidade de nutrir? Sentir? Criar? Não. Isso também

é compartilhado. Eu acredito que uma vez que se definem as coisas como "um ou outro" você está excluindo em vez de incluir.

- Se rotular todas as coisas como luz/sombra, masculino/feminino, bom/mal, ativo/passivo ou branco/preto, estará afirmando que nada nem ninguém pode ser total e completo. *1999 DNK*
- Junto aos propósitos Wiccanianos, nosso primeiro foco é sobre os mistérios lunares da Deusa Diana e os Caminhos da Antiga Religião.
- Nossa Tradição religiosa reflete a "Velha Diânica" forma de Bruxaria, por meio do sistema mágico religioso greco-romano.
- Seguindo as antigas práticas dos primeiros cultos pagãos e dos templos, somente mulheres são membros do Coven Sancta Luna.
- Oferecemos Rituais de Lua Cheia, Nova e Negra, festivais SOMENTE PARA MULHERES, conjuntamente a um programa de graus Wiccanianos Diânico.
- Nós celebramos a diversidade que é inerente em nosso universo de gênero, idade maior que 21 anos, etnia, orientação e preferência sexual.

Nós NÃO:

- Aceitamos mulheres menores de 21 anos para ingressarem em nosso Coven.
- Aceitamos homens para rituais, com excessão daqueles que conhecerem alguma integrante do grupo.
- Cobramos por qualquer serviço.
- Praticamos a Arte vestidos de céu ou realizamos magia sexual.

☽○☾

Como você pôde perceber, redigir um texto referente à meta do grupo não é tão difícil quanto parece. Tendo como base a forma demonstrada no texto do Sancta Luna Coven, seu grupo pode começar a redigir sua própria carta de objetivos.

Não esqueçam: sejam o mais diretos possível!

O regulamento do Coven

Tendo em mente a meta de seu grupo, é chegado o momento de criar o Regulamento e as Leis do Coven.

Mas como criar essas regras?

As Leis são sempre criadas em cima do foco do grupo, e elas refletem qual critério adotarão ao aceitarem novos membros no Coven e que atitude devem ter na convivência com os outros Coveners.

Saiba que ao idealizarem tais regras, todos os membros precisam concordar com os termos propostos e com o foco do grupo. Talvez sejam necessárias muitas reuniões até que todas as leis do Coven e as formas de punições que serão adotadas para quando as regras forem desrespeitadas, sejam redigidas. Pensem em todas as coisas que podem fortalecer o grupo e quais das ideias devem ser uma lei ou apenas uma diretriz. Não se esqueça que as leis são criadas para auxiliar e não para ameaçar e, se as regras estabelecidas começarem a se tornar mais importantes ou problemáticas que as situações que elas deveriam solucionar, é sinal de que é hora de repensar as leis do seu Coven e talvez mudá-las.

Não crie tantas regras que acabem preocupando os Coveners com detalhes insignificantes. Mantenha as coisas simples e terão menos problemas. Comecem com poucas leis que sejam relevantes somente ao funcionamento frequente do Coven e procurem usá-las durante um tempo para saberem se elas realmente funcionam ou se precisam ser mais bem elaboradas, expandidas ou repensadas. Saiba que um Coven não deve parecer um regime militar, mas também as coisas não devem ser deixadas tão soltas a ponto de as leis serem meras diretrizes esquecidas em um papel. As leis do Coven são criadas para facilitar a vida de todos os membros do grupo. Procure criar as leis do seu grupo baseado no consenso, que é a única forma de criar um grupo forte, onde todas as opiniões são vistas como vitais. O consenso possibilita que cada pessoa seja ativa e elimina os jogos de poder e o egocentrismo.

As leis do Coven são criadas para orientar o grupo. Elas representam os direitos e os deveres que todos os Coveners, incluindo a Sacerdotisa e o Sacerdote, devem observar e respeitar. Elas podem definir desde as formas de ensinamento e aprendizado, até os níveis iniciatórios. Nenhum grupo é igual a outro, e esse sentido de diversidade é o que mantém a Arte viva, sendo reconstruída a cada dia, durante tanto tempo, portanto, sejam flexíveis.

Cada Coven tem seu objetivo, sua meta, suas funções e sua estrutura. Escolher as leis de seu Coven baseados nas expectativas e nos sonhos de cada Covener é o primeiro passo para a vida saudável de um grupo. O mais importante é que elas sejam criadas para promover a pluralidade do Coven e não para eliminá-la. Estejam atentos na hora de construir a identidade do seu Coven com base nas leis escolhidas. Elas podem ser a fonte do sucesso ou a destruição de seu grupo.

A seguir estão algumas diretrizes recomendadas, por meio das quais você e seu grupo podem construir as suas próprias leis:

Meta do grupo

O mais importante é definir a meta de seu Coven.

- Para o que ele está sendo criado?
- Qual seu foco? Objetivos?
- Que tipo de pessoas desejam congregar?
- Que tipo de mistérios honram e celebram?
- Que tipo de atuações sociais, culturais, religiosas e políticas terão?
- Como compreendem a vida e o Universo?

Todas as pessoas que estão se unindo e irão se juntar a vocês precisam saber com precisão a qual tipo de grupo elas estão se filiando, o que as aguarda e quais suas variadas atuações.

A meta do grupo envolve também a sua forma de compreender o Sagrado e a Arte de maneira geral.

ÉTICA

Outro fator importante é a questão ética.

- Qual a importância que darão à Lei Tríplice?
- Como compreendem o Dogma da Arte?
- O conhecimento que será compartilhado com os Coveners deve ser usado conscienciosamente, de que maneira?
- Como as leis mágicas são aceitas e compreendidas por seu grupo?

Estabelecer o sentido ético de seu Coven é de vital importância para que todos aqueles que participam de seu grupo saibam até aonde podem ir e quando devem parar. A ética também envolve as relações pessoais, o sentido de responsabilidade social, ambiental e religiosa esperada de cada membro do seu Coven.

ATIVIDADES

Refere-se ao calendário litúrgico, social e cultural observado por seu Coven.

- Quais são suas datas sagradas e como devem ser observadas?
- Quais as outras atividades do grupo que os Coveners devem participar irrestritamente?
- A quantas atividades um Dedicante em treinamento pode faltar?

DISCIPLINA

Refere-se a como cada Covener deve agir em relação à convivência com os demais membros do grupo.

- Qual a conduta pessoal disciplinar de cada pessoa?

RESPONSABILIDADES

Refere-se às responsabilidades de cada membro do Coven, inclusive o que se espera de cada um.

- Como cada Covener deve agir de acordo com o seu cargo?
- Quais as responsabilidades internas de cada pessoa do grupo?
- O que implicam tais responsabilidades?

PRIVACIDADE

Refere-se ao direito de discrição e de privacidade de cada Covener.

- Seu Coven exige confidencialidade sobre os nomes, endereços e dados pessoais de qualquer membro do grupo?

Direitos e deveres

- Quais os direitos e deveres de cada membro?
- Quando tais direitos e deveres devem ser observados?
- Existem algumas situações específicas em que os direitos e os deveres dos membros serão passíveis de alguma exceção?

Medidas disciplinares

As medidas disciplinares se relacionam às punições quando as Leis do Coven não são observadas.

- Vocês terão algum tipo de regra para suspensão, advertência ou outra punição?
- Quando a expulsão será necessária?

Tendo isso em mente, vocês estarão prontos para dar início à criação do Regulamento de seu Coven. Como dito anteriormente, estejam atentos ao que será uma Lei e ao que será apenas uma diretriz.

Até que as Leis de seu Coven estejam definitivamente estabelecidas, serão muitas as tentativas de erro ou de acerto. Sendo assim, não insistam muito quando sentirem que uma Lei não se encaixa à identidade do grupo e traz mais problemas que soluções. Se mais de uma pessoa foi prejudicada por causa de um erro de interpretação de uma Lei, é sinal que ela não é clara. Torne-a mais compreensível ou elimine-a de vez.

Tenha em mente que o Regulamento do Coven deve ser criado para facilitar o entendimento e a relação do grupo, e não o contrário.

A seguir, veja algumas Leis de Coven que já foram amplamente testadas e aprovadas por diversos grupos ao redor do mundo, que têm operado sob estas diretrizes e que podem ser interessantes para ser inclusas no Regulamento do Coven. Os exemplos a seguir podem ser um bom ponto de partida para você e para seu grupo.

Leis de Coven

1. Nenhum membro do Coven poderá ser um membro ativo de outro Coven.
2. Ninguém, a não ser um Iniciado, pode portar o athame nos rituais.
3. Nenhum membro pode violar o segredo do Coven, nem revelar os nomes e endereços de nenhum de seus membros.
4. Na impossibilidade de comparecer a um dos rituais, ao menos um Covener deve ser avisado com antecedência.
5. Qualquer convite para alguém participar do Coven deve ser discutido entre os membros previamente. A aceitação de um novo membro deve ser unânime.
6. Qualquer decisão entre o grupo deve ser decidida com unanimidade.
7. Ninguém deve ser um ponto de discórdia para o grupo.
8. Nenhum Covener deve revelar os nomes ou o sigilo do Coven para nenhum Cowan[7].
9. Tudo o que é falado, visto ou sentido dentro do Círculo deve ser guardado em segredo.

Leis éticas

1. Respeitar o Dogma da Arte.
2. Respeitar a Lei Tríplice.
3. Nunca usar a Arte para envaidecimento próprio ou glória.
4. Nunca usar a Magia para realizar algo que possa acontecer de outra maneira, usando sua inteligência e seu esforço pessoal.
5. Nunca fazer o que você jamais faria.
6. Não cobrar para realização de Magia.
7. Não usar nenhum símbolo ou sistema mágico se não conhecer completa e profundamente seu mecanismo, conteúdo e intento. Isso pode ser perigoso para você e para os outros.

---

7. Aqueles que não são iniciados nos mistérios da Arte.

8. Jamais realizar um feitiço antes de meditar profundamente para saber se ele realmente deve ser feito. Se tiver alguma dúvida, não prossiga.
9. Respeitar o livre-arbítrio alheio em todas as operações mágicas.

Leis da arte

1. A liderança do Coven está nas mãos da Sacerdotisa e/ou Sacerdote.
2. Dentro do Círculo, as palavras e os comandos do líder são leis.
3. Sacerdote e Sacerdotisa agem como um; sua união é doadora da sabedoria e da força do Coven.
4. A Sacerdotisa é a representante da Deusa na Terra. Ela deve ser respeitada de todas as formas e a ela devem ser dados todos os sinais de respeitos por seu trabalho de doação.
5. O Sacerdote é o representante do Deus. Ele deve ser respeitado de todas as formas e a ele devem ser dados todos os sinais de respeito por seu trabalho de doação.
6. As Leis do Coven foram feitas para todos seus membros, para ajudar e prevenir quaisquer problemas. Elas não foram feitas para constranger ou impedir o livre exercício da sabedoria.
7. Os membros do Coven devem cultuar a Deusa e o Deus (ou outras divindades reverenciadas pelo grupo) e obedecer a suas leis.
8. Os membros do Coven devem cuidar da natureza em todas suas manifestações, pois ela é a moradia dos Deuses.
9. A Sacerdotisa e o Sacerdote devem sempre ouvir aqueles que estão sob sua responsabilidade, em circunstâncias razoáveis ou nas reuniões do Coven.
10. O Círculo é o templo dos Deuses e, por isso, deve ser apropriadamente lançado e purificado.
11. Os Coveners devem comparecer a todas as celebrações do Coven em suas datas sagradas.
12. Todos os membros do Coven devem estar previamente preparados e purificados de acordo com as instruções e as maneiras do Coven, para participarem dos rituais.

13. Se algum membro quiser trazer um Cowan para qualquer reunião do Coven, deve primeiro consultar a Sacerdotisa ou o Sacerdote.

14. Nenhum Covener pode revelar para outros os mistérios e os ensinamentos recebidos em seu Coven.

15. Nenhum Covener deve revelar para ninguém o lugar onde o Coven se encontra frequentemente para os rituais.

16. Se houver algum desentendimento entre os membros do Coven, a Sacerdotisa e o Sacerdote devem convocar os Elders do grupo e os dois lados da questão devem ser ouvidos. A decisão desse Conselho deverá ser justa.

17. Se o Conselho de Elders achar necessário corrigir algum Covener, isso deve ser feito discreta e particularmente.

18. Os Elders são todos aqueles que, pela virtude e longo tempo de experiência, ganharam o respeito do Coven e forão aceitos pela Sacerdotisa e pelo Sacerdote como conselheiros confiáveis. Eles podem ou não ser membros ativos do Coven.

19. Dentro do Coven, a frase "perfeito amor e perfeita confiança" é imperativa.

20. Os Coveners são seres humanos e não Deuses. Todos são imperfeitos e a imperfeição causa conflitos. Por isso, nenhum Covener pode trabalhar magicamente com outra pessoa que estiver em conflito, já que isso é contrário a tudo o que se precisa para manter a confiança em grupo.

21. Conflitos devem ser resolvidos de maneira pacífica para ambas as partes.

22. Membros que se mudam de um Coven para outro são impedidos pela lei do silêncio e do segredo a revelar qualquer informação sobre seu grupo anterior.

23. A Arte é poderosa e pode ser perigosa. Sendo assim, nenhum ritual com intuito de destruir ou amaldiçoar deve ser realizado por nenhum membro do Coven.

24. A comida dos Deuses é o amor, e sua bebida a alegria. Dessa forma, nenhum pagamento por ensino e Iniciação deve ser tolerado dentro do Coven.

25. As contribuições espontâneas e qualquer arrecadação de dinheiro no Coven devem ser usadas somente para cobrir as despesas do grupo.
26. Os instrumentos Mágicos do Coven devem ser guardados longe dos olhos dos Cowans.
27. Os ensinamentos recebidos da Sacerdotisa ou do Sacerdote devem ser guardados no Livro das Sombras.
28. Mentir para os Elders é uma grave falha. A melhor maneira de corrigir isso é uma decisão exclusiva da Sacerdotisa, do Sacerdote e dos Elders, se os líderes do Coven assim decidirem.

A partir desses exemplos, vocês poderão criar suas próprias Leis de Coven que farão parte do regulamento do seu grupo. Estejam atentos, pois nem todas as leis descritas anteriormente são apropriadas para todos os Covens.

Se seu grupo escolheu formar um Coven igualitário, de maneira que todas as opiniões sejam válidas, leis em que a decisão final fica sob a inteira responsabilidade da Sacerdotisa e do Sacerdote não são apropriadas. Leis como: "A liderança do Coven está nas mãos da Sacerdotisa e/ou Sacerdote", podem ser facilmente adaptadas para: "O Coven não possui liderança fixa e se alterna entre os seus membros a cada ritual.

Outras leis como: "Se houver algum desentendimento entre os membros do Coven a Sacerdotisa e o Sacerdote devem convocar os Elders do grupo. Os dois lados da questão devem ser ouvidos. A decisão desse Conselho deverá ser justa", podem ser adaptadas para: "Em caso de desentendimento entre os membros do Coven, todos os Coveners devem se reunir para discutir e encontrarem uma solução. Os dois lados da questão devem ser ouvidos. A decisão do grupo deverá ser justa e unânime".

Enfim, adapte todas as leis, dando seu toque pessoal, fazendo com que a identidade de seu Coven se expresse por elas e sejam inclusivas, acima de tudo.

O Regulamento do Coven deve estar logo no início do Livro das Sombras de seu grupo, já que ele expressa as Leis pelas quais o Coven operará e é regido.

A maioria dos regulamentos de Coven contém os seguintes itens ou similares:

- PROPÓSITO: fala sobre a meta e o objetivo de seu Coven. Pode ser um pequeno resumo do texto sobre os objetivos do grupo entregue às pessoas que desejam ingressar nele.

- ESTRUTURA: indica qual a forma do grupo e como ele opera. Vocês podem listar aqui todas as coisas que julgarem relevantes sobre o Coven.

- LIDERANÇA: um pequeno texto explicando sobre a liderança do Coven. Essa parte discrimina a quem os novos integrantes devem recorrer em diferentes situações.

- AS LEIS DO COVEN: as Leis sob as quais o Coven opera. Esse talvez seja o item mais importante.

- DIREITOS: fala sobre os direitos e deveres de cada Covener.

- MEDIDAS DISCIPLINARES: esse item aponta as ações disciplinares que regem o grupo. Aqui são discriminadas quais atitudes são tomadas em situações de conflito do Coven.

Muitos outros itens podem ser adicionados ao regulamento como práticas do Coven, Tradição, Graus de Iniciação, Títulos de Coven, Hierarquia, Símbolos do Coven, Diretrizes para o Ingresso de Novos Membros, Eleição de Elders, Programa de Ensino, etc.

Você e o seu grupo devem incluir no Regulamento do Coven o que acharem vital para o bom andamento de seu grupo.

A seguir é dado o exemplo de um Regulamento simples de um Coven fictício chamado Sister Moon. Dessa forma você terá uma base para criar o seu próprio. Vale lembrar que nem todos os itens exemplificados se adaptam a todos os grupos e, sendo assim, o melhor a fazer é criar o seu próprio Regulamento baseado na visão do Sagrado e nas necessidades de seu Coven.

Regulamento de Coven
Coven Sister Moon

Definição dos Termos, Posições e Responsabilidades

Coven Sister Moon, doravante referido apenas como Coven, existirá como uma entidade com o intento e os esforços de seus fundadores e de seus membros.

Ele será constituído por três posições distintas de membros:

- Elders
- Iniciados
- Dedicantes

Ao participar do Coven Sister Moon, estima-se que seus membros estejam cientes de toda autoridade e responsabilidade que envolve uma Comunidade Pagã.

O Coven Sister Moon é uma comunidade Pagã que inclui, mas não se limita a:

- Aceitar e instruir novos membros.
- Prover seus Coveners com todo direcionamento necessário para cumprirem seu treinamento.
- Iniciar seus Dedicantes, conferindo-lhes a consagração como Sacerdotes da Antiga Religião.
- Prestar todo subsídio mágico necessário aos seus Coveners, através de sua Sacerdotisa e/ou Sacerdote.
- Encorajar seus Coveners a iniciarem sua própria comunidade religiosa para instrução de novos praticantes da Arte.

O Coven, por meio de sua Sacerdotisa, Sacerdote e Conselho de Elders, retém o direito de adicionar ou excluir Coveners que julgar necessário, cientes da apreciação dos demais membros do grupo.

O Coven será regido sob os códigos de ética espiritual da Arte baseados no:

- Dogma da Arte:
  Faça o que quiser, sem prejudicar nada nem ninguém.

102 | Coven - Rituais e Práticas de Wicca para Grupos

- Lei Tríplice:
Tudo que fizermos será retornado a nós triplamente.

- Demais diretrizes espirituais Wiccanianas desejáveis à conduta de um Bruxo.

I. TÍTULOS E RESPONSABILIDADES:

a. Elders

Um Elder é definido como um Iniciado que cumpriu satisfatoriamente todo o seu treinamento mágico pós-Iniciação e está apto a formar seu próprio Coven e iniciar outras pessoas na Arte.

O Coven Sister Moon manterá um Conselho de Elders que deverá ter não menos que cinco membros e não mais que nove.

Os critérios usados para a escolha de pessoas para integrarem tal Conselho são:

- Alguém iniciado que cumpriu todo o seu treinamento mágico e já auxiliou satisfatoriamente outras pessoas a chegarem até a Iniciação.
- Alguém que por seus feitos ao Coven atingiu o respeito e a confiança de todos os membros.
- Alguém cuja experiência na Arte pode ser de grande ajuda na solução das dúvidas e dos problemas dos Dedicantes e Iniciados.

Ao integrar o Conselho de Elders, o Covener assume a responsabilidade de:

- Representar o Coven de todas as formas.
- Falar em nome do Conselho, quando necessário.
- Auxiliar o Conselho a resolver conflitos e problemas internos do Coven.
- Ser uma ponte entre os Coveners para equilíbrio e harmonia do grupo.

Um Elder será removido do Conselho de Elders quando:

- Estiver impossibilitado de ser um participante ativo do Coven.
- Sair para fundar o seu próprio Coven.
- Ausentar-se das atividades do Coven por mais de um mês, sem notificação.
- Desejar renunciar sua posição no Conselho.

- A maioria dos membros do Conselho de Elders decidir por sua exclusão por motivos justos e em casos extremos.

b. Iniciado

Um Iniciado é definido como alguém que cumpriu satisfatoriamente o treinamento de Dedicante e se tornou um Iniciado do Coven através da Sacerdotisa e/ou Sacerdote.

Ao se tornar um Iniciado, o Covener assume a responsabilidade de:

- Participar ativamente de todas as atividades do Coven.
- Auxiliar novos Coveners, de acordo com o desejo da Sacerdotisa e/ou do Sacerdote.
- Cumprir o programa de treinamento pós-Iniciação.

Um Iniciado será removido do Coven se:

- O Conselho de Elders votar unanimemente pela sua exclusão por motivos justos e em casos extremos.

c. Dedicante

Um Dedicante é definido como um aspirante que deseja se tornar Covener e passou pelo ritual de Dedicação do Coven. Dedicantes só serão considerados Coveners após sua Iniciação.

Ao se tornar Dedicante, o aspirante assume a responsabilidade de:

- Cumprir satisfatoriamente o programa de treinamento para a Iniciação.
- Respeitar as decisões da Sacerdotisa e/ou Sacerdote do Coven no que concerne ao seu treinamento.
- Estar presente nas atividades em que a Sacerdotisa e/ou Sacerdote do Coven pedirem sua presença.
- Cumprir todo treinamento adicional que a Sacerdotisa e/ou Sacerdote do Coven julgarem necessário para sua Iniciação.

Um Dedicante será impedido de terminar seu programa de treinamento quando:

- O Conselho de Elders e Iniciados votarem unanimemente pela sua exclusão por motivos justos e em casos extremos.

II. As Leis do Coven

As Leis do Coven Sister Moon destinam-se a manter a coesão e a integridade do Coven. Elas baseiam-se nas diretrizes mais comuns desejáveis à conduta de um Wiccaniano e devem ser seguidas por todos os Coveners; suas transgressões são passíveis de suspensão ou exclusão do grupo.

Os Coveners do Coven Sister Moon devem observar as seguintes Leis:

- Sacerdotisas e Sacerdotes são a liderança do Coven.
- Todos devem respeitar suas decisões.
- Todos os Coveners devem observar o Dogma da Arte e a Lei Tríplice.
- Todos os Coveners devem observar as decisões da liderança do Coven e do Conselho de Elders.
- Os Cargos do Coven serão quantos a Sacerdotisa e/ou Sacerdote julgarem necessários. A escolha de Coveners para ocuparem essas posições fica a critério da Sacerdotisa e/ou do Sacerdote.
- Os conflitos internos do Coven serão solucionados de acordo com a decisão do Conselho de Elders.
- Os nomes e dados pessoais dos Coveners não devem ser revelados para pessoas que não pertencem ao Coven.
- Ninguém dever ser um ponto de discórdia e de conflitos dentro do grupo.
- Ninguém deve contribuir para boatos dentro do grupo.
- Os Coveners não devem mentir em nenhuma circunstância para a Sacerdotisa e/ou para o Sacerdote.
- Os ensinamentos compartilhados pelo Coven devem ser mantidos em segredo.
- Tudo o que é falado ou visto dentro do Círculo deve ser mantido em segredo.
- Honrar as relações de irmandade do Coven, levando em consideração o princípio do "perfeito amor e perfeita confiança".

III. Eventos públicos, abertos e fechados

Existem três tipos de classificação de eventos do Coven Sister Moon: público, aberto e fechado.

a. Evento público

São eventos abertos para o público. Qualquer pessoa pode participar.

b. Evento aberto

São eventos abertos para os Dedicantes e membros acima dessa posição (Iniciados e Elders).

c. Evento fechado

São eventos abertos somente para Iniciados e membros acima desta posição (Elders).

IV. Atividade e frequência no Coven

Para que os Coveners e Dedicantes sejam considerados em posição satisfatória, eles devem cumprir com os seguintes requerimentos de atividade:

- Participar de todas as reuniões em que a Sacerdotisa ou o Sacerdote convocar sua presença.
- Participar de no mínimo seis Sabbats, dos oito realizados anualmente pelo Coven.
- Participar de no mínimo dez Esbats, dos treze realizados anualmente pelo Coven.
- Manter um diário com apontamentos sobre seus avanços no treinamento proposto.

V. Licenças e ausências

Um membro pode requerer um período de licença do Coven, desde que esse não exceda nove meses consecutivos de duração. Essa licença deve ser aprovada pela Sacerdotisa e/ou Sacerdote.

Nenhum Covener deve exceder o limite de uma licença a cada três anos.

Qualquer membro que exceder esse limite será considerado um Covener inativo e sua exclusão será tida como voluntária. Ele não poderá retornar ao Coven, a menos que esse retorno seja discutido e aprovado pelo Conselho de Elders.

Qualquer membro que seja readmitido assumirá sua posição anterior.

VI. Medidas disciplinares referentes a expulsões e suspensões

Caso qualquer Covener não observe as leis do Coven, uma ação disciplinar pode ser requerida pela Sacerdotisa, pelo Sacerdote ou pelo Conselho de Elders.

Essas medidas disciplinares serão tomadas quando:

- Um Covener atacar outro Covener.
- Divergências de opiniões levarem a circunstâncias irreconciliáveis.
- Houver desonestidade na relação do Covener para com o Coven.
- Qualquer outra ação considerada imprópria ou potencialmente negativa e prejudicial a algum Covener ou ao Coven de modo geral.

O Conselho de Elders se reunirá sempre que uma medida disciplinar for necessária. As medidas disciplinares envolvem:

- A suspensão de um Covener, que não deve exceder o prazo de um ano e um dia.
- A expulsão de um Covener, que requer a votação unânime do Conselho de Elders.

VII. As atividades do Coven

O Coven Sister Moon celebrará todos os Sabbats e Esbats do ano. As datas dos rituais serão:

- Final de semana mais próximo ao Sabbat, para as celebrações sazonais.
- A noite de Lua cheia, para a celebração do plenilúnio.

Quaisquer outras atividades são consideradas opcionais.

VIII. Requerimentos para ingressos no Coven

Para se tornar um membro do Coven Sister Moon é necessário estar dentro dos seguintes critérios:

- Ser maior de 18 anos.
- Aceitar a autoridade da Sacerdotisa, do Sacerdote e do Conselho de Elders.
- Ser indicado por um dos membros do Coven.
- Passar por uma entrevista de apreciação.
- Participar de no mínimo três eventos públicos.

IX. Adicional

A Sacerdotisa, o Sacerdote e o Conselho de Elders retêm todo o direito de modificarem e criarem novas leis que julgarem importantes para manter a unidade do grupo.

$$)O($$

O Regulamento do Coven deve ser lido por todos aqueles que desejam integrar seu grupo e é importante que ele seja compreendido integralmente.

Se vocês desejarem algo mais formal, podem fazer cada Covener assinar logo abaixo das diretrizes regulamentais. Isso é interessante para consultas futuras, pois permite manter um registro acurado de todas as pessoas que já ingressaram no Coven.

Cópias desse regulamento podem ser dadas aos Coveners para que seja transcrita no Livro das Sombras pessoal de cada membro do grupo. Isso permite que consultas posteriores sejam feitas individualmente, quando alguma dúvida surgir.

Sejam cautelosos ao redigi-lo, tendo a certeza de que estão incluindo ali Leis de Coven que funcionem, que possam ser cumpridas e que não façam ninguém se sentir frustrado futuramente. Enfim, o Regulamento do Coven dará vida ao seu grupo, fazendo com que ele possua características próprias de funcionamento e ação.

5

Os cargos de um Coven

QUANDO CRIAMOS UM COVEN é natural e necessário que as pessoas assumam responsabilidades dentro do grupo. Isso possibilita que todos adquiram o conhecimento necessário para fundar seu próprio grupo futuramente. É para isso que existem os Covens, para criar futuros Sacerdotes que transmitirão para outros a sua descendência mágica, bem como o treinamento que receberam em seus Covens Mães.

Assumir responsabilidades dentro de um Coven é muito importante, já que dessa forma todos podem dar a sua contribuição ao grupo, doando o seu melhor, fortalecendo os laços de perfeito amor e perfeita confiança, auxiliando no crescimento mágico e intelectual do Coven como um todo.

Dessa necessidade surgem os Cargos ou Títulos, como são chamados os postos assumidos por um indivíduo dentro dos Covens que o ligam a determinadas funções específicas dentro daquele grupo. Isso muitas vezes também é chamado de Ofício, e aqueles que assumem um determinado Ofício chamamos de *Oficiantes*. Um Oficiante é alguém que ajuda a oficiar os ritos, é um celebrante, alguém que faz ou dirige uma função específica.

Cada Coven tem uma realidade diferente e, exatamente por isso, cada grupo poderá ter diferentes cargos para suprir as necessidades específicas daquele grupo. Esses Cargos não são predefinidos e podem ser criados de acordo com a vontade do grupo.

Na maioria das Tradições e Covens, uma pessoa que assume um cargo é alguém que já foi iniciado e treinado em toda a liturgia utilizada pelo grupo. Em suma, é alguém que conhece bem a estrutura mágica da Arte e do Coven e como ela funciona.

Existem muitos grupos igualitários que funcionam perfeitamente bem sem Cargos nos seus Covens, alternando as funções entre os membros a cada ritual. Ter ou não pessoas que portam determinados Títulos em seu Coven depende muito do tipo de grupo que formarão, mas como esta obra visa fornecer informações abrangentes para que vocês escolham qual é a melhor opção, daremos aqui alguns dos exemplos mais comuns de cargos e estruturas utilizadas pela maioria dos grupos.

Os Covens são formados tradicionalmente por 13 pessoas, com isso, são 13 também os Cargos existentes.

São os Oficiantes que se encarregam de invocar os elementos, purificar o Círculo, carregar magicamente velas, ervas ou pedras, dependendo obviamente de qual título ele porta.

A estrutura do Coven acaba girando em torno de seus Oficiantes, quando todos cumprem perfeitamente suas funções, isso é muito mais efetivo do que uma única pessoa acumulando três ou mais funções. Todo o trabalho do Coven, desde comprar o material que será usado nos rituais, até limpar a área ritual após o término de uma cerimônia, é sempre dividido entre os Oficiantes, de acordo com seus Cargos.

Os nomes dos Títulos podem mudar de Coven para Coven, e novos cargos com nomes escolhidos por vocês poderão ser criados para suprir a necessidade de seu grupo. Os nomes dos Cargos que seguem são usados na maioria dos grupos.

A Alta Sacerdotisa

É ela quem dirige a maioria das cerimônias. A Sacerdotisa deve ser uma pessoa que foi treinada por muito tempo e que já passou pelo Ritual de Iniciação, chegando ao topo da hierarquia Wiccaniana. Alguém preparada para conduzir outras pessoas à Iniciação, guiando seu caminho mágico, treinando-as, dando suporte emocional, espiritual e psicológico aos membros do seu grupo.

A Alta Sacerdotisa é considerada a Deusa encarnada durante os rituais e em muitos grupos. Principalmente entre os mais Tradicionais, seus desígnios e vontade são considerados como os da própria Deusa. Devemos abrir parênteses aqui para dizer que uma Sacerdotisa é alguém que deve governar com sabedoria e equilíbrio. O fato de ela representar a própria Deusa não deve ser usado jamais para subjugar e humilhar as pessoas, nem para que loucuras sejam cometidas em nome do Sagrado. Qualquer pessoa que aja assim deveria estar num hospício e não liderando um Coven.

Uma Sacerdotisa deve ser alguém habilidosa na arte de ensinar e de falar. E deve, também, conhecer profundamente toda a cultura Wiccaniana, incluindo invocações, cânticos, mitos, Cargas da Deusa e do Deus para compartilhar com o seu grupo e usá-los nos rituais.

A Sacerdotisa ensina também sobre a história da Arte e supervisiona o avanço de cada Covener. É função dela resolver conflitos que surjam no grupo, dando sempre uma opinião sábia, amorosa e de poder, encaminhando-os a outro tipo de auxílio que possa ajudá-los melhor, se necessário.

A Sacerdotisa geralmente usa uma tiara com uma Triluna ou meia lua apontando para cima, como símbolo de sua liderança e poder. Em muitos Covens ela também usa um Cajado, braceletes e um colar que a distingue dos demais membros.

O Alto Sacerdote

As funções do Sacerdote são semelhantes às da Sacerdotisa. Ele também é alguém que passou pelo ritual de Iniciação, praticou a Arte por muito tempo e está apto a treinar outras pessoas.

O Alto Sacerdote é o representante do Deus nos rituais. É ele que auxilia a Sacerdotisa em tudo o que ela precisar, seja nos rituais ou na dissolução de conflitos que surgem no grupo.

Tradicionalmente, a Sacerdotisa lidera magicamente e o Sacerdote organiza, administra e favorece as relações entre a comunidade. O relacionamento da Sacerdotisa e do Sacerdote é uma parceria que favorece o grupo como um todo.

O Sacerdote é coadjuvante da Sacerdotisa em todos rituais, invocando, traçando o Círculo e iniciando aqueles que se integram ao Coven. Ele geralmente usa uma tiara com um sol ou um triângulo com o ápice para cima, símbolos do Deus. Muitos Covens usam também como ornamentos um cajado, uma estaca, um capacete de chifres e braceletes, representando assim sua liderança e poder.

Quando a Arte ressurgiu, o Sacerdote ocupava uma posição secundária e era basicamente um auxiliar da Sacerdotisa, sendo praticamente impossível para ele governar um Coven sem ela. Isso ainda é uma verdade entre os Covens mais tradicionalistas. No entanto, com a evolução da Wicca, hoje encontramos muitos Covens liderados por Sacerdotes, sem Sacerdotisas, e são tão efetivos, funcionais e legítimos quanto qualquer outro. Se o seu Coven será liderado apenas por uma Sacerdotisa, por uma Sacerdotisa auxiliada pelo Sacerdote ou unicamente por um Sacerdote, vai depender do tipo de grupo que estão estruturando.

A Donzela

Esse Cargo também recebe o título de Pequena Sacerdotisa ou Sacerdotisa Menor.

A Donzela é uma mulher em processo de treinamento para se tornar Sacerdotisa e fundar seu Coven futuramente. Ela é a substituta direta da Alta Sacerdotisa e deve estar apta para ocupar o lugar dela quando se fizer necessário por quaisquer motivos.

Sua escolha não precisa ser a de uma moça virgem ou jovem, como muitos equivocadamente imaginam. Esse título só lhe é conferido como uma alusão à face mais Jovem da Deusa, representando a imaturidade, o início do processo de crescimento e aprendizado na Arte.

Geralmente a Sacerdotisa escolhe a Donzela entre as Coveners mais esforçadas e conectadas, pessoas naturalmente inclinadas ao sacerdócio que saibam criar, elevar e direcionar energia para serem suas sucessoras e/ou substitutas.

Ela receberá treinamento sobre dinâmica ritual de grupo, processos litúrgicos e mágicos da Arte, bem como sobre todo o conjunto filosófico para que um dia possa transmitir tais conhecimentos para outros. Como parte de seu treinamento, muitas vezes ela ocupará o lugar da Sacerdotisa, para adquirir experiência.

É muito comum a Donzela treinar pessoas em processo de Dedicação, guiando-as rumo a sua Iniciação por meio de programas de treinamentos mágicos propostos.

Ela deve ser profunda conhecedora dos mitos da Deusa, compartilhando suas descobertas com o Coven nos ritos de Esbats e Sabbats. Também é sua função organizar tudo o que é necessário para as reuniões e os ritos.

A Donzela se distingue por uma tiara com meia lua ou com um bracelete em um dos braços.

O Mensageiro

Cargo que também recebe os títulos de Convocador, Homem de Preto, Pequeno Sacerdote ou Sacerdote Menor.

O Mensageiro é um homem em processo de treinamento para se tornar um futuro Sacerdote e fundar seu próprio Coven. Ele é o substituto do Sacerdote e será treinado para ocupar o seu lugar quando necessário.

É ele que passa todas as informações relativas ao Calendário do Coven aos outros membros. Exatamente por isso, ele deve manter uma lista acurada com todos os dados relativos aos membros do Coven como endereço, telefone e e-mail atualizados. Também deve sempre ter a programação do grupo em dia para avisar todos os novos membros e relembrar os antigos.

O Mensageiro deve estar em constante contato com a Donzela, para informar aos Coveners se é necessário levar algum tipo de incenso, velas ou outros materiais para a realização dos rituais.

Assim como o Sacerdote trabalha conjuntamente à Sacerdotisa, formando uma parceria, da mesma maneira ocorre com o Mensageiro e a Donzela.

O Mensageiro deve conhecer profundamente os mitos do Deus, compartilhando com todo o Coven seus conhecimentos.

Como ocorre com a Donzela, o Mensageiro também pode auxiliar no treinamento de pessoas que estejam em processo de Dedicação.

Seus ornamentos são o manto totalmente negro, uma estaca de espinheiro ou um chifre ou concha que ressoam. Quando o ritual está para começar é o Mensageiro que chama a atenção de todos, tocando seu chifre ou concha.

O Escriba

Escriba é aquele que mantém um acurado registro do Coven no Livro das Sombras do grupo, e é também responsável pelo envio de correspondências a outros grupos e líderes de Coven, mantendo um intercâmbio com toda a comunidade Pagã.

Sob a responsabilidade do Escriba estão o Livro das Sombras do Coven e da Tradição.

O Escriba auxilia a Sacerdotisa e o Sacerdote a criar e manter um programa de treinamento e prática que sejam interessantes a todos, bem como desenvolver e escrever novos rituais para serem realizados nas reuniões do Coven. Cabe a ele também reproduzir cópias dos novos rituais, encaminhando-as a cada Covener para que todos sejam capazes de desempenhar seus papéis durante tais cerimônias.

Os símbolos do Escriba são o livro e a pena, representando sua função de manter o registro do Coven.

O Portador da Saca

O Portador da Saca pode ser um homem ou uma mulher responsável por coletar as contribuições necessárias entre os membros para a realização dos rituais, e que ficará responsável pela compra dos utensílios e materiais necessários.

A pessoa deve ser extremamente cuidadosa com as finanças, pois será responsável por guardar as doações e as contribuições para comprar os utensílios necessários ao Coven.

O Portador carrega uma saca dourada como símbolo de sua posição. Visto que um Coven nunca terá mais provisões do que o necessário para suprir as necessidades básicas do grupo, todas as contribuições arrecadadas deverão ser recolhidas e permanecer dentro da saca até serem usadas.

O Bardo

Cargo também chamado de Menestrel. O Bardo é a pessoa responsável por ensinar os cânticos sagrados e tradicionais da Arte aos membros do Coven, e fica também encarregado de prover as músicas litúrgicas dos rituais, criando e recriando novos cânticos que reflitam a natureza das cerimônias, se for necessário, para serem entoados durante os rituais.

É ele que mantém viva a história do Coven, compondo canções que contêm os grandes feitos do grupo, bem como seus momentos mais marcantes.

O Bardo do Coven deve ser escolhido entre os membros com melhor voz e habilidade para música, pois ele deve ser capaz não só de compor, mas também de tocar tambor, chocalhos, sinos, pau de chuva e outros instrumentos que produzam um som agradável para a prática ritual.

Seu ornamento é a harpa, que pode ser real ou simbólica, lembrando os tempos dourados onde os feitos dos guerreiros e heróis eram mantidos pelas baladas dos Bardos. Outros Covens têm como símbolo do Bardo qualquer instrumento escolhido ou preferido pelo grupo.

O Guardião

Cargo também chamado de Guia ou Protetor e pode ser ocupado por pessoas de ambos os sexos.

O Guardião é responsável pelo auxílio nos processos de Iniciação e auxilia a Donzela a arrumar a área ritual e o altar. Sob sua guarda estão os Instrumentos Mágicos do Coven, bem como a função de mantê-los limpos e inteiros. Ele é responsável pela segurança mágica dos rituais, retraçando o Círculo Mágico quando necessário, observando para que esse não seja quebrado e fiscalizando a energia invocada no ritual, reforçando as invocações, quando se faz necessário.

Sob a responsabilidade do Guardião pode estar também o treinamento de novos integrantes do Coven quanto às leis e disciplinas internas do grupo.

Os Símbolos de seu cargo são a Lança e o Escudo.

Mestre de....

Esse título também recebe o nome de Senhor ou Senhora de algo, e fica em aberto exatamente porque foi feito para servir a inúmeros propósitos.

Em um Coven, várias pessoas podem ter diferentes habilidades e dons que muitas vezes já tinham ou desenvolveram com o passar do tempo. Sendo assim, haverá aqueles que são habilidosos com a Visão, sabendo antever acontecimentos e perigos, e outros que são profundos conhecedores das propriedades medicinais das ervas ou da magia das pedras.

Essas pessoas podem ser de grande valia para o grupo como um todo, transmitindo aos Coveners seus conhecimentos naturais ou adquiridos. Quando elas atingem elevados níveis de conhecimento sobre um determinado assunto, a Sacerdotisa ou o Sacerdote podem lhe conferir o título de Mestre sobre aquele tema específico. Portanto, haverá o Mestre ou Mestra das ervas, das pedras mágicas, da magia, da visão ou de qualquer outro assunto que forem dominados com profundidade e propriedade pela pessoa indicada ou escolhida.

Os símbolos que representam sua posição ficam em aberto, pois são escolhidos de acordo com a natureza da especialidade conferida ao título. Sendo assim, o Mestre das pedras pode portar uma grande drusa ou uma ponta de cristal, o Mestre das ervas pode carregar como seu símbolo um saco verde contendo diferentes tipos de folhas ou ervas, o Mestre da visão pode ter como símbolo de sua posição uma corrente com o olho de Hórus, e por aí vai. O Coven deve usar sua imaginação e criatividade nos símbolos conferidos a esse Cargo para representar uma posição.

Senhor(a) do Norte

Também chamado de Senhor(a) da Terra, Oficiante do Norte, Oficiante da Terra e Guardião do Norte ou da Terra.

É um cargo que pode ser ocupado por pessoas de ambos os sexos, no entanto, muitos Covens preferem dar esse título a uma pessoa do sexo feminino em analogia à natureza da Terra.

Geralmente a pessoa que é escolhida para ser Senhor ou Senhora do Norte pertence ou tem fortes aspectos astrológicos nos signos da Terra: Touro, Virgem ou Capricórnio.

Muitos grupos não levam em consideração tais analogias, escolhendo uma pessoa para ocupar esse título por seus méritos ou por sua forte relação com a energia telúrica.

O Senhor do Norte se responsabilizará pelos alimentos que serão trazidos para o Banquete.

A Senhora (ou o Senhor da Terra) é a pessoa que invoca os poderes desse elemento nos rituais e também sacraliza o Círculo com ele. Sob sua responsabilidade estão a consagração das ervas, das pedras e dos alimentos que são compartilhados no final de cada rito.

Geralmente o Senhor da Terra se veste com um manto verde ou marrom, ou usa um cíngulo nessas cores, que são sagradas a esse elemento.

Suas roupas podem conter os símbolos da Terra que são o quadrado ou o triângulo com um vértice para baixo, cortado por um traço horizontal, ou qualquer outro símbolo que o Coven julgue apropriado.

Senhor(a) do Leste

Também chamado de Senhor(a) do Ar, Oficiante do Leste e Oficiante do Ar, Guardião do Leste ou do Ar, esse é um Cargo que pode ser ocupado por pessoas de ambos os sexos. Porém, alguns Covens gostam de conceder esse título somente a homens devido ao Ar ser um elemento masculino.

Os Senhores e Senhoras do Ar geralmente são escolhidos por pertencerem a um dos três signos desse elemento ou possuírem fortes aspectos com eles em seu mapa astral. Esses signos são Gêmeos, Libra e Aquário.

Aqueles que assumem esse cargo se responsabilizam pelos incensos e sacralizam a área ritual com base no elemento Ar. E também podem se responsabilizar por todas as atividades que envolvem dons artísticos, músicas e processos criativos, todos atributos desse elemento.

Os Oficiantes do Leste usam um manto amarelo, branco ou em tom pastel, e podem usar também um cordão dessa cor, representando sua função dentro do Coven. Os símbolos associados ao Ar são o círculo e um triângulo com o vértice para cima, cortados horizontalmente por um traço, que podem muitas vezes ser bordados em sua roupa ou utilizados como ornamentos.

Senhor(a) do Sul

Também chamado de Senhor(a) do Fogo, Oficiante do Sul, Oficiante do Fogo, Guardião do Sul ou do Fogo.

Como todos os cargos, esse também pode ser exercido por pessoas de ambos os sexos, mas muitos grupos preferem que o Senhor do Sul seja um homem, já que o Fogo é um elemento masculino. Os signos do Fogo são Áries, Leão e Sagitário, e uma das possibilidades é escolher alguém que tenha forte relação com eles.

O Senhor do Fogo se encarrega de acender as velas ou o caldeirão nos ritos mágicos, além de sacralizar a área ritual com esse elemento. Muitas vezes, é ele que realiza as invocações de proteção e limpeza necessárias a um indivíduo ou a todo o Coven.

Seu manto geralmente é vermelho ou laranja, e também pode usar um cíngulo em uma dessas cores para representar seu posto. Seu símbolo é o triângulo com o vértice para cima, que pode ser usado como os já exemplificados anteriormente, nas descrições dos outros Senhores dos Quadrantes.

Senhor(a) do Oeste

Também chamado de Senhor(a) da Água, Oficiante do Oeste, Oficiante da Água, Guardião do Oeste ou da Água, é um cargo destinado muitas vezes a uma mulher, devido a água ser um elemento feminino, mas muitos homens também ocupam esse posto.

O Guardião da Água se responsabiliza por preencher o cálice com o líquido que será usado no ritual, e também por segurar esse Instrumento Mágico, invocando a Deusa na realização do Grande rito, quando a Sacerdotisa e o Sacerdote assim desejarem. Também é dever do Senhor ou Senhora do Oeste consagrar o Círculo usando o poder da Água.

Seu manto é com frequência azul ou prateado, e a pessoa também pode usar um cordão dessa cor. Os símbolos sagrados da água são o triângulo, com o vértice para baixo, ou uma meia lua com as pontas voltadas para o alto, que podem ser pintados ou bordados na roupa ritualística ou usados como pingente ou outro ornamento.

Esses cargos são os mais comuns nos Covens, porém muitos grupos utilizam outros nomes para designar as mesmas funções.

Se você e o seu grupo desejarem, poderão até criar novos nomes como substitutos aos descritos acima. Seu Coven poderia, por exemplo, alterar o título de Sacerdotisa para Senhora; Sacerdote para Senhor e Donzela para Sucessora ou Aprendiz, tudo depende da criatividade e do desejo dos Coveners. Claro que grupos formados a partir de uma determinada Tradição já possuem Títulos definidos de acordo com sua estrutura. Nesses casos, os Covens não têm autonomia para mudar essas definições e as Tradições não admitem alterações.

Quando alguém é escolhido para assumir um cargo dentro do Coven, essa decisão é consolidada e sacralizada por um ritual em que o Covener é apresentado aos Deuses e aos Poderes dos elementos reverenciados no Coven, como portador de determinado título ou função. Essa pessoa já deve ter passado pelo ritual de Iniciação.

Quando um Coven pertence a uma determinada Tradição, seu líder já recebeu o ritual padrão de Sacralização de Cargos naquele ramo da Arte de seu Iniciador ou Iniciadora. Como a experiência em um Coven não faz parte da realidade da maioria dos Wiccanianos, muitos grupos fundados apenas pela boa vontade e iniciativa de seus membros acabam por ter que criar o seu próprio modelo de ritual. Sendo assim, tal rito pode ser criado espontaneamente pelo Coven ou pela pessoa que assumirá a função pela primeira vez e, em seguida, seu modelo pode ser transcrito no Livro das Sombras do Coven, como padrão para todos os que um dia assumirão o mesmo posto e as mesmas responsabilidades.

Se o Coven fizer assim com todos os ritos que criar espontaneamente, em cinco ou seis anos aquele sistema utilizado pelo grupo acaba por se tornar uma Tradição, ou seja, um modo coeso, específico e fechado de praticar a Arte, utilizado por uma comunidade de pessoas ou mais, e que já foi testado e aprovado. O Coven pode então criar um nome para a Tradição e reivindicar tal título. Muitas Tradições mais fechadas e antigas dirão que essa não é a forma correta de se criar uma Tradição, e que ela não é legítima. Porém, a maioria dos praticantes da Arte de hoje acredita que um conjunto específico de prática litúrgica, utilizada dia após dia por muito tempo por um grupo e transmitida de pessoa para pessoa, forma naturalmente, por si só, uma Tradição.

120 | Coven - Rituais e Práticas de Wicca para Grupos

Façam o que acharem ser correto e não se limitem à visão de outros que, na maioria das vezes, só fazem tais afirmações para se sentirem mais importantes ou parte de uma Tradição mais antiga que a sua. No entanto, façam isso com responsabilidade. Uma Tradição não é algo fácil de criar, e sua egrégora não será estabelecida de uma hora para outra. Serão necessários muitos e muitos anos, seguramente mais do que seis, para que vocês possam chamar o que fazem de *Tradição*. Não caiam no erro de muitos grupos com menos de seis meses de prática mágica que saem por aí espalhando aos quatro cantos que fundaram esta ou aquela Tradição. Com certeza, isso só servirá como motivo de chacota para a comunidade Pagã e para os próprios Deuses. Serão necessárias muitas e muitas pessoas treinadas e iniciadas em seu grupo para que consigam perceber se o sistema aplicado por vocês realmente é eficaz e funciona, e se o programa de treinamento mágico proposto surte efeito. E por aí vai.

Se seu grupo não sabe por onde começar para criar um ritual de Consagração de Cargos, leiam e releiam o ritual a seguir e depois, baseado em sua estrutura, criem o seu próprio. O tema-chave dos rituais de consagração é:

1. Perguntar ao Covener se é seu desejo assumir tais responsabilidades.
2. Apresentar o Covener aos Quadrantes e Deuses como proprietário do Cargo.
3. Abençoar o Covener com um óleo sagrado ou com os quatro elementos, pedindo as bênçãos dos Deuses para que ele cumpra sua função com sucesso.
4. Fazer um juramento feito (o Covener) de que honrará a confiança do Coven nele depositada.
5. Descrever as atribuições do Cargo ao Covener.
6. Conferir ao Covener os símbolos, cíngulos ou demais objetos que representem seu cargo.

A seguir, apenas um exemplo de como pode ser um ritual de consagração de um Guardião, dado para que você e seu grupo possam criar diferentes rituais para os demais Cargos.

Ritual de Consagração do Guardião de um Coven

Antes do ritual, o futuro Guardião deve tomar um banho mágico, feito com ervas relacionadas ao seu signo ou outras especialmente escolhidas pela Sacerdotisa e/ou Sacerdote.

O altar deve ser montado de maneira habitual. Sobre ele devem estar a lança e o escudo.

A Sacerdotisa e o Sacerdote traçam o Círculo de maneira convencional, os Quadrantes são invocados.

Se nessa reunião o Coven for realizar algum Sabbat, Esbat ou qualquer outro ritual, isso deve ser feito antes da nomeação e da consagração do Covener que assumirá o Cargo de Guardião. Caso contrário, o ritual prossegue como o que é descrito a seguir.

A Sacerdotisa se dirige ao meio do Círculo e diz:

Abençoados sejam os que se reúnem no Círculo
para celebrar a Deusa.
Que não haja aqueles que sofram de solidão,
Que não haja aqueles que sofram sem amigos,
Que não haja aqueles que sofram sem irmãs e irmãos,
Que todos encontrem amor e paz dentro do Círculo.
Quando somos iniciados na Arte,
sabemos que novas responsabilidades nos esperam.
Hoje, existe um irmão que assumirá, perante os Deuses e sua comunidade,
novas responsabilidades e atribuições.
Quem é ele?

O Sacerdote diz:

Ele é (dizer o nome do Covener)

A Sacerdotisa se volta para o Covener amavelmente, estende sua mãe e diz:

Aproxime-se (dizer o nome).
É chegada a hora esperada pelos Deuses e homens.

O Covener se aproxima da Sacerdotisa. Ela então diz:

É seu desejo se tornar o Guardião de nosso Coven?

O Covener responde:

Sim, minha Senhora!

A Sacerdotisa eleva o cristal do altar, acima da cabeça do Covener, voltando-se para o Norte e diz:

Ó, Terra, criadora da vida!

Germinadora das sementes,

Você que é o elemento da escolha sagrada,

que vem com a aceitação do destino espiritual pessoal.

Você que nos ensina os ritos ancestrais de poder.

Esteja aqui abençoando (diga o nome do Covener)

como Guardião de nosso Coven.

Que assim seja e que assim se faça!

A Sacerdotisa eleva a pena acima da cabeça do Covener, voltando-se para o leste e diz:

Ó, Ar, fonte inspiradora da vida!

Você que é o elemento da imaginação,

o Espaço Mágico do interior.

Você que é o elemento que nos carrega para os caminhos da mente

e possibilita que a luz clara da iluminação seja percebida

Esteja aqui abençoando (diga o nome do Covener)

como Guardião de nosso Coven.

Que assim seja e que assim se faça!

A Sacerdotisa eleva a pedra vulcanizada, acima da cabeça do Covener, voltando-se para o Sul e diz:

Ó, Fogo, fonte impulsionadora da vida!

Você que nos conduz à purificação de nosso ser.

Você que é o elemento dos guardiões,

protetores da verdade da luz.

Você que é o nascimento,

que nos traz o poder pessoal do renascimento e da regeneração.

Esteja aqui abençoando (diga o nome do Covener)

como Guardião de nosso Coven.
Que assim seja e que assim se faça!

A Sacerdotisa eleva a concha, acima da cabeça do Covener, voltando-se para o Oeste e diz:

Ó, Água, fonte fertilizadora da vida!
Você que é o elemento da iniciação.
Você que nos carrega através das transformações de nossas vidas
como um navio através do mar
Você que é a eterna onda,
indo e voltando, ondulação, a agitação que nunca tem fim,
na superfície de nossa consciência.
Esteja aqui abençoando (diga o nome do Covener)
como Guardião de nosso Coven.
Que assim seja e que assim se faça!

A Sacerdotisa volta-se ao altar e coloca suas mãos sobre a cabeça do Covener dizendo:

Deusa Mãe e Criadora!
Você que é o mar sempre mutante e a terra sem tempo,
do qual todos viemos
Deus Pai, Senhor das florestas e dos bosques
Protetor e conselheiro
Estejam aqui abençoando (diga o nome do Covener)
como Guardião de nosso Coven.
Que assim seja e que assim se faça!

A Sacerdotisa pega o óleo sagrado sobre o altar e traça um Pentagrama Invocante sobre a testa do Covener e diz:

Pelos poderes a mim conferidos como Sacerdotisa deste Coven
eu nomeio você (dizer o nome do Covener)
como Guardião de nosso Coven.
Que os Deuses possam abençoá-lo,
compartilhando com você Seus conhecimentos.
Que você seja abençoado em sua nova função junto a seu Coven
e honre suas irmãs e seus irmãos,
realizando as funções que lhe são agora atribuídas com sucesso.

O Guardião faz então um juramento aos Deuses e irmãos de Coven, dizendo:

Chamo a Deusa, o Deus e os Espíritos Ancestrais
para testemunharem minhas palavras
Aqui, perante minha Sacerdotisa, Sacerdote e irmãos de Coven,
juro, por todas as coisas divinas e sagradas,
que cumprirei as funções de meu cargo fielmente.
Juro que darei o meu melhor para cumprir minhas atribuições
e que se eu falhar em qualquer uma de minhas atribuições,
receberei as críticas provindas de meus Sacerdotes
como fonte inspiradora para meu crescimento pessoal e espiritual.
Juro que se um dia não me sentir em condições de realizar meu dever
como Guardião do Coven (dizer o nome do Coven)
renunciarei a meu Cargo, para que outro em melhores condições que eu
possa servir bem a nossa comunidade.
Todas essas coisas eu juro no nome sagrado da Deusa e do Deus!

A Sacerdotisa diz:

Saiba então Guardião do Coven (dizer o nome)
que a partir de hoje suas atribuições são:
Auxiliar sua Sacerdotisa e seu Sacerdote nos processos de Iniciação.
Auxiliar a Donzela a arrumar a área ritual e o altar.
Guardar com cuidado e reverência os Instrumentos Mágicos do Coven,
e mantê-los limpos e inteiros.
Manter a segurança mágica dos rituais.
Traçar novamente o Círculo Mágico quando necessário,
observando para que ele não seja quebrado.
Fiscalizar a energia invocada no ritual,
reforçando as invocações quando necessário.
Treinar novos integrantes no Coven de acordo com as leis e disciplinas
internas do grupo.

A Sacerdotisa pega o pentáculo do altar e entrega-o ao Guardião, instruindo-o a beijá-lo enquanto diz:

Reverencie a Terra, que lhe deu a vida, sobre a qual seus pés andam.

A Sacerdotisa entrega o athame para o Guardião, que procede da mesma forma e diz:

Reverencie o Ar, que o rodeia e o inspira.

Ela agora entrega o bastão ao Guardião, prosseguindo da mesma forma e diz:

Reverencie o Fogo que arde dentro de você, o seu próprio espírito.

Ela lhe entrega o cálice e diz:

Reverencie a Água, os fluxos e refluxos dentro de você.

A Sacerdotisa agora entrega a lança e o escudo para o Guardião dizendo:

Estas são a insígnias do seu Cargo.
Guarde-as com reverência e cuidado.
Que eles lhe sirvam bem,
para que você possa servir aos Deuses e a sua comunidade.
Que não haja aqueles que sofram de solidão.
Que não haja aqueles que sofram sem amigos.
Que não haja aqueles que sofram sem irmãs e irmãos.
Que todos encontrem amor e paz dentro do Círculo
através de suas mãos e palavras.
Abençoado seja!

O Guardião é parabenizado pelos demais integrantes do Coven e em seguida o ritual é encerrado como de costume.

6

Dedicação

U M COVEN É SEMPRE um lugar de formação de Sacerdotisas e de Sacerdotes. Nele, o Bruxo é treinado para que um dia possa dar sequência, formando outro grupo e treinando outras pessoas que farão o mesmo.

Inicia-se aqui a forma tradicional de introduzir essas pessoas no seio de seu Coven e da Arte: a Dedicação, que marca o início do processo de aprendizado na Arte. Esse período dura um ano e um dia, ao longo do qual a pessoa vai aprender as manifestações mais comuns da Arte, bem como a expressão da Wicca pelo Coven, onde ela passa por um treinamento mágico.

A Dedicação é a primeira cerimônia mágica que um indivíduo passa ao ingressar num Coven, é quando cria-se vínculos mágicos com a Sacerdotisa e/ou com o Sacerdote que realiza a cerimônia, bem como com os demais membros do grupo. Suas leis muitas vezes transcendem o entendimento humano e nossos próprios conceitos pessoais estabelecidos. Nesse período, o Dedicante cumprirá um programa de estudo proposto pelo grupo que o levará ao confronto com suas sombras, medos e limitações, para que ele atinja a plenitude e o autoconhecimento necessários para que o ritual de Iniciação aconteça.

Uma Dedicação sempre representa um vínculo mágico entre Dedicador e Dedicante. Quando a Sacerdotisa ou o Sacerdote invoca os elementos, os Ancestrais de sua Tradição ou Coven, nomeia seu Dedicante, apresenta-o aos Elementos da natureza, aos seus Guardiões e abençoa-o, ela ou ele está doando parte de sua energia mágica ao Dedicante, estabelecendo um vínculo que durará para sempre.

Esse vínculo deve ser nutrido sempre em "perfeito amor e perfeita confiança", não de maneira subserviente, mas, sim, por uma decisão consciente (e isso deve ocorrer depois de muita reflexão) de que aquele Sacerdote ou Sacerdotisa é a pessoa mais indicada para instruí-lo nos caminhos da Arte. Quando essa decisão é tomada, isso representa que estamos em perfeito Amor e temos Confiança plena naquele Iniciador, caso contrário, não há por que prosseguirmos numa Dedicação em que tais sentimentos não floresceram ou germinaram.

Um Dedicante está em período de aprendizado, sendo assim, ele tem total direito de buscar o conhecimento em livros, na própria natureza e, principalmente, entre seus irmãos de Coven e/ou Tradição e em outras fontes de conhecimento que não sejam incompatíveis com as fornecidas pelo Dedicador(a) ou por ele(a) indicados(as).

Num Coven, o compromisso de Dedicação não ocorre apenas entre o Dedicante e os Deuses. Isso ocorre, sim, quando uma pessoa realiza uma autodedicação solitária, que é um compromisso estabelecido entre ela e a Deusa, mas em um grupo esse compromisso vai muito além.

Uma Dedicação formalizada representa um compromisso entre Dedicante e Deuses reverenciados naquele Coven, Dedicante e Ancestrais daquele grupo, Dedicante e membros, Dedicante e Dedicador que o dedicou.

Dessa forma, é necessário que uma pessoa que ingressa em um Coven conheça a visão e a expressão da Arte daquele grupo para se certificar de que aquele é realmente o seu caminho. Uma pessoa que optou por ser Dedicada em uma determinada Tradição deve conhecer inúmeras visões, pesquisar muito, se aconselhar muito com a Deusa e refletir profundamente até decidir se Dedicar naquele Coven, tendo plena convicção de que aquele é o seu caminho, de que aquela forma de praticar a Arte vai mais ao encontro de sua noção sobre o Sagrado e de que a Sacerdotisa ou o Sacerdote que o vai Dedicar e, posteriormente, o iniciar, é o mais indicado para guiá-lo pelos caminhos Wiccanianos.

Se surgir qualquer problema, dúvidas, discordância, o Dedicante tem todo o direito de chegar até ao seu Dedicador e seu Coven e expor seu desagrado e, juntos, tentarem achar uma solução para o problema.

Infelizmente isso nem sempre acontece nos grupos. Geralmente, quando contrariadas, e isso muitas vezes vai acontecer num período de

Dedicação, as pessoas se desligam de seu grupo, saindo por aí contestando a postura de seu Sacerdote, passando a criticá-lo para outros Bruxos, sem ter tentado uma conversa franca e desvelada, como sempre deve ser. Isso é antiético, uma traição de confiança e dos votos. Se uma Sacerdotisa/Sacerdote toma determinada decisão é porque acredita ser o melhor para o período de aprendizado de um Dedicante. Todo Dedicante tem o dever de tentar realizar o que o seu Dedicador lhe propôs antes de concluir que não consegue cumprir com o que lhe é pedido.

Uma Dedicação não é um período fácil de ser vivido, tanto que é chamado de "Período das Sombras". Ela recebe esse nome porque nesse período nos confrontamos com as partes mais difíceis e desconhecidas do nosso ser, já que Iniciar-se representa "morrer" para a vida mundana para que um novo ser nasça, pleno, belo e conectado com o Divino em cada um de nós e em tudo.

Quando alguém chegar ao seu Coven pedindo por Dedicação, medite sobre os seguintes temas:

- Será que a visão do Sagrado expressada pelo seu grupo é o melhor caminho para aquela pessoa?
- A prática pessoal de seu grupo corresponde às expectativas daquela pessoa?
- A pessoa que está pedindo Dedicação em seu Coven está num momento adequado para levar adiante tal compromisso?
- Você acha que as experiências vividas por ela individualmente ou em outros grupos interferirão a ponto de não conseguirem estabelecer um vínculo mágico e certa coesão com a forma ritual e social de seu grupo?
- A pessoa é disciplinada a ponto de conseguir levar a cabo o programa de estudos que será proposto?
- Ela possui flexibilidade nos horários para comparecer às reuniões e treinamentos mágicos do Coven?
- Vocês realmente se sentem confortáveis com tal pessoa?
- Existe algum comportamento na pessoa que incomode algum dos membros do Coven?
- A pessoa possui um sentimento real de amor à Arte e aos Deuses, ou é mera curiosidade ou sede poder?

Tendo analisado tudo isso, sempre o melhor caminho é se certificar de que o seu Coven realmente corresponde às expectativas da pessoa, antes de concluir QUALQUER compromisso maior com a mesma, para que depois não haja incompatibilidades de ideologias e conceitos.

É tradição na Arte que qualquer pessoa que queira se Iniciar deve ter uma Roda ininterrupta de prática, e isso ocorre durante o período da Dedicação, no qual a pessoa realiza os Esbats e Sabbats com o Coven, além de realizar vários exercícios mágicos que favorecem sua conexão psíquica e extrassensorial.

Durante esse período, você e seu Coven observarão a pessoa em processo de aprendizado até chegarem à conclusão de que ela está apta a ser Iniciada. Durante um ano e um dia ela segue um cronograma de estudos e práticas muito similares ao demonstrado no final deste capítulo, onde daremos mais algumas ideias para um programa de treinamento eficaz durante o período de Dedicação.

Um exemplo de ritual de Dedicação é dado a seguir, lembrando sempre que você e seu grupo devem adaptá-lo às suas necessidades. Siga apenas a diretriz básica e crie um novo ritual a partir do fornecido.

Se vocês fazem parte de alguma Tradição específica, tudo se torna mais fácil, visto que o ritual de Dedicação, bem como todos os outros rituais, é fixo e estabelecido.

Ritual de Dedicação

MATERIAL NECESSÁRIO:

- Uma vela branca
- Um frasco de óleo de alecrim
- O altar

PROCEDIMENTO

O Círculo Mágico é traçado normalmente, os elementos, a Deusa e o Deus reverenciados pelo Coven são invocados.

A Sacerdotisa diz:

Abençoados sejam aqueles que se reúnem no Círculo
para celebrar a vida.
Irmãos da Arte, hoje é um dia especial para nosso Coven,
pois alguém deseja se unir a nós e aprender nossos caminhos.
Que ele se aproxime.

O futuro Dedicado se coloca em frente à Sacerdotisa. Ela pega seu cálice e respinga algumas gotas da água sobre os pés e a cabeça da pessoa e diz:

Purificado seja em nome dos Antigos e Poderosos da Arte. Que seu corpo e sua mente sejam purificados para que você se una a nós em amor e em confiança plenas. Guarde bem: "Perfeito Amor e Perfeita Confiança", essas são as palavras que abrem os portais que nos dão acesso ao conhecimento sagrado e nos conduzem rumo aos Deuses.

O Sacerdote do Coven olha para o futuro Dedicado e diz as seguintes palavras:

Ouça as palavras da Deusa das Estrelas,
Ela, cujo pó dos pés são o Sol, a Lua, as estrelas
e cujo corpo envolve o Universo.

A Sacerdotisa eleva os seus braços, assumindo a posição da Deusa e diz:

Eu sou a beleza da Terra verde, a Lua branca entre as estrelas e os mistérios das águas. Invoco o seu espírito para que desperte e venha a mim, pois eu sou a alma da natureza que concede vida ao Universo. De mim todas as coisas vêm e a mim todas devem retornar. Que a adoração a mim esteja em seu coração que se regozija, pois todos os atos de amor e prazer são meus rituais. Que haja beleza e força, poder e compaixão, honra e humildade, jovialidade e reverência em seu interior. Se procura me conhecer, saiba que sua busca e desejo serão em vão, a menos que conheça o mistério: se aquilo que procura não estiver dentro de você, nunca estará fora de si. Eu estou com você desde o início dos tempos e sou aquela que é alcançada ao fim do desejo.

Lentamente a sacerdotisa abaixa suas mãos e cruza-as na frente de seu tórax, assumindo a posição do Deus.

Ela olha profundamente nos olhos do Dedicante e diz:

É seu desejo se unir aos nossos e aprender os caminhos da Arte que professamos?

O Dedicante responde:

Sim, esse é o meu desejo.

A Sacerdotisa continua dizendo:

Esse é o seu desejo, mesmo sabendo que está prestes a contemplar a face da morte, suas sombras, e se confrontar com os seus maiores temores e defeitos?

O Dedicante responde uma vez mais:

Sim, esse é o meu desejo.

Ao que a Sacerdotisa pergunta novamente:

Esse é o seu desejo, mesmo sabendo que a Arte é para todos, mas nem todos são para a Arte? Que sua vida, sua noção de certo e errado serão alterados bruscamente? Que esta pessoa que vive e respira hoje morrerá, para que assim um novo ser com novo sentido de vida se eleve da espiral da criação?

O Dedicante responde pela terceira vez:

Sim, esse é o meu desejo!

Então a Sacerdotisa diz:

Abençoado seja por escolher andar em beleza por toda sua vida, seguindo os mesmos caminhos que um dia os Antigos percorreram. Que você seja apresentado aos Poderes que invocamos e reconhecemos em nosso Coven e Tradição da Arte.

A Sacerdotisa leva o Dedicante até o Quadrante Norte, eleva o seu athame e toca sua cabeça com ele dizendo:

Guardiões do Norte, Poderes da Terra
Tragam sua Fonte de Poder invariável
e de mudança interminável,
Com firmeza e força, eu os chamo
para que reconheçam este ritual de Dedicação
e abençoem esta pessoa que se une ao nosso Coven neste dia.

A Sacerdotisa leva o Dedicante ao Quadrante Leste e procede da mesma maneira dizendo:

Guardiões do Leste, Poderes do Ar
Espalhem as sementes da sabedoria
Tragam sua Fonte de Conhecimento infinita
Com leveza e inspiração eu os chamo
para que reconheçam este ritual de Dedicação
e abençoem esta pessoa que se une ao nosso Coven neste dia.

A Sacerdotisa caminha com o Dedicante ao Quadrante Sul, eleva seu athame e em seguida toca a cabeça da pessoa que se apresenta dizendo:

Guardiões do Sul, Poderes de Fogo
Guerreiro Luminoso,
Mostre sua coragem selvagem, seu calor poderoso,
Com amor e respeito eu os chamo
para que reconheçam este ritual de Dedicação
e abençoem esta pessoa que se une ao nosso Coven neste dia.

A Sacerdotisa se encaminha agora para o ponto cardeal Oeste e procede de maneira semelhante, dizendo:

Guardiões do Oeste, Poderes da Água
Tragam sua fluidez,
Vocês que são o sangue que flui em nossas veias
Com equilíbrio e verdade eu os chamo
para que reconheçam este ritual de Dedicação
e abençoem esta pessoa que se une ao nosso Coven neste dia.

A Sacerdotisa posiciona o Dedicante em frente ao altar, eleva suas duas mãos em direção a ele e diz:

Deusa Mãe,
Você que nos traz sua luz e poder através da noite
Brilhando através dos céus
Deus, você que é o radiante sol
O Filho e Consorte da Grande Mãe.
Eu os chamo para que reconheçam este ritual de Dedicação
e abençoem esta pessoa que se une ao nosso Coven neste dia.
Abençoem esta criança com sua luz gentil.

A Sacerdotisa unge a vela com o óleo de alecrim do pavio para a base por três vezes. Em seguida, traça um Pentagrama Invocante com o óleo na testa do Dedicante. A vela é acesa e ela diz:

Agora é hora de meditar e agradecer aos Deuses pelas bênçãos concedidas a você neste dia. Saiba que nosso caminho é repleto de amor, sabedoria e devoção. Hoje você assume o compromisso de aprender a Arte durante um ano e um dia, para que possa ser Iniciado e se torne um Sacerdote (ou Sacerdotisa) da Deusa Mãe e seu Amado Filho e Consorte, o Deus Cornífero. Medite e reflita sobre o que o trouxe aqui e sobre as responsabilidades assumidas a partir deste dia.

Dedicação | 135

O Dedicante permanece meditando por alguns instantes, olhando para a chama da vela. Depois disso, a Sacerdotisa diz:

> Repita depois de mim:
> Eu canto para a Terra
> E eu canto para o céu acima
> Que eu possa sempre ser um instrumento do amor Dela.
> Respeitarei o Dogma da Arte,
> Fazendo o que quiser, sem prejudicar nada nem ninguém.
> A partir de hoje eu sou um Dedicante da Antiga Religião
> e, neste momento sagrado, entre todos os mundos,
> eu assumo um novo nome para ser reconhecido pelos Deuses
> e por minha comunidade religiosa.
> Eu peço à Deusa, ao Deus, aos elementos da natureza
> e aos Poderosos da Arte que abençoem e tornem sagrado este nome que
> tomo como meu poder a partir de hoje (dizer o nome).

Ao fazer isso, todos gritam e cantam celebrando o novo Dedicado. Cumprimentos de felicitações, sorte e boas-vindas lhe são direcionados. E isso prossegue durante algum tempo.

Quando todos já tiverem cumprimentado o Dedicante, a Sacerdotisa apaga a vela do Dedicante e diz:

> Agora você está a um passo de se tornar um dos nossos. Guarde esta vela com respeito e reverência para que seja novamente acesa no dia de sua Iniciação. Ela é a sua alma, a sua busca e a luz que iluminará o seu caminho para que você verdadeiramente encontre o que veio procurar entre nós. Seja fiel aos Deuses, aos seus irmãos da Arte, a sua Sacerdotisa e ao seu Sacerdote e, principalmente, a você mesmo. Aprenda os caminhos que lhe serão ensinados e saiba que os Deuses esperam o melhor de você durante sua fase de aprendizado. Seja bem-vindo e abençoado no nome sagrado da Deusa e em Suas infinitas formas.

Os elementos, a Deusa e o Deus são agradecidos e dispensados e o Círculo Mágico é destraçado.

Depois da Dedicação

Após o ritual de Dedicação, o Dedicante começa a aprender a expressão da Arte específica de seu Coven e futura Tradição. Durante esse período, a pessoa geralmente é instruída sobre a história da Arte e sua liturgia mais básica e elementar. Ela deve cumprir um programa de treinamento proposto que geralmente é composto de exercícios de desenvolvimento de suas habilidades psíquicas e extrassensoriais e contato com a Deusa. A Dedicação é um período de reflexões profundas e é muito comum manter um registro de anotações, na forma de diário, com apontamentos sobre as atividades e estados emocionais mais relevantes. Isso possibilita um acompanhamento diário de nossos avanços e possíveis retrocessos mágicos e não mágicos. A Wicca é uma religião que possibilita mudanças profundas de nosso Eu, personalidade, posicionamentos e convicções, quase sempre fundamentadas por um ponto de vista patriarcal e machista, completamente opostos aos propostos pela Religião da Deusa.

A Wicca é uma religião de liberdade plena e é completamente contrária a qualquer tipo de preconceito. Sendo assim, um Dedicante deve ser treinado de forma que possa se libertar dos grilhões da subjetividade social vigente. Um Bruxo não só deve desenvolver suas habilidades mágicas, mas deve, antes de tudo, tornar-se um ser humano melhor. Toda religião visa forjar um novo ser, mais completo, íntegro e verdadeiro, valendo-se de sua filosofia e prática. Nossa religião não seria diferente. Um Bruxo é alguém que busca se tornar um ser melhor, e as atuais lutas de preservação da natureza, igualdade social e busca por um mundo mais justo e menos separatista são algumas das bandeiras da Religião Wiccaniana.

O período de Dedicação é o caminho percorrido pelos Wiccanianos para que nosso ser seja desprogramado de todas as coisas que nossa sociedade considera corretas, mas só contribuem para que os seres humanos se afastem uns dos outros, espalhando com isso a guerra, o medo, a insegurança e a mutilação da verdade de nossa alma. Um Bruxo busca se ligar à sociedade, sabendo que as diferenças são necessárias para expressar a multiplicidade e infinidade da Deusa, que é eterna e celebra a diversidade.

Nesse período, o contato periódico com a Deusa é importantíssimo, pois ela é a verdadeira forjadora de nossas almas. Isso geralmente ocorre por meio de meditações e exercícios que abrem nossos canais energéticos para a comunicação com o Sagrado. Dentre os exercícios mais comuns estão os de psicometria, aumento de nossa percepção e harmonização.

A seguir, fornecemos um pequeno programa para o período de Dedicação que pode ser útil para você e seu Coven darem início ao seu próprio ou ampliarem o já existente.

- A história da Arte.
- A importância do Sagrado Feminino e da Mulher nos tempos primitivos, de onde a Wicca busca inspiração para sua expressão religiosa.
- A época das fogueiras.
- A Filosofia Básica Wiccaniana.
- O conhecimento do Dogma da Arte e Lei Tríplice.
- A Deusa e o Deus.
- A importância da Lua e a identificação das diferentes faces da Deusa expressas nas fases lunares.
- A importância da natureza e a celebrações dos Sabbats como expressão da ligação com o mundo natural.
- As analogias utilizadas para a realização dos rituais e feitiços.
- Os Instrumentos Mágicos e seu uso.
- Criação de um Livro das Sombras pessoal para as anotações gerais.
- Estrutura dos ritos mais básicos.
- As muitas formas de lançamento do Círculo Mágico.
- Exercícios de desenvolvimento das habilidades psíquicas.
- Exercícios de conexão com a Deusa e o Deus.
- Exercícios que possibilitam a criação de campos de proteção.
- Exercícios de respiração.
- Exercícios de transe.
- O hábito da prática da meditação.
- Os textos sagrados da Arte.
- Construção de invocações e alguns rituais pessoais.

7

Iniciação em um Coven

A WICCA É UMA RELIGIÃO DE MISTÉRIOS. Nos tempos antigos, os cultos de mistérios eram sempre iniciatórios, assim como a Wicca o é nos dias de hoje.

O conceito de Iniciação e de Mistério sempre esteve intimamente ligado. Uma Iniciação pode possuir vários significados: a aceitação de uma pessoa em um grupo específico, o início de algum processo ou o estabelecimento do contato com o sagrado. A Iniciação é uma experiência mágica que afeta o ser humano de maneira profunda e que não pode ser expressa meramente por palavras, mas precisa e deve ser sentida.

A palavra Iniciação vem do grego *Myein* que significa "fechar". Talvez isso esteja associado ao fato de que em muitos rituais de Iniciação o iniciado faz um juramento de silêncio, fechando sua boca, não revelando os segredos de seu culto ou de sua Tradição. Muitas vezes seus olhos são fechados ou vendados enquanto ele passa pelo ritual que o iniciará e o introduzirá em um grupo ou lhe dará acesso a um grupo específico de mistérios.

Da palavra *Myein* vem *Mystes* que significa "aquele que foi iniciado nos mistérios" e também *Mysterion,* que quer dizer "rito secreto ou divino". A palavra mistério, em inúmeras culturas e línguas, sempre quis dizer algo que está além do conhecimento ordinário humano, cujo entendimento e compreensão só são possíveis a uma casta seleta de pessoas.

Na Wicca, a Iniciação introduz o indivíduo em um Coven, ou uma Tradição, e fornece à pessoa um conjunto simbólico de informações somente transmitidas às pessoas que passaram por um ritual secreto, no qual o Iniciado se tornou um Sacerdote ou uma Sacerdotisa da religião, transformando-se, assim, em um dos continuadores dessa expressão religiosa, bem como um transmissor dos rituais que ele próprio vivenciou.

Muitos me perguntam por que é necessário guardar segredos sobre nossos ritos e mistérios, numa época em que a era das fogueiras não existe mais. Isso ocorre por vários motivos. Um deles é assegurar a privacidade e a segurança daqueles que desejam praticar a Arte. Durante a Iniciação, juramos manter segredo sobre os nomes dos membros do Coven e jamais disponibilizar nenhuma informação sobre os mesmos sem expressa autorização. Hoje em dia, esse juramento é muito mais simbólico que real, partindo do princípio que muitas pessoas praticam livremente a Bruxaria, com o apoio integral de seus familiares. Poucos são os casos que ouvimos de pessoas que foram perseguidas por praticarem a Wicca. Porém, mesmo sendo poucos, esses casos invariavelmente tiveram consequências graves, como incêndios de carros e depredação de casas e estabelecimentos comerciais de Wiccanianos, por exemplo.

Talvez o motivo mais relevante para guardar os mistérios e segredos de nossa religião seja a necessidade de manter o conhecimento mágico longe das pessoas que não foram devidamente preparadas para acessar tal poder, por falta de conhecimento ou de experiência, ou por falta de ética e de responsabilidade provinda do despreparo e da ausência de informações abrangentes sobre a causa e o efeito da Magia.

Guardar segredo também é necessário, porque os símbolos, as técnicas e os rituais têm poder real e podem ser perigosos para os desavisados. Manter essas informações em segredo é necessário também para preservar a integridade de uma Tradição e de um Coven, de forma que ninguém transmita os rituais pelos quais elas mesmas não passaram a outros, de boa intenção e fé.

Na Bruxaria, a Iniciação é um processo mágico que despertará o ser para um novo estágio de sua consciência e expandirá sua percepção, onde seus canais serão despertados e abertos para o bom desempenho de suas faculdades psíquicas, intuitivas e espirituais. Uma Iniciação é um Rito de Passagem que expressa a forte decisão de um Pagão de aprofundar sua ligação com os Deuses. É por ela que resgatamos nosso poder pessoal. Dizemos que uma vez Bruxos, sempre Bruxos. Sendo assim, uma Iniciação é a reafirmação de Iniciações de vidas passadas.

O propósito de qualquer Religião Iniciatória é promover um despertar espiritual para o Sagrado dentro do Iniciado. A Iniciação também promove nossa religação com o sagrado, já que por meio dela é possível a expansão de nossa consciência e do conhecimento.

Nas Tradições com mais de um grau, as Iniciações são sempre realizadas por Bruxos que possuam um grau acima daquele que está se iniciando. Em Tradições como a Gardneriana e a Alexandrina, somente uma mulher pode iniciar um homem e vice-versa. Em outras mais liberais não há restrição, e uma mulher pode iniciar outra ou um homem pode também iniciar alguém do mesmo sexo. Existem também aqueles segmentos mais formais, em que somente a Sacerdotisa, que é a representante humana da Deusa, pode realizar as Iniciações dos membros de seu Coven. Quem vai realizar as Iniciações em seu Coven depende do tipo de grupo que vocês irão formar e se ele é mais ou menos tradicionalista, igualitário ou hierárquico.

A Iniciação é a culminação do aprendizado tradicional e da preparação de uma pessoa que estudou a Arte por, no mínimo, um ano e um dia.

Dos anos 1950 para cá, a Iniciação na Wicca mudou muito. Naquela época, quando a Bruxaria saiu das brumas para se tornar mais popular, uma pessoa geralmente era iniciada após expressar sua vontade em aprender a Bruxaria e sua prática. Ela então era iniciada no primeiro contato com a Arte, dando votos de que guardaria segredo de todos os mistérios que viesse a conhecer. O neófito se tornava um Iniciado de Primeiro Grau e atingia os demais dois graus conforme aprendesse a Arte, sua filosofia e seus ritos.

Conforme a Arte foi chamando a atenção do público em geral, a Iniciação passou a ser precedida pela Dedicação, um treinamento inicial de 13 meses, no qual o aspirante cumpre um programa básico que o conduz à Iniciação. Isso passou a ser mais comum nos últimos 20 anos, com as necessidades que a Arte acabou por adquirir ao longo dos tempos.

Uma Iniciação é marcada por uma cerimônia específica, ritualizada, que visa colocar o indivíduo em contato direto com as energias criadoras e cósmicas.

Durante um longo período, a Bruxaria foi uma Religião Secreta. Ser iniciado na Arte, de regra, significava passar pelo treinamento mágico com um praticante que também já tivesse sido iniciado por outro Bruxo. Hoje, a autoiniciação, apesar de inúmeras contestações e questionamentos, é bem aceita entre os Pagãos. Desde meados dos anos de 1970, essa prática tem sido bastante propagada e cada vez mais vem sendo considerada uma verdadeira Iniciação aos olhos de muitos Wiccanianos iniciados por outros Bruxos ou não.

Isso é muito controverso, pois alguns dizem que "só um Bruxo pode fazer outro Bruxo", considerando que outros afirmam que somente a Deusa e o Deus, e a demonstração de habilidade para tal feito, é que fazem um verdadeiro Bruxo.

Doreen Valiente foi iniciada pelo próprio Gardner, mas astutamente perguntava: "Quem iniciou o primeiro Bruxo?" Doreen e outros como Raymond Buckland, um dos maiores difusores do conceito da autoiniciação, afirmam que aqueles que escolhem autoiniciar um Coven em formação, ou se autoiniciar, devem fazê-lo sem nenhuma restrição, pois quem inicia verdadeiramente são os Deuses.

É claro que a autoiniciação tem suas restrições, pois um indivíduo que se autoinicia não poderá iniciar outros na Arte, a não ser que posteriormente seja confirmado em um Círculo de Bruxos Iniciados. Isso se dá pelo fato de que na Bruxaria nunca podemos transmitir aos outros aquilo que não vivenciamos.

A autoiniciação é especificamente para aqueles que desejam seguir o caminho solitário, que não sentem necessidade e nem querem ter um contato mais estreito com outros Bruxos. É uma alternativa para aqueles que estão mais preocupados em sua relação com os Deuses do que em prestar satisfação às pessoas.

A Bruxaria admite três níveis de praticantes:

- BRUXOS INICIADOS: aqueles que receberam uma Iniciação Tradicional por meio de um Bruxo iniciado, em um Coven pertencente à uma Tradição.
- BRUXOS AUTOINICIADOS: aqueles que se autossagraram aos Deuses.
- BRUXOS PRATICANTES: aqueles que não têm nenhum vínculo iniciático com a Arte, mas que praticam os fundamentos da Bruxaria. Nessa classificação poderíamos dizer que estão, também, aqueles que ainda não se iniciaram, mas se encontram em período de treinamento em um Coven, os chamados de Dedicantes ou Dedicados.

Como saber quando alguém está pronto para ser iniciado?

Até agora falamos sobre a importância da Iniciação e o que ela é, mas é muito importante darmos sequência agora falando sobre a responsabilidade do Iniciador. Se você está lendo este livro é porque provavelmente deseja iniciar o seu próprio Coven ou então melhorar o nível de qualidade da prática de seu grupo. Sendo assim, é bem provável que você seja ou se torne o Iniciador de seu Coven.

Ser um Iniciador nem sempre é fácil, já que muito se espera de suas posturas.

Uma iniciação cria laços cármicos inquebrantáveis entre Iniciador e Iniciado, e é exatamente por isso que devemos ficar alerta a quem iremos iniciar, já que essa ligação se refletirá nesta e em outras vidas. Os atos mágicos cometidos por um Iniciado invariavelmente se refletem no mundo do seu Iniciador de alguma maneira, e uma Iniciação equivocada pode destruir toda a vida espiritual de um bom Sacerdote por somente um pequeno equívoco ou um deslize. É muito importante que você fique atento a quem vai iniciar e colocar para dentro de seu grupo e por que vai fazer isso. Não inicie alguém apenas por simpatizar com ele. Os quesitos primordiais para sabermos se alguém é digno ou não de uma Iniciação é disciplina, amor à Deusa, à Arte e respeito e reverência por aqueles que doam o seu tempo e conhecimento para o serviço sagrado do sacerdócio.

Uma tradição que é observada por praticamente todos os segmentos da Arte e pelos Bruxos sérios é que aquele que deseja se iniciar precisa pedir por isso e não deve, de maneira nenhuma, ser persuadido, forçado ou levado a fazer essa escolha por quaisquer circunstâncias, a não ser por sua própria e espontânea vontade. Isso ocorre por dois motivos. O primeiro é porque pedir por uma Iniciação ou Dedicação demonstra que a pessoa compreende que ele, e somente ele, é o responsável pelo seu próprio destino, e que o controle dele não está nas mãos de ninguém, a não ser dele próprio. O segundo motivo é que a Wicca é uma religião não proselitista e um verdadeiro Sacerdote/Sacerdotisa não deseja converter ninguém à Arte, muito menos ser o motivo pelo qual a pessoa a escolhe como sua religião. Para nós, grande número de praticantes não faz de uma religião algo válido. Sendo assim, somente aqueles que demonstrarem um firme propósito são considerados quando o tema é Iniciação.

Um fator muito importante é saber com exatidão por que a pessoa está procurando seu grupo ou deseja ser iniciada por você. O que ela procura, na realidade, e como essa pessoa define a Wicca?

Muitas vezes, as pessoas procuram muito mais por grupos de autoajuda do que por Coven onde vão aprender a Arte da Bruxaria, sua filosofia e culto. Não esqueça que pessoas mal resolvidas quase sempre não são bons aprendizes. Se alguém desequilibrado procurá-lo, seguramente ele não precisa de Magia, mas, sim, de tratamento psicológico. Aconselhe-o a procurar por ajuda especializada, um profissional que realmente possa ajudá-lo a superar sua crise emocional ou mental.

O melhor motivo para saber se tal pessoa é ou não adequada ao nosso grupo é simplesmente imaginarmos se conseguiremos nos ver com ela no mesmo Círculo, se conseguiremos abraçá-la, chamando-a de irmã ou irmão. Se você ou algum dos membros do seu Coven não conseguir fazer isso, desista, essa não é uma pessoa adequada para o seu grupo e muito menos para ser iniciada por você. Usar a intuição é muito importante nesses momentos. Jamais contrarie seu sexto sentido, ele é a voz da Deusa e sabe o que é melhor e mais correto para ser feito.

Quando surgir alguém que não seja adequado para o seu grupo, simplesmente diga "não". Não tente integrá-lo à sua comunidade, pois vários desentendimentos podem surgir por causa de alguém destrutivo ou inadequado. Não se sinta constrangido e simplesmente diga: "Creio que este não seja o grupo correto para você" e não prossiga com uma relação mágica infértil.

Identifique membros em potencial para o seu grupo levando em consideração o que esperam de melhor em uma pessoa e qual tipo de personalidade ela precisa ter para ser integrada ao seu Coven. Para que seu grupo prossiga é necessário ter sinceridade e cooperação acima de tudo. Os novatos devem ser encorajados a perguntar, o que não significa que você e os outros membros mais antigos sejam obrigados a responder suas questões, quando não for o momento correto ou quando os votos de segredos impossibilitarem isso.

Quando as relações se tornarem insuportáveis ou o trabalho mágico proposto não estiver funcionando, pode ser muito difícil finalizar uma relação. O ideal é incentivar a pessoa a uma reflexão sobre seu progresso de maneira a perceber se ela e o grupo como um todo estão atingindo seu objetivo. No entanto, isso algumas vezes pode não ser efetivo e vocês podem ter de deixar bem claro que o Coven já ensinou tudo o que podia e que é hora de ele partir em busca de novos conhecimentos e crescimento.

Quando alguém está prestes a se iniciar, é necessário passar algum tempo com ele, pois só a convivência é capaz de assegurar quando é o momento certo da Iniciação. Se essa decisão for tomada por um Coven onde a Sacerdotisa ou o Sacerdote são a autoridades máximas, eles deverão se encontrar com o futuro Iniciado para algumas atividades nada religiosas, como ir ao cinema, jantar ou viajar juntos. Quando o Coven for igualitário, onde as decisões são tomadas por um grupo específico, reuniões podem ser marcadas para que todos conheçam a pessoa cada vez mais e para que ela, que caminha em direção à Iniciação, seja avaliada não só como Bruxo, mas como ser humano, cidadão, pai, filho, irmão.

Conhecer como a pessoa age em diferentes situações é sempre bom para termos um vislumbre de quem ela verdadeiramente é em sua essência. Uma Iniciação dará acesso a uma pessoa ao seio do Coven e, a partir daquele momento, a pessoa iniciada será recebida como um verdadeiro irmão da Arte. Exatamente por isso, devemos saber com exatidão quem estamos trazendo para dentro de nossos círculos para não termos surpresas futuras.

Uma vez que alguém foi iniciado em seu Coven, todos aqueles envolvidos no processo de Iniciação são responsáveis pelas ações do Iniciado até que esse tenha atingido a maturidade necessária para dar início ao seu próprio grupo, e assim, dar continuidade à Tradição e a expressão da Arte que ele aprendeu. O tempo que a pessoa permanece sob a tutela do Coven varia de grupo para grupo e de Tradição para Tradição. Em algumas facções, a pessoa é autônoma a partir de sua Iniciação, em outras, ela precisa cumprir um programa pós-iniciação em que ela atingirá determinadas posições dentro do Coven e da Tradição até que esteja pronta para ser um Instrutor na Arte e iniciar seu próprio Coven. Em outros Covens, ainda, o processo de tutela pode durar três, quatro, sete, nove e até mesmo vinte anos. Isso não significa que quanto maior for o tempo que um grupo adota, maior é o grau de poder que a pessoa adquire, mas, sim, que dentro dos preceitos daquele grupo aquela quantidade de tempo se adapta melhor ao sistema de treinamento utilizado. Um Bruxo que passa por um ciclo de nove anos de aprendizado em seu Coven para dar início ao seu grupo não é melhor que aquele que permanece três anos cumprindo as exigências de sua Tradição para obter o mesmo direito. Cada pessoa e cada grupo têm seu próprio ritmo, e todos eles são válidos e devem ser respeitados.

Saber se uma pessoa está pronta para progredir e assumir novas responsabilidades, ou se ela deve ser iniciada, pode ser uma decisão difícil e também depende da estrutura adotada pelo Coven, mas, geralmente, isso fica a encargo do Sacerdote, da Sacerdotisa e dos Elders do Coven. O importante é que a pessoa compreenda com exatidão que onde quer que esteja, ela representa seu Coven e a Wicca como um todo, por isso deve ter uma postura íntegra. Talvez esse seja o quesito mais importante para saber quando é hora ou não de iniciar alguém. Um Bruxo precisa ter a consciência de que ele representa o seu mundo e o seu grupo.

Ritual de Iniciação - criando a cerimônia do seu Coven

Todos os rituais de Iniciação das diferentes Tradições da Arte foram criados um dia por alguém. Portanto, não há motivo para que você e o seu Coven não criem o seu próprio Ritual de Iniciação, que introduzirá os novos membros no seio do Coven e da Arte. Uma Iniciação é nada mais nada menos que um ritual que marca o ingresso de alguém em uma comunidade ou em um subgrupo Wiccaniano. Ela expressa as mudanças e os desafios que a pessoa precisa enfrentar para ser aceita como um irmão ou como uma irmã de Tradição, um membro daquela família espiritual.

Exatamente por isso, os ritos de Iniciação de um grupo não são reconhecidos por outros. Ou seja, uma pessoa Iniciada em uma Tradição possui os conhecimentos e é portadora dos mistérios daquele ramo da Arte. Essa pessoa é respeitada como um membro da larga comunidade Pagã por outros Bruxos, no entanto, sua Iniciação não tem nenhuma validade para outra vertente da Arte. Se ela quiser ser reconhecida por outra Tradição como um Iniciado dela, precisará cumprir as metas impostas e passar pelo treinamento daquele grupo para depois ser Iniciada. Para facilitar as coisas, poderíamos dizer que isso seria semelhante à formação em um determinado curso superior que não nos dá o direito de sermos reconhecidos e exercermos a função de outra formação, até que passemos por outro vestibular, sejamos aprovados, estudemos e nos formemos. Da mesma maneira que um médico não pode desempenhar as funções de um engenheiro, ou que um advogado jamais será reconhecido como um químico, assim também ocorre com o Iniciado da Tradição Gardneriana, que não pode reivindicar a posição de um Iniciado da Tradição Diânica e vice-versa.

O tema central de toda Iniciação é morte e renascimento. A Iniciação representa a morte do ser humano para a vida mundana e seu renascimento para uma vida conectada com o sagrado, e todos os atos realizados numa cerimônia de Iniciação refletem isso.

A Iniciação possibilita a ampliação de nossos horizontes. Ela é um Rito de Passagem que nos transforma profundamente. É uma experiência que só pode ser explicada por meio de sensações e não por palavras.

Existem sete diretrizes básicas para que você e seu Coven criem o seu próprio ritual de Iniciação, que são:

PREPARAÇÃO

É o ato de preparar preliminarmente o neófito antes da cerimônia, envolvendo também uma purificação ritual.

A preparação pode envolver uma meditação feita todos os dias, uma semana antes da Iniciação, uma *Vision Quest* (Busca da Visão) realizada na noite que antecede o ritual ou qualquer outra forma preparatória que a Sacerdotisa ou o Sacerdote julgar necessário para que a Iniciação aconteça satisfatoriamente.

Algumas Tradições e grupos exigem de seus membros uma restrição alimentar ou sexual antes do Ritual de Iniciação como forma de preparação, enquanto outros observam um voto de silêncio um dia antes da cerimônia ocorrer para meditarem sobre os propósitos da Iniciação.

Qualquer que seja a preparação para a Iniciação escolhida por vocês, o importante é ter em mente que é ela que colocará o futuro Iniciado num estado energético receptivo para a cerimônia Iniciática. A preparação deve colocar a pessoa num estado contemplativo, em que ela possa refletir sobre os propósitos da Iniciação, o que a levou até esse dia, quais mudanças pessoais e espirituais a aguardam, etc.

Advertência

É o ato de alertar sobre os perigos, vantagens e desvantagens da Iniciação. Como tudo, uma Iniciação tem seus prós e seus contras. Esse estágio envolve uma advertência e o questionamento se ele deseja ou não prosseguir.

Os avisos sobre os perigos e as mudanças vindas por meio da Iniciação podem ser apresentados em um texto lido ou em uma advertência ritual, na qual o Iniciado é conduzido até sua Sacerdotisa ou ao seu Sacerdote, posicionada(o) num lugar de difícil acesso, onde ela (ele) o alertará das transformações profundas e das responsabilidades de um Iniciado nos Mistérios da Arte. Muitas Tradições utilizam uma linguagem simbólica, em que os quatro elementos são apresentados ao futuro Iniciado, enquanto a Sacerdotisa ou aquele que Iniciará a pessoa explica os perigos sobre cada um dos elementos e os benefícios que eles podem nos proporcionar, se foram bem usados. Outras maneiras de advertência podem ser criadas por você e pelo seu Coven. Usem sua criatividade.

Prova

Uma prova simbólica ocorre, de maneira que o candidato prove sua coragem e sua vontade de prosseguir.

A prova geralmente é o ato de vendar os olhos do futuro Iniciado, como um símbolo de suas limitações e de suas restrições até esse momento. Vendar o Iniciado não só representa as suas limitações, mas que ele está se desligando do mundo mundano. É também o verdadeiro entendimento da frase "perfeito amor e perfeita confiança", já que ele se encontra num estado de vulnerabilidade, nas mãos da Sacerdotisa e/ou Sacerdote e demais Iniciados. Vendar os olhos da pessoa também simboliza o encontro com nossas próprias sombras que precisam ser confrontadas, para provarmos os méritos que nos conduzirão à Iniciação.

Determinadas Tradições não só vendam os olhos do aspirante à Iniciação, como amarram suas mãos e um dos pés de forma especial. Existem ainda desafios que vão desde a pessoa ser carregada pelos outros Iniciados enquanto eles correm ao redor do Círculo, até conduzir o neófito vendado ao topo de uma montanha, da beira do mar, da borda de um rio e então retirar as vendas dos olhos dela para assegurar que ela foi conduzida pelas mãos do amor, em perfeita confiança. Vale lembrar que quando alguém é exposto a situações de perigo, todos os cuidados devem ser tomados para que esteja em segurança e acidentes não aconteçam. Expor uma pessoa a situações de perigo, irresponsavelmente, não é um princípio Wiccaniano e não faz parte da conduta ritual de nenhuma das práticas da Wicca.

A prova pela qual essa pessoa passa deve ser simbólica e, mesmo que vocês incluam algo mais ousado para proporcionar uma emoção especial ao Iniciado, assegurem-se de que isso é feito em segurança e que o princípio do perfeito amor e perfeita confiança não vai ser quebrado, mas, sim, amplamente compreendido.

Morte/Renascimento

O Iniciado morre simbolicamente para a vida mundana e renasce para uma vida espiritual.

Muitos podem ser os atos simbólicos que representam Morte e Renascimento.

Quando o Iniciado tem seus olhos vendados, ele compreende que viveu sua vida na escuridão e na ignorância, nunca tendo conhecido verdadeiramente o poder da Deusa presente em tudo o que existe. A escuridão também nos remete ao sentimento de morte, do desconhecido, da inércia. Quando as vendas são retiradas dos olhos, isso simboliza o Iniciado nascendo para uma nova vida, para a luz. Algumas Tradições colocam seus Iniciados em posição fetal e um texto sagrado sobre o simbolismo da morte e do renascimento é lido, enquanto outras fazem o Iniciado atravessar um túnel formado pelas pernas das mulheres, enquanto a Sacerdotisa explica que aquilo é um simbolismo que representa que a vida só é possível através da energia feminina. Existem tradições em que o Iniciado adentra no Círculo portando um pergaminho com seu nome civil escrito, que é dado à Sacerdotisa ou ao Sacerdote e depois queimado, representando a morte de sua atual identidade. Quando o Iniciado recebe seu novo nome, isso representa o seu renascimento, sua nova personalidade. Existem formas e formas de representar a Morte e o Renascimento e, com certeza, você e seu Coven poderão criar uma maneira particular de representar isso.

Juramento

O Iniciado jura manter segredo para os não iniciados de tudo o que viu, presenciou e das informações a que terá acesso.

O juramento acontece quando o Iniciado se coloca diante do Altar e de sua Sacerdotisa e/ou Sacerdote e declara manter segredo de todos os mistérios a que tiver acesso. As Tradições e Covens geralmente possuem seus próprios textos que são lidos enquanto o Iniciado repete o que é dito. A ideia básica do juramento sustenta-se em alguns princípios:

1. Segredo: a garantia de que os mistérios, rituais e informações compartilhadas pelo Coven com o Iniciado jamais serão revelados a outros.

2. Fidelidade: a declaração de que a pessoa que está se Iniciando é fiel e merecedora da confiança dos outros Coveners. Geralmente o Iniciado jura sempre ser fiel e leal àquele que o Iniciou, aos seus irmãos de Coven e Tradição, prometendo jamais traí-los ou envergonhá-los.

3. Honestidade: o Iniciado declara que seus sentimentos de amor e de dedicação à Arte são honestos, bem como sua relação com sua Sacerdotisa e/ou Sacerdote.

4. Honra: o juramento também inclui um código de honra que deve ser observado pelo Iniciado.

Você e o seu Coven devem redigir seu próprio juramento iniciático, que deve ser lido ou memorizado por aqueles que passam pela cerimônia da Iniciação para ser proferido durante o ritual.

Apresentação

É o momento em que novos irmãos são apresentados à Arte, aos Instrumentos e para alguns Mistérios, envolvendo símbolos, palavras e itens ritualísticos.

Na apresentação, os Iniciados, assim como os instrumentos e os poderes do Coven são introduzidos ao novo Iniciado. Alguns Covens ensinam como o Iniciado pode acessar o Templo Astral e o Guardião do Coven. A Apresentação também se refere a algum mistério, símbolo ou segredo que será compartilhado com o Novo Iniciado como sinal de confiança. Muitas Tradições entregam os instrumentos ao iniciado nessa hora, explicando como fazer uso deles, enquanto um ato simbólico de seu uso é encenado.

Proclamação

Proclamação é o ato de declarar em voz alta a posição que o novo Iniciado ocupa para os outros Coveners e para os Poderes Espirituais reconhecidos pelo Coven ou Tradição.

A Proclamação é o ato de apresentar o neófito como Iniciado e o Sacerdote ou a Sacerdotisa aos demais Iniciados, à Deusa e ao Deus, aos Espíritos dos elementos e à egrégora do Coven. Geralmente o Iniciado é levado a cada um dos Quadrantes e ao altar, enquanto o Iniciador pede pelo seu reconhecimento aos poderes divinos. Muitas vertentes da Arte fazem uma proclamação ritual com frases ou fazem um texto sagrado predeterminado, após o qual o Iniciado assina o seu nome da Arte no Livro das Sombras do Coven como um membro reconhecido pelo grupo.

Você e seu grupo devem criar seus rituais de Iniciação baseados nessas oito diretrizes, expressando por meio delas a sua visão do sagrado e a identidade mágica e espiritual do seu Coven.

Seguindo essas diretrizes, vocês estarão preparados para criarem o ritual que será realizado todas as vezes que um novo membro for Iniciado pelo seu Coven.

Isso não é tão difícil quanto parece, e com a inspiração da Deusa vocês serão capazes de criar um ritual realmente simbólico e que funciona.

É extremamente importante que vocês mesmos criem o seu ritual, expressando fielmente sua maneira de ver o sagrado e a estrutura de seu Coven. Hoje em dia, existem diversos livros com diferentes tipos de Iniciação disponíveis, indo desde as Gardnerianas até as mais ecléticas. Antes de qualquer coisa, sejam fiéis a vocês mesmos e jamais utilizem um Ritual de Iniciação que não pertença a sua Tradição ou que não foi criado pelo seu grupo. Você só pode utilizar um ritual de Iniciação de uma Tradição se pertencer a ela e souber como despertar os Deuses e os Poderes daquele Caminho. Ninguém se torna membro desta ou daquela Tradição só porque a escolheu. Não é possível se tornar Alexandrino, Diânico, Caledonni ou fazer parte da Tradição das Fadas só porque leu um livro e decidiu praticar Bruxaria daquele jeito. Se não encontrar um Iniciado daquela Tradição que o Inicie, você jamais pertencerá a ela, e realizar um ritual nos moldes daquele caminho é ilícito.

Veja a seguir um exemplo extremamente simples de um Ritual de Iniciação para que vocês tenham uma ideia de como criar o seu próprio. Usem toda a sua criatividade nessa tarefa, visto que a Iniciação é uma cerimônia significativa da prática Wiccaniana e, como tal, deve ser tocante.

RITUAL DE INICIAÇÃO

O Iniciado deve ter se preparado uma semana antes da Iniciação com exercícios de respiração e visualização em que a conexão com a Deusa será buscada.

No dia que antecede a Iniciação, o membro do Coven se dirige ao local onde o ritual foi marcado.

Ao chegar, a Sacerdotisa já deve estar o esperando com suas vestes cerimoniais. As roupas mundanas do futuro Iniciado são retiradas enquanto lhe é dito:

Sem roupa você nasceu para este mundo.

Sem ela, você nascerá para uma nova vida, através deste Coven.

A Sacerdotisa eleva o seu cálice, que contém água e sal e diz:

Este cálice contém água e sal, simbolizando o oceano de onde todos nascemos. Ele é o útero da Deusa, que lhe concederá vida. Abençoado e purificado seja, para que você possa conhecer os mistérios do renascimento.

Enquanto ela diz isso, respinga algumas gotas de água no corpo do neófito.

A Sacerdotisa traça um Pentagrama Invocante na boca do postulante, enquanto diz:

A partir de agora você não falará mais e guardará sua voz, a sua fonte de poder, para ser dirigida no momento apropriado aos Deuses.

Ela conduz o Iniciado a um lugar ao ar livre, que deve ter sido previamente preparado com um banquinho, uma fogueira, um leve cobertor e madeira para uma noite inteira de fogo. Ela pede para ele sentar no banco e diz:

Sente-se e medite sobre esta Iniciação e o que ela representa para a sua vida. Na hora certa viremos buscá-lo.

O futuro Iniciado permanece contemplando o fogo, meditando sobre os propósitos de sua Iniciação. Assim ele permanecerá durante toda a noite.

Antes que o sol nasça, a Sacerdotisa, seguida pelos iniciados, busca o neófito e lhe dá um banho com ervas e óleos sagrados.

O futuro Iniciado é levado a contemplar o Sol, enquanto a Sacerdotisa diz:

A Deusa é a natureza, a Senhora dos elementos.

Seu espírito possui a força do fogo e a doçura das águas.

Ela é aquela que nos criou e a Ela pertencem a alegria da vida,

os desejos do coração dos homens. Hoje, Ela veio chamar a sua alma.

Ela é a Deusa que, através das sombras, manifesta a luz,

o seu Filho e consorte.

Ela possui os segredos dos mares, dos ciclos e a força de todos os rituais

lhe pertencem.

Ela é a promessa de um novo tempo, de uma nova vida.

O futuro Iniciado saúda o Sol que nasce e é então levado a um lugar previamente preparado com um pequeno altar, ornando velas, incensos, instrumentos da Arte e uma pequena cama ou saco de dormir, no qual o neófito descansará até chegar a hora de sua Iniciação.

Lá a pessoa deve permanecer até chegar o momento da Iniciação.

Quando a Lua se levantar, todos os Iniciados se dirigem ao local onde o neófito descansa e ele é conduzido até o local em que a Sacerdotisa o aguarda. Ela está vestida com o seu manto negro, sua face está toda pintada de branco, representando a Deusa da face pálida, a Senhora da Morte.

Ela o olha e diz:

Seja bem-vindo, filho de homens e Deuses.

Eu sou a Deusa da face pálida.

Saiba que você está prestes a ingressar em meu reino de morte que guarda

o renascimento.

Você cumpriu suas metas e agora é chegado o momento de vir ao meu

mundo e desvendar os meus mistérios. Agora é chegado o momento de

falar e dizer se é seu desejo morrer e se entregar a mim em meu abraço.

O neófito responde apropriadamente.

A Sacerdotisa olha em seus olhos e diz:

Abençoado seja por se entregar a mim em liberdade. Eu, e ninguém mais, sou a promessa do renascimento, a luz que brilha além das estrelas. Diga quais foram as palavras que o orientaram a guardar zelosamente no dia em que se Dedicou a mim e que abrem as portas que o conduzirão a meu reino de renascimento eterno?

O neófito responde:

Perfeito amor e perfeita confiança.

A Sacerdotisa diz:

Prepare-se agora para a sua morte.

O neófito é vendado e os Iniciados o agarram, conduzindo-o até o local onde o Círculo já foi apropriadamente traçado para o Ritual de Iniciação.

Enquanto ele é levado para o Círculo, gritos, uivos e urros são feitos pelos Iniciados que o balançam sucessivas vezes para dar um ar impactante à cerimônia.

A Sacerdotisa se encaminha também ao Círculo, enquanto tira a maquiagem branca de sua face. Ao chegar ao Círculo, ela diz:

Abençoados sejam os que se reúnem no Círculo para celebrar a Vida, pois a Deusa é vida e constante renovação.

Hoje, uma pessoa que cumpriu seu treinamento deseja ser reconhecido como um de nós.

A Sacerdotisa se dirige até o Iniciado e com o seu athame toca a testa, joelho direito, peito esquerdo, peito direito, joelho esquerdo e cabeça novamente dizendo:

Eu o abençoo com o símbolo sagrado da Arte, para que você se una a nós, e o consagro à Deusa e ao Deus. Que você seja mais uma estrela a brilhar no céu de múltiplos brilhos da Grande Mãe. Como as estrelas, você possui seu próprio brilho e seu próprio curso que o levará por caminhos só conhecidos pela Mãe.

Ela retira a venda dos olhos do Iniciado e diz:

Veja a luz da Deusa e renasça para uma nova vida como Bruxo e Sacerdote.

Uma mecha de cabelos do neófito é cortada e jogada nas chamas do caldeirão. Ele é medido com um cordão da cabeça aos pés e na altura de cada Chacra é dado um nó, representando a ligação energética da pessoa com o seu novo grupo, todas as coisas que a ligam ao grupo.

Este é o seu cordão, que representa o simbolismo desse ato, o cordão umbilical que o liga à Deusa e a sua ligação com este grupo.

Se um dia você se desligar de nós, desate esses nós e será livre para seguir seu rumo e sua vida, rumo ao seu crescimento e evolução.

A sacerdotisa posiciona o postulante em frente ao altar e lhe entrega o livro das Sombras com o seguinte texto, pedindo para que ele seja lido em alto e bom tom:

Deusa e Deus, difícil foi o caminho que percorri até chegar a conhecê-los, difícil o aprendizado e as duras lições.

Meus irmãos, os animais, falavam de seus amados Deuses que eu não conhecia. Busquei-os em meu coração, interroguei minha alma e Os vi em cada coisa que cruzava meu caminho.

Identifiquei-Os no esplendor do verão e na tristeza do outono, na doce promessa da primavera e no frio do inverno.

Reconheci-Os na manifestação da natureza, nos prados, nos bosques, nos mares e nos montes.

Finalmente Os encontrei, e hoje formo parte de Vocês e Vocês fazem parte de mim!

Deusa, conheço suas palavras.

É a alma da natureza, a Senhora dos elementos, Soberana entre todas as coisas. Seu espírito tem a força do fogo e a doce sabedoria das águas.

Deus, também conheço Sua força e Seu amor pela Grande Mãe.

Seu é o mistério dos bosques, eterno caçador e eterna presa. Que minha voz e meus oferecimentos ao universo sejam verdadeiramente ouvidos.

Que eu e todos aqueles que amo sejamos cercados pelo calor de nossa família e de nossos amigos, e que possamos reconhecer a bondade que reside dentro de nosso ser para sempre exaltá-los e reverenciá-los.

Deusa e Deus, mostrem-nos a chave que abre as portas do amor.

Aqui dou a minha palavra de honrar meus irmãos de Coven e a Sacerdotisa que me iniciou.

Juro por todas as coisas sagradas que jamais desonrarei aqueles que hoje depositam sua confiança em mim, e sei que se eu fizer isso, todos os meus poderes serão tirados de mim.

Que a luz da Lua possa nos guiar nas noites escuras, e que o brilho do Sol nos mostre os caminhos corretos.

Que assim seja e que assim se faça!

Blessed Be!

Após o juramento ele é apresentado aos Quadrantes, enquanto a Sacerdotisa diz:

Ouçam bem, Poderes presentes neste Círculo.

Que esta pessoa seja reconhecida como uma de nós.

Que a partir de hoje ela seja respeitada como Bruxo e Sacerdote.

Após ser apresentado aos Quadrantes, o Iniciado recebe os votos de felicidades dos membros do Coven.

Os alimentos e as bebidas são sacralizados.

O Grande rito é realizado pela Sacerdotisa e pelo novo Iniciado. Todos os Coveners compartilham os alimentos e o vinho e o Círculo Mágico é destraçado em seguida.

8

Introduzindo novos membros no Coven

OJE EM DIA EXISTEM mais pessoas desejando entrar em Covens do que grupos dispostos a recebê-las. Sendo assim, muitas vezes a busca por um grupo pode se tornar uma verdadeira peregrinação. Muitas pessoas que estão começando agora na Arte são obcecadas para fazerem parte de um Coven e acabam se envolvendo com o primeiro grupo que encontram, sem sequer pensarem se aquela é a melhor comunidade para elas. Exatamente por causa disso, o seu Coven pode se tornar alvo de muitos pedidos de integração que devem ser analisados com muita cautela.

Covens são formados toda hora, nesse momento é bem possível que mais de meia dúzia de grupos estejam tentando se estabelecer como um Coven ao redor do mundo, acreditando que o amor e o carinho nutridos entre os membros são suficientes para manter o grupo indissolúvel por toda a vida. O problema é que pouquíssimos dos Covens formados permanecem bem estabelecidos por muito tempo, e a maioria termina antes mesmo de começarem um trabalho que germine e frutifique.

Desenvolver uma relação de amizade antes de uma relação mágica é imprescindível para uma integração bem-sucedida em um Coven. Um Coven é uma família, sendo assim a forma de apresentação e inclusão de alguém no grupo é bem semelhante àquelas que ocorrem nas famílias, de maneira intimista e nada formal.

Geralmente a apresentação de um novo integrante ocorre por meio de alguém que já esteja dentro do Coven. Essa pessoa indica um nome e o desejo de alguém em aprender os caminhos da Arte. Um contato inicial com os outros membros do Coven é vital para decidir se a pessoa é adequada ou não para se unir ao grupo. Uma boa alternativa para isso é convidá-la para alguns rituais abertos como um Esbat ou uma celebração de Sabbat, em que familiares e convidados do Coven estarão presentes. Isso possibilitará um contato mais próximo com a pessoa, de maneira que os demais Coveners possam conhecê-la e conversar com ela. O primeiro contato pode ser animador ou frustrante, mas não deve ser a única ferramenta utilizada para definir se alguém é ideal para o grupo ou não. As pessoas podem ser limitadas pela sua timidez e um único contato não é suficiente para conhecermos alguém. Marcar outras oportunidades para conhecer melhor a pessoa apontada para se integrar ao grupo é vital. Ir ao cinema, teatro ou qualquer outra atividade cultural que possibilite conhecer mais de perto a essência da pessoa pode ser interessante. Perguntem sobre sua vida, seu trabalho, sua vida afetiva. Compartilhem com ela seus sonhos e anseios. Um bom ouvinte geralmente se torna um futuro Covener aplicado.

Um fator muito importante é perceber se a pessoa está sendo verdadeira ou não. A verdade é a fundação de todos os relacionamentos e, estarmos envolvidos com pessoas em quem não acreditamos só contribui para criarmos situações negativas para nós mesmos.

Um bom Coven fará perguntas àqueles que pretendem fazer parte do grupo. Exatamente por isso, é importante fazer uma lista de coisas que sejam importantes para você e para o seu grupo indagá-las aos Coveners em potencial.

1. Faz muito tempo que pratica a Arte?
2. Como conheceu a Wicca?
3. O que acredita ser a Arte?
4. Como define sua prática religiosa?
5. Quanto conhece sobre a Wicca?
6. Como define a Deusa?
7. Como define o Deus?
8. Quais seus pensamentos sobre o Dogma da Arte?
9. Acredita na Lei Tríplice?

10. Quais livros sobre a Arte já leu?

11. Como um praticante da Arte deve agir em sua vida social?

12. Já fez parte de algum outro Coven ou grupo Wiccaniano? Se sim, por que não permaneceu nele?

13. Acredita possuir algum dom?

14. O que sua família, amigos e pessoas próximas pensam sobre a Arte?

15. Existem compromissos pessoais seus que impedirão sua participação nas reuniões do Coven em algum nível?

16. A qual (ou quais) outra religião a pessoa já pertenceu?

17. Possui algum vício?

18. Qual são seus pensamentos sobre reencarnação?

19. Defina suas teorias e suas convicções sobre a vida após a morte.

20. Você é estudioso de algum oráculo?

21. Quais são seus pensamentos sobre livre-arbítrio?

22. Deseja fazer parte de um Coven atuante no cenário Pagão público ou está mais interessado em um com estrutura de grupo de estudos?

23. Seu desejo é o de um Coven misto ou de um que seja totalmente formado só por mulheres ou só por homens?

24. Prefere um Coven eclético ou um que cultue Deuses de um único panteão?

25. Deseja um Coven que realize os rituais vestidos de céu ou um com vestes cerimoniais?

26. Procura por um Coven com pessoas de qual faixa etária?

27. É importante para você ter um sistema de graus no Coven ou prefere um grupo igualitário?

28. Por que deseja fazer parte de um Coven?

29. Quais são suas expectativas em relação ao nosso grupo?

30. Como pode contribuir com o nosso grupo?

31. O que representa uma Iniciação para você?

32. A Iniciação é o seu principal objetivo dentro do Coven?

33. Qual é o grupo perfeito para você?

Caso acredite que as perguntas sugeridas não suprem suas necessidades de conhecimento sobre aqueles que se integrarão ao seu Coven, sente-se com uma caneta e um papel acrescentando as perguntas que acha relevante, não se esquecendo de colocar nessa lista o que é importante saber sobre situações em grupo.

Não fantasie, esperando alguém que jamais existirá. Nem todas as pessoas responderão essas perguntas apropriadamente ou da maneira como gostaria de ouvi-las. Seja compreensivo.

Possibilite que o candidato ao Coven conheça os membros do grupo para perguntar aquilo que deseja saber. Se vocês estão fazendo perguntas é muito provável que a pessoa queira formular as questões dela também. A resposta sincera às questões do futuro membro pode fornecer uma ideia geral se esse é ou não o grupo correto para ela. Estejam preparados para responder honestamente todas e quaisquer perguntas que o candidato ao Coven lhes fizer, desde que elas não comprometam nenhum juramento ou mistérios iniciáticos.

As perguntas mais comuns feitas por candidatos são parecidas com as que seguem abaixo:

1. Qual é o objetivo deste Coven?
2. Quem são os líderes do grupo? Como eles agem com os demais membros do Coven?
3. Quantos membros existem no grupo?
4. Que tipo de expectativas o Coven possui em relação aos seus novos membros?
5. Algum membro já foi expulso por algum motivo?
6. As habilidades de lideranças são compartilhadas entre os membros ou são monopolizadas na mão de algumas pessoas somente?
7. Quais são as regras do Coven?
8. O que o Coven espera dos novos membros?
9. Qual é a ética adotada pelo grupo para trabalhos mágicos?
10. Alguma vez é pedido que novos membros façam algo que conflite com o seu próprio senso de ética ou coisas cujo propósito não são completamente claros?
11. O Coven é aberto a sugestões?

Um Coven é um lugar onde as pessoas aprendem umas com as outras. Estar envolvido num grupo significa conhecer pessoas. Se ela não deseja conhecê-los, está negando uma ponte que precisa ser estabelecida para que o grupo seja efetivo e equilibrado. Para que se criem laços de perfeito amor e perfeita confiança é necessário que as pessoas conheçam a personalidade e as habilidades umas das outras. O futuro Covener deve compreender que existem temas comuns em qualquer Tradição e vertente Pagã, mas que as práticas de um grupo podem ser completamente distintas e variar de um grupo para outro.

Vocês devem ficar atentos se essa pessoa é um buscador sério ou se é somente alguém que gosta de se vestir de um jeito estranho, usando um Pentáculo enorme ao redor do pescoço e só comparecerá às reuniões do Coven nos dias de Sabbats. Um fator importante também é perceber se ela é capaz de respeitar os desejos pessoais e conviver na diversidade. Se ela não puder respeitar vocês, não poderá amá-los e, consequentemente, desenvolver os laços de amor e confiança de um Coven.

Hipócritas devem permanecer a quilômetros de distância de um Coven. Se alguém age de maneira contrária ao que diz, é sinal de que jamais poderá ser tomada como bom exemplo, e jamais será verdadeira em suas atitudes e, portanto, é inadequada para conviver em grupo.

É considerado tabu na Wicca convidar pessoas para participarem de um grupo, ou serem dedicadas e iniciadas, sem que elas tenham expressado esse desejo livremente e sem coação. Dessa forma, um Coven sério jamais convidará alguém para fazer parte de seu grupo se essa pessoa não tiver expressado seu desejo e formalizado esse pedido antes. Uma das regras da Arte é jamais fazer nenhum tipo de proselitismo, convidar alguém para fazer parte do seu Coven é como dizer: venha, nós temos o que você precisa!

Tenham isso como regra e esperem que a pessoa peça a vocês para fazer parte do grupo antes de tomarem o impulso de convidá-la. Tradicionalmente é dito que se alguém nos pede Dedicação ou Iniciação por três vezes consecutivas e não tenhamos nada real contra a pessoa, somos obrigados a iniciá-la. Isso é muito mais simbólico do que algo que deve ser seguido à risca, mas como informação vale a pena o lembrete.

Porém, não é considerado antiético fazer um convite aberto para que outros se unam a vocês, quando sentem que é hora de expandir os horizontes do Coven. Nos Estados Unidos, muito mais do que no Brasil, é comum vermos em periódicos Pagãos anúncio de Covens procurando por novos integrantes. Isso, no entanto, não é um convite direcionado a alguém específico, e é apenas um aviso de que aqueles que desejarem se unir ao grupo, se tiverem uma personalidade compatível, serão bem-vindos.

Um Coven precisa de pessoas colaborativas. Sempre pensem nisso quando estiverem analisando um pedido de integração ao grupo. É necessário ter as pessoas que exerçam o papel de Sacerdotisa ou de Sacerdote, mas que elas não se incomodem em pegar uma vassoura e varrer o chão da sala de estar antes da reunião começar quando for preciso, ou que não se sintam diminuídas por terem que recolher os copos e o lixo que sobrou no final do ritual e colocá-los na rua. Uma pessoa com ar de superioridade jamais será um bom Covener. Alguém que tenha a mania de querer se dar bem em tudo, sempre adiando suas funções ou que sempre empurra o trabalho mais pesado para outro também não pode se integrar a um grupo em que cooperação é a palavra-chave.

Pessoas indisciplinadas com horário ou que preferem sair para dançar no sábado à noite em vez de comparecer à celebração de Sabbat marcada há mais de seis meses, também devem ser mantidas distantes de um Coven. Participar de uma comunidade religiosa implica seriedade, disciplina e compromisso. Todos possuem funções que devem ser cumpridas à risca para que o bom funcionamento do Coven não seja prejudicado.

Como sempre, usar a intuição é regra básica para sentirmos se alguém é ou não adequado para o nosso grupo. Jamais tente integrar ao seu Coven alguém cuja mente e a energia é incompatível com a sua ou com a dos outros membros do Coven. Se vocês sentem que alguém não é correto para o seu grupo, não insistam, sigam o seu caminho separadamente, assegurando que a decisão foi tomada em termos amigáveis, de forma que as duas partes compreendam que isso é o melhor para a evolução de ambos.

9

Nome mágico

Contam os mitos egípcios que, há muito tempo, quando os Deuses e os homens já existiam, governou o mundo um poderoso Deus. Ninguém conseguiu descobrir o seu verdadeiro nome, pois ele se transformava continuamente para não ser reconhecido. Ele era possuidor de muitas formas, nomes e aparências e, por isso, ficou conhecido pelo nome de Deus Oculto.

Um dia, a Deusa Ísis decidiu desvendar esse segredo e utilizou sua sabedoria e sua Magia para realizar tal feito.

Ísis sabia que o Deus Oculto era o condutor da barca do sol. E, assim, numa iluminada manhã, Ela seguiu o barqueiro e descobriu que ele caminhava pelos céus até desaparecer nos confins do mundo, a Oeste. No dia seguinte, Ísis o esperou onde o sol se punha, quando o Deus Oculto parou para descansar, a Deusa esperou que o suor pingasse de sua face e o misturou ao barro, formando uma massa com a qual modelou uma serpente venenosa.

No dia seguinte, quando o Deus novamente saiu para percorrer o firmamento com a sua barca, Ísis soltou a serpente mágica. Quando o Deus Oculto parou para descansar, ao meio-dia, ele foi picado pela serpente.

O Deus começou a gritar clamando por todos os Deuses, chamando-os para que viessem curá-lo. Uma delas foi Ísis, a Senhora da Magia e conhecedora de todos os venenos das serpentes. Ao chegar à presença do Deus Oculto, Ísis perguntou o que havia acontecido e ele respondeu:

– Eu fiz tudo o que existe, de mim dependem o dia e a noite. Eu criei os homens e os animais, mas jamais havia visto uma serpente como esta.

Ísis então olhou profundamente nos olhos do Deus e disse:

— Diga-me, Deus soberano, qual o seu verdadeiro nome.

O Deus Oculto gritava de tanta dor e exclamou:

— Muitos são os meus nomes, Eu sou o Deus do Céu, Atum, o Deus do não ser. Somente meu pai me chama pelo meu verdadeiro nome. Ele me deu esse nome para que ninguém pudesse me enfeitiçar com Magias e assim se apoderasse de minha eterna sabedoria.

Ísis não se dava por vencida e insistia:

— Qual é este verdadeiro nome então, aquele que o seu pai lhe deu?

O Deus Oculto não dizia seu verdadeiro nome de jeito nenhum. E cada vez mais seus gritos ecoavam entre os mundos, no entanto, nenhum Deus intervinha. Ísis insistiu uma vez mais:

— Diga-me, Deus Oculto, qual seu verdadeiro nome e eu o ajudarei com minhas palavras mágicas. Meu encantamento só será eficaz se você me revelar seu nome secreto. Com um feitiço lançado com o seu nome secreto poderei retirar para sempre o veneno da serpente do seu corpo.

O Deus não aguentava mais de tanta dor, então sussurrou no ouvido da Deusa:

— Meu nome secreto é Rá. Esse é o nome dado a mim por meu pai.

Na mesma hora um poderoso encantamento saiu da boca de Ísis e o corpo de Rá ficou livre do veneno.

A Deusa o curou, mas Rá pagou o preço de Ísis exercer poder eterno sobre ele. E, assim, Ísis se tornou superior a todos os outros Deuses.

O ato de dar um nome diferente para alguém que passa por uma cerimônia sagrada está presente em muitas culturas. Isso representa a separação do eu mundano, aquela parte de nós que usamos no dia a dia, e do Eu Mágico, a parte de nós usada quando praticamos magia.

Nas culturas que ainda preservam sua raiz Pagã, é um costume recorrente não nomear uma criança até que ela chegue a sua vida adulta.

Geralmente, um nome falso é dado à criança para protegê-la das energias negativas. Provavelmente o uso de apelidos resida nessa antiga crença. Em outras partes do mundo, apenas a mãe é quem pode conhecer o verdadeiro nome de seu filho. Isso acontece porque, em qualquer cultura que seja, acredita-se que o nome tem poder, e conhecer o verdadeiro nome de uma pessoa nos daria acesso e controle total sobre ela. Conhecer o nome de uma pessoa significa conhecer a sua alma.

No ritual de Dedicação ganhamos um novo nome, um Nome Mágico. Esse é o nome pelo qual seremos reconhecidos na comunidade Pagã e dentro do Coven.

Muitas são as pessoas insatisfeitas com seus nomes, uma vez que, geralmente, não somos nós que os escolhemos ao nascer. O uso e a escolha de um nome mágico apropriado nos dão a possibilidade de resgatarmos o poder sobre nós e sobre nossa identidade.

Quando nomeamos algo ou a nós mesmos, criamos um canal de entendimento, controle e domínio sobre o que é nomeado. Quando novos integrantes começarem a fazer parte do seu Coven, será necessário que eles escolham um nome da Arte para ser consagrado em seu Ritual de Dedicação.

Esse nome deve descrever quem a pessoa é e o que ela deseja ser ou se tornar. Na realidade, o Nome Mágico reflete a natureza da pessoa.

Sendo assim, ele não deve ser algo escolhido aleatoriamente. A escolha de um Nome da Arte é muito importante, pois em certo aspecto ele interferirá no sucesso ou no fracasso mágico e não mágico. Esse nome deve descrever a força, o interior, a visão de mundo da pessoa que o está escolhendo.

É importante lembrar que um nome que será consagrado magicamente vai passar a ter propósitos mágicos e interferirá nas energias que atrairemos para perto de nós durante os rituais. Ele atrai forças, Elementos, Deuses e Espíritos.

Como dito anteriormente, o Nome Mágico também reflete o nosso Eu Mágico, mudando a nossa consciência para a magia. Ele é o nome que nos dá acesso ao mundo da Deusa e dos Deuses, como se fosse um passaporte.

Uma pessoa pode ter vários nomes mágicos. Algumas pessoas adotam diferentes nomes em diferentes estágios de sua vida iniciática, adicionando um novo a cada Rito de Passagem ou Grau Iniciático vivido. Sendo assim, é possível adotar um nome no Ritual de Dedicação, outro no de Iniciação, quando nos tornamos Elders, e assim por diante.

Podemos destacar três tipos de nomes distintos:

- NOME DA ARTE: aquele nome que recebemos quando passamos pelo Ritual de Dedicação. Ele é um nome público que pode ser conhecido por toda a Comunidade Pagã a qual pertencemos. Muitas pessoas possuem um nome da Arte para usarem com seus amigos Pagãos, mesmo que não sejam membros ativos de um Coven.

- NOME DE CÍRCULO OU COVEN: nome que pode ser conhecido pelos membros do Coven ao qual pertencemos. É também o nome pelo qual somos chamados quando estamos dentro do Círculo Mágico em nosso Coven.

- NOME INICIÁTICO, SECRETO OU MÁGICO: é o nome que recebemos no nosso Ritual de Iniciação e que deve ser mantido em sigilo. Só é conhecido por nós e pelos Deuses e, às vezes, pela Sacerdotisa e/ou Sacerdote que nos iniciou.

Os nomes Mágicos são escolhidos de diferentes maneiras, porém o mais importante é saber que na hora certa ele aparecerá.

De maneira geral, o nome da Arte e o nome de um Círculo ou de um Coven é algo que o indivíduo escolhe por si só, sempre atento ao que deseja atrair para sua vida, fundamentando-se no significado daquele nome. Geralmente eles são escolhidos baseados em mitos, Deuses, plantas sagradas ou podem ser encontrados em listas de nomes que tenham a ver com a cultura celebrada pelo Coven ou da qual a pessoa é descendente.

O Nome Mágico ou Iniciático é dado ao Bruxo pela Sacerdotisa ou pelo Sacerdote quando ele se inicia. A escolha não é aleatória, mas, sim, feita magicamente. Cada Tradição e cada Coven têm suas próprias maneiras de escolher o nome de um novo Iniciado, que vai desde a consulta a um oráculo até estados de transe profundos. A escolha desse nome pela Sacerdotisa é feita depois de muita meditação, visualizações e busca de conexão com o Sagrado para saber verdadeiramente qual é o nome que os Deuses desejam dar àquela pessoa. Se você está começando o seu Coven agora e não pertence a nenhuma Tradição, o melhor a fazer é utilizar um oráculo que conheça profundamente e inquiri-lo sobre o melhor nome para a pessoa. Outra possibilidade interessante é ter uma lista de nomes de diferentes culturas e pendular cada nome para saber qual é o mais apropriado.

A Iniciação é um ato simbólico de nossa morte para a vida mundana, é um novo nascimento, para uma nova vida, como um ser mais integrado. O Nome Mágico, portanto, é um símbolo de renascimento e, por isso, faz parte de uma experiência iniciática.

Se você está organizando seu Coven agora, é provável que os membros, ou até mesmo você, precisem de um nome mágico e não saibam por onde começar a procurar.

O primeiro passo para a escolha do nome é prestar atenção na sua personalidade.

- Quem você é?
- No que acredita?
- O que deseja atrair para a sua vida?
- Com quais cores, animais, flores ou outros elementos da natureza sente alguma relação profunda?
- Tem alguma ligação ou gosto pessoal por alguma Deusa ou Deus?

Baseado nessas indagações, procure por um nome que realmente tenha a ver com você e que faça referências a inúmeras fontes: natureza; cores; animais; deusas e deuses; mitos; ervas, árvores e plantas; pedras; planetas.

Talvez não seja difícil criar um nome como "Corvo do Carvalho" ou "Dragão das Estrelas". Procure criar um nome extremamente pessoal, individual, baseado em símbolos que respondam a você. Descarte nomes batidos como Morgana, Diana, Lillith, a não ser que esses nomes tenham uma ligação antiga e profunda com você e sua história na Arte. Pense o quanto será constrangedor chegar a um festival Pagão, se apresentar com um desses nomes e encontrar, no mínimo, umas 100 Morganas e 50 Dianas ou Lilliths.

Se mesmo com essas dicas você ainda sente dificuldade em criar ou escolher seu Nome Mágico, ou não deseja um em português, tente a lista a seguir com nomes de diferentes culturas, dividida entre homens e mulheres. Esta lista pode ser um ótimo recurso para nomear novos Coveners ou escolher nomes Iniciáticos.

Nomes para mulheres

CULTURA CELTA

Aigneis: Pura

Ailidh: Dócil

Aine: Alegria

Aislin: Sonho

Alastrina: Defensora da humanidade

Alina: Lugar distante

Alma: Boa

Alyce: Nobre

Andraste: Vitória

Ardra: Nobre

Ashling: Sonho

Berit: Esplêndida

Betha, Beatha, Betha: Vida

Blair: Das terras planas

Bonnie: Bela

Brenna: Corvo; Donzela do corvo

Briana: Forte

Brid: Brilhante

Brina: Defensora

Calum: Pomba

Cara: Amiga

Cinnia: Bela

Cordelia: Do mar

Darcy: Sombria

Deirdre: Sofrida

Devin: Poetisa

Divone: Divina

Donella: Elfa dos cabelos negros

Donia: De pele escura

Duvessa: Beleza sombria

Edana, Ena: Passional

Edana: Pequeno fogo

Enella: Dócil

Enid: Espírito, Alma

Erina: Da Irlanda

Etain: Fada

Ethne: Fogo

Evelyn: Luz

Fiona: Amável

Genevieve: Onda clara

Ginebra: Branca como a espuma

Gitta: Forte

Glenna: Vale

Grainne: Grão

Grania: Amor

Guennola: Branca

Gwenneth: Abençoada

Gwynn: De face branca

Isolda: Agradável

Jannell: Querida

Keelin: Bela

Kelly: Guerreira

Kennocha: Amável
Lavena: Alegria
Leslie: Da fortaleza cinza
Linette: Dom
Lyonesse: Pequeno leão
Mabina: Ágil
Mavis: Canção dos pássaros
Meara: Feliz
Melva: Mão da donzela
Meredith: Protetora do mar
Moira: Excepcional
Morag: Princesa
Moreen: Grande
Morgance: Habitante do mar
Morna: Doce amada
Moyna: Branda
Myrna: Doçura
Nealie: Governante
Nola: Famosa; Nobre
Nora: Honra
Oriana: Loira
Peigi: Pérola
Regan: Nobre
Riona: Rainha
Ronat: Escudo
Rowena: Por vir
Sabina: Bondosa
Saraid: Excelente
Shannon: Pequena sábia

Tara: Torre
Ula: Joia do mar
Una: Onda branca
Venetia: Abençoada
Vevina: Doce garota
Wynnie: Amável
Yseult: Formosa
Zinerva: Pálida

CULTURA GREGA

Acacia: Renascimento
Acantha: Espinheiro
Adara: Beleza
Adelpha: Amada irmã
Agafia: Boa
Agalia: Alegria
Agapi: Amor
Agatha: Bondosa
Agave: Nobre
Agnes: Pura
Agueda: Doce
Aidoios: Honrada
Akilina: Águia
Aldara: Presente alado
Alesia: Aquela que auxilia
Alethea: Honestidade
Alicia: Honestidade
Altheda: Pura
Alyssa: Racional
Amarantha: Flor

Amaryllis: Centelha

Ambrosine: Imortal

Amethyst: Joia

Anassa: Rainha

Anezka: Gentil

Anstice: Aquela que renascerá

Anysia: Completa

Arena: Abençoada

Aretha: Beleza

Aretina: Virtuosa

Argia: Aquela que tudo vê

Artemia: Presente de Ártemis

Aspasia: Bem-vinda

Astrea: Estrela

Athanasia: Imortal

Aura: Brisa Suave

Berdina: Donzela inteligente

Berenice: Aquela que traz vitória

Caitilin: Pura

Calantha: Amável florir

Callia: Bela Voz

Calligenia: Nascida da beleza

Candance: Centelha

Cassie: Pureza

Celosia: Ardente

Charissa: Aquela que ama

Cleo: Afamada

Cliantha: Glória

Corella: Donzela

Cosimia: Do universo

Cyma: Florir

Cynthia: Lua

Damara: Gentil

Doralia: Presente

Dordie: Presente Divino

Dorea: Do mar

Dorkas: Gazela

Dorlisa: Visão

Effie: Doce Chama

Ekaterin: Inocente

Elephteria: Livre

Elma: Amigável

Elora: Luz

Elpida: Esperança

Eriantha: Dócil

Errita: Pérola

Eudokia: Altamente respeitada

Euphemia: Bem falada

Euphrosyne: Boa satisfação

Eustella: Estrela favorável

Evania: Pacificadora

Fern: Pena

Galatea: Branca como leite

Gelasia: Sorridente

Gina: Bem-nascida

Haidee: Modesta

Halimeda: Pensamento do mar

Hedia: Agradável

Helenka: Luz

Helia: Do Sol

Henrika: Senhora da lareira

Hesper: Estrela do entardecer

Hypate: Excepcional

Idola: Visão

Iluska: Luz

Irisa: Arco-íris

Irynia: Paz

Isaure: Brisa gentil

Isidora: Presente de Ísis

Ivanna: Presente dos Deuses

Kaia: Da Terra

Kalie: Botão de rosa

Kalliope: Bela voz

Kalonice: Vitória da beleza

Kandake: Brilhante

Kay: Glória

Keleos: Flamejante

Kepe: Pedra

Kinetikos: Ativa

Klazina: Vitória do povo

Kolina: Pura

Lalia: Prolixa

Lea: Aquela que traz boas notícias

Lexina: Defensora dos homens

Lycoris: Crepúsculo

Malvina: Suave

Marmara: Brilhante

Matilda: Brava na guerra

Melania: Escura

Melantha: Flor Escura

Melinda: Gentil

Melissa: Mel

Moira: Merecedora

Mona: Solitária

Myra: Abundância

Nellis: Luz

Neola: Jovem

Neomea: Lua nova

Nerita: Do mar

Nympha: Noiva

Odelette: Pequena cantora

Odelle: Harmoniosa

Oleisia: Protetora dos homens

Ophelie: Sabedoria

Oria: Da montanha

Panagiota: Sagrada

Panphila: Sempre amante

Pelagia: Moradora do mar

Pelicia: Tecelã

Petronelle: Rocha

Phyllis: Ramo verde

Pyrena: Ardente

Pythia: Profetisa

Rhodantha: Rosa

Rina: Pacificadora

Selina: Lua

Solona: Sabedoria
Stephana: Coroada na vitória
Terentia: Guardiã
Terriana: Inocente
Theodosia: Presente divino
Theola: Divina
Thora: Aquela que olha
Urania: Aquela que reside no céu
Vanna: Borboleta
Xyliana: Das florestas
Zene: Amigável
Zenna: Nascida de Zeus
Zeva: Espada

Cultura Egípcia

Akila: Inteligente
Anippe: Filha do Nilo
Aziza: Completa
Bahiti: Fortuna
Bennu: Águia
Dalila: Delicada
Eshe: Vida
Femi: Amor
Habibah: Aquela que amou
Hafsah: Profetisa
Halima: Suave
Haqikah: Honesta
Hasina: Bondosa
Jamila: Beleza
Jendayi: Agradecida

Kakra: Gêmea
Kamilah: Perfeição
Kanika: Negra
Khepri: Sol da manhã
Layla: Levada na noite
Mafuane: Solo
Maibe: Sepultura
Mandisa: Doce
Masika: Nascida durante a chuva
Mert-Sekert: Amante do silêncio
Mesi: Água
Meskhenet: Destino
Monifa: Afortunada
Mosi: Primeira Nascida
Moswen: Branca
Mukarramma: Reverenciada
Naeemah: Benevolente
Nailah: Bem-sucedido
Nathifa: Pura
Nourbese: Maravilhosa
Nuru: Nascida durante o dia
Omorose: Bela
Oni: Querida
Quibilah: Calma
Ramla: Profetisa
Rashida: Correta
Raziya: Cordata
Safiya: Pura
Sagira: A pequena

Salama: Calma

Sanura: Pequena Gata

Shani: Maravilha

Sharifa: Respeitada

Shukura: Grata

Siti: Senhora

Subira: Paciente

Tabia: Talentosa

Tale: Verde

Talibah: Aquela que procura o conhecimento

Theoris: Grandiosa

Umayma: Pequena Mãe

Umm: Mãe

Urbi: Princesa

Zahra: Flor

CULTURA NÓRDICA

Alfdis: Espírito

Amma: Avó

Andras: Respiração

Arna: Águia

Arnbjorg: Proteção da águia

Arndis: Espírito da águia

Arnora: Águia clara

Asdis: Espírito divino

Ase: Árvore

Astrid: Força divina

Auda: Rica

Audhilda: Guerreira

Audney: Riqueza

Bera: Espirituosa

Bergdis: Proteção do espírito

Bergthora: Espírito de Thor

Bodilla: Mulher de combate

Borgny: Auxílio

Bren: Espada

Brynja: Escura

Dahlia: Do vale

Diss: Espirituosa

Eir: Paz

Eldrid: Espírito impetuoso

Elle: Anciã

Frida: Bela

Gala, Vendaval: Voz encantadora

Gerda: Proteção

Groa: Jardineira

Gudrid: Sabedoria divinamente inspirada

Guri: Encantadora

Hakan: Nobre

Helga: Sagrada

Hildegun: Guerreira

Hulda: Escondida

Ingeborg: Sob a proteção de Ing

Ingemar: Do mar

Kelda: Fonte

Lene: Distinta

Liv: Vida

Magna: Forte

Magnild: Forte lutadora
Mildri: Suave
Njorthrbiartr: Heroína
Olaug: Dos antepassados
Olga: Sagrada
Ragnfrid: Amável
Ragnhild: Guerreira
Rania: Nobreza
Rona: Forte
Svanhild: Cisne
Thorberta: Brilho de Thor

Thorbjorg: Protegida por Thor
Thordis: Espírito de Thor
Thorgerd: Proteção de Thor
Thorgunna: Luta de Thor
Torne: Nova
Torunn: Amor de Thor
Tove: Boa
Trine: Pura
Trude: Forte
Uald: Governante
Unn: Amor

Nomes para homens

CULTURA CELTA

Adair: Do vau das árvores de Carvalho
Ahern: Senhor dos cavalos
Airell: Homem nobre
Allyn: Considerável
Anant: Do rio
Anghus: Excepcionalmente forte
Anwell: Amado
Anyon: Combatente
Arlan: Juramento
Attie: Forte como um urso
Baird: Bardo
Becan: Pequeno
Bevan: Novo guerreiro

Blair: Da planície
Bowdyn: Loiro
Boynton: Do rio branco
Brann: Corvo
Breasal: Batalha
Bredon: Espada
Brian: Forte
Brice: Rápido
Broin: Gralha
Cadell: Guerrear
Cadman: Lutador
Calder: Do rio pedregoso
Calum: Pombo
Cameron: Nariz curvado
Caoimhghin: Delicado

Cardew: Do vau escuro

Carney: Lutador

Carrol: Campeão

Casey: Bravo

Cedric: Chefe

Coinneach: Considerável

Conan: Sábio

Connell: Forte na batalha

Conroy: Persistente

Conway: Cão da planície

Dallas: Caminho da cachoeira

Darcy: Escuro

Dermot: Livre

Devyn: Poeta

Dillion: Fiel

Dinsmore: Do vau do monte

Doane: Do monte da areia

Donnelly: Homem bravo

Donogh: Lutador forte

Druce: Sábio

Drummond: Aquele que vive no alto do monte

Duane: Canção

Duer: Herói

Edan: Fogo

Egan: Ardente

Einion: Combatente

Eoghann: Novo

Evan: Jovem guerreiro

Farrel: Bravo

Ferris: Rocha

Fiacra: Águia

Finnobarr: Loiro

Floyd: Cinzento

Glyn: Do vale

Guy: Sensível

Gwry: De cabelos loiros

Henbeddestr: Homem rápido

Iden: Próspero

Innis: Da ilha

Irving: Branco

Kane: Inteligente

Karney: Lutador

Keane: Alto e Bonito

Keir: De pele escura

Kellen: Guerreiro

Kendhal: Do vale brilhante

Kerry: Escuro

Kevin: Gentil

Kunagnos: Sábio

Leigh: Curador

Mac: Filho do

Maccus: Martelo

Maddock: Benéfico

Melville: Líder

Murdoc: Homem do mar

Murtagh: O que protege o mar

Neal: Campeão

Nels: Chefe

Niece: Escolha
Noland: Nobre
Owen: Jovem guerreiro
Phelan: Lobo
Ronan: Voto
Roy: De cabelos vermelhos
Turi: Urso
Vaughn: Pequeno

CULTURA GREGA

Ajax: Águia
Alastair: Vingador
Alix: Defensor do homem
Ambrus: Imortal
Anstice: Renascido
Aonghas: Escolha original
Aristotle: Melhor dos pensadores
Arsenio: Forte
Artemus: Presente de Ártemis
Athanasios: Nobre
Baruch: Bondoso
Basil: Real
Bastien: Reverenciado
Cadmus: Do Leste
Cenon: Amigável
Cesare: De cabelos longos
Claus: Vitória
Cletus: Chamado
Coridan: Pronto para a luta
Cycnus: Cisne

Cyrus: Sol
Demetrius: Presente de Deméter
Doran: Presente
Elek: Defensor dos homens
Eleutherios: Livre
Estebe: Vitorioso
Etor: Constante
Eugenios: Bem-nascido
Eustace: Frutificador
Evzen: Nobre
Farris: Rocha
Feodras: Pedra
Gelasius: Risonho
Guilio: Jovem
Hali: Mar
Iason: Curador
Ignatius: Ígneo
Istvan: Vitorioso
Ivankor: Presente glorioso
Jeno: Bem-nascido
Kaj: Terra
Keril: Honroso
Kirkor: Vigilante
Klaus: Vitória do povo
Kratos: Força
Kyros: Mestre
Lander: Leão
Lysander: Libertador
Marcario: Abençoado

Maurice: Escuro

Mentor: Sábio conselheiro

Milo: Destruidor

Myron: Mirra

Oighrig: Bem falado

Oles: Defensor dos homens

Ophelos: Auxílio

Oreias: Da montanha

Orion: Filho do fogo

CULTURA EGÍPCIA

Abasi: Severo

Abubakar: Nobre

Adio: Correto

Adofo: Lutador

Adom: Aquele que recebe a ajuda dos Deuses

Akhenaten: Devotado a Aton

Akiiki: Amigável

Akil: Inteligente

Akins: Bravo

Asim: Protetor

Aswad: Negro

Atum: Inteiro

Azibo: Terra

Azizi: Completo

Badru: Nascido na lua cheia

Bakari: Juramento nobre

Baruti: Professor

Bomani: Guerreiro

Chafulumisa: Rápido

Chatha: Extremidades

Chatuluka: Parte

Chenzira: Nascido em uma viagem

Chigaru: Cão de caça

Chisisi: Segredo

Chuma: Rico

Dakarai: Feliz

Donkor: Humilde

Fadil: Generoso

Fenyang: Conquista

Funsani: Um pedido

Gahiji: Caçador

Garai: Estabelecido

Gyasi: Maravilha

Hamadi: Elogiado

Hondo: Guerra

Ishaq: Sorriso

Jabari: Bravo

Kamuzu: Curandeiro

Kaphiri: Monte

Khaldu: Imortal

Kosey: Leão

Lateef: Delicado

Madu: Dos povos

Maskini: Pobre

Masud: Afortunado

Matsimela: Raiz

Mbizi: Água

Minkah: Justiça
Moswen: Pele clara
Msamaki: Peixes
Naeem: Benevolente
Nassor: Vencedor
Nizam: Disciplinado
Nkuku: Galo
Nuru: Nascido durante o dia
Qeb: Pai da terra
Ra: Sol
Rashidi: Sábio
Runihura: Destruidor
Sefu: Espada
Sekani: Sorriso
Sudi: Afortunado
Tau: Leão
Thabit: Forte
Tor: Rei
Tsekani: Fechado
Tumaini: Esperança
Umi: Vida
Zahur: Flor
Zuberi: Forte

Cultura Nórdica

Aage: Ancestral
Afi: Avô
Alfrothul: Do sol
Alvis: Sábio
Annar: Pai do mundo

Aricin: Filho do rei eternal
Arild: Comandante das batalhas
Arngeir: Lança da águia
Aros: Da boca do rio
Asbiorn: Urso Divino
Asgeir: Lança dos Deuses
Audolf: Amigo do lobo
Audun: Amigo da riqueza
Bard: Bom lutador
Bergthor: Espírito de Thor
Bjorn: Urso
Bodil: Líder
Bodolf: Líder do lobo
Borg: Do castelo
Bothe: Arauto
Brander: Fogo brando
Bryan: Forte
Burnaby: Terra do guerreiro
Carr: Do pântano
Dag: Dia
Darby: Da terra dos cervos
Davin: Inteligente
Delling: Brilho
Desiderio: Desejado
Duartr: Protetor dos ricos
Dyre: Estimado
Einar: Lutador
Eirik: Sempre forte
Eistein: Afortunado

Elvis: Sábio
Erland: Líder
Erling: Filho de um chefe
Esbjorn: Urso dos Deuses
Eske: Lança dos Deuses
Eskil: Embarcação dos Deuses
Faste: Firme
Finn: Aquele que encontra
Fjall: Do monte áspero
Freystein: Rocha dura
Frode: Sábio
Gamble: Velho
Garet: Defensor
Gaute: Grande
Geir: Lança
Geirleif: Descendente da lança
Geirolf: Lança do lobo
Gunnar: Lutador
Gunnbjorn: Urso de combate
Gunnolf: Lobo de combate
Hal: Chefe da guerra
Halvor: Defensor da rocha
Hamar: Martelo
Hauk: Falcão
Havelock: Guerra do mar
Helgi: Sagrado
Hrolf: Lobo
Hrolleif: Lobo velho
Hugin: Pensativo

Ivor: Arqueiro
Kiarr: Do pântano
Kleng: Com garras
Knud: Amável
Kol: Escuro
Kollsvein: Obscuridade
Lang: Alto
Leidolf: Descendente do lobo
Leif: Descendente
Lunt: Do carvalho
Njorthrbiartr: Herói
Odell: Rico
Oskar: Lança divina
Ottar: Lutador
Oysten: Feliz
Raskogr: Da floresta dos cervos
Rolf: Lobo
Stein: Rocha dura
Steinar: Lutador da rocha dura
Steinbjorn: Urso da rocha
Steinolf: Lobo da rocha
Steinthor: Rocha de Thor
Stian: Rápido
Storr: Grande
Svend: Novo
Tait: Feliz
Thorbert: Glória de Thor
Thorleif: Descendente de Thor
Thorolf: Lobo de Thor

Thorstein: Rocha de Thor	Ugbjorn: Urso da guerra
Thurlow: Montanha de Thor	Ulf: Lobo
Torger: Lança de Thor	Vegard: Proteção
Trond: Crescimento	Vigrid: Campo das batalhas
Tryggr: Verdadeiro	Wray: Da Terra dos grãos
Trygve: Vitória brava	Wybjorn: Urso da guerra

Para escolher seu nome, é importante ter em mente os atributos que deseja atrair para sua personalidade mediante sua escolha. Saiba que o nome é um portal mágico, uma palavra-chave, um imã que vai atrair exatamente aquilo que ele significa.

Você pode usar a lista demonstrada para escolher o nome que mais o identifique, ou poderá juntar dois ou mais nomes para fazer a combinação perfeita. No entanto, atente-se e não misture nomes de Panteões diferentes. Se você escolher um nome celta, procure um segundo nome celta também, e assim por diante.

Esse nome é consagrado em um Ritual de Dedicação, Iniciação ou em um rito simples realizado especificamente para essa função, quando você se apresentará como portador daquele nome para os quatro Quadrantes, Deusa e Deus, pedindo as suas bênçãos e reconhecimento a essa sua nova identidade.

10

Criando um Espaço Sagrado com seu Coven

TODAS AS RELIGIÕES POSSUEM uma maneira de chamar a atenção dos seus fiéis para a hora do Sagrado, de se conectar com o Divino. O ato de se voltar para Meca ou os sinos tocados no cimo das igrejas antes de uma missa representam o Chamado do Eu mais profundo do ser para a conexão com o Mistério.

Na Wicca, isso ocorre com a criação do Espaço Sagrado e do lançamento do Círculo Mágico, que é o processo inicial da prática ritual. Algumas Tradições cantam uma canção, outras leem um texto sagrado do Livro das Sombras, algumas, ainda, conduzem uma meditação antes do início do rito propriamente dito. Isso é realizado para que possamos focar nossa atenção ao ato sagrado que está para acontecer; ao fazer isso, conectamo-nos inconscientemente com todos aqueles que fizeram o mesmo antes de nós um dia. O objetivo é nos centrarmos e canalizarmos toda nossa energia para o propósito ao qual estamos nos abrindo.

Nem sempre é fácil para um Coven possuir um local apropriado ou fixo para as reuniões. Entre os Covens existentes é muito comum um ritual ser realizado na casa de um dos membros num dia e no apartamento de outro em outra ocasião. A Wicca sobreviveu por centenas de anos dessa maneira, sendo praticada nas residências de seus praticantes e, aparentemente, perdurará por muitos anos ainda. Isso ocorre porque, para nós, não há a necessidade de que templos sejam erigidos em nome dos Deuses Antigos, uma vez que nosso verdadeiro templo é o Planeta Terra. Nesse pensamento é muito compreensível que encaremos todos os lugares como sagrados e condignos para a realização de um ritual. Uma cerimônia Wiccaniana pode ser realizada num parque da cidade ou na cozinha de um dos membros do Coven gentilmente cedida para a reunião do grupo. Mesmo sendo verdade que muitos grupos prefiram realizar seus rituais ao ar livre, outros tantos optam por um lugar fechado devido à privacidade e a segurança nestes dias de tamanha violência. Tanto a natureza intocada quanto um cômodo de uma casa são lugares bons e apropriados para que os ritos sejam realizados, uma vez que a Divindade é imanente e está presente em tudo.

Como não existe constância nos lugares de realização dos rituais, geralmente, a cada reunião do Coven, um novo espaço será limpo e sacralizado para que sirva de área ritual. Isso é verdade mesmo quando as práticas mágicas são realizadas sempre no mesmo lugar e um Círculo Mágico permanente for construído nele. As palavras, símbolos e gestos usados quando um Espaço Sagrado é construído servem para reforçar o Círculo Mágico permanente existente no local e chamar nossa atenção para o Sagrado.

Desde tempos imemoráveis o homem sempre se reuniu em círculo para reverenciar os seus Deuses. Isso é comprovado por inúmeras pinturas rupestres nas paredes das cavernas, que dão indício da reunião em Círculo sendo usada para algum propósito mágico. A Wicca preservou essa arte e faz uso dela até os dias atuais para marcar o início de suas atividades mágicas.

Quando os membros de um Coven dão as mãos em círculo e respiram profundamente por alguns minutos, eles estão se unindo ao Cosmos, a energia primordial criadora. Terra, Lua estrelas possuem forma circular e, talvez, os primeiros homens da humanidade, observando isso, chegaram à conclusão de que o Círculo era a maneira mais perfeita para reverenciar o Sagrado. O Círculo é o universo microcósmico de um Bruxo, onde tudo é possível.

Quando traçamos um Círculo Mágico, acreditamos que estamos além do tempo, do limite e do espaço. Passamos a estar "entre os mundos", ou seja, não estamos nem no mundo físico nem no espiritual.

Geralmente, o Círculo Mágico deve possuir a medida de nove pés de diâmetro, mas hoje Círculos muito maiores ou muito menores são traçados para conter confortavelmente as pessoas em seu interior. O

Círculo Mágico é traçado não só para chamar nossa atenção ao Divino, como também para conter a energia criada no decorrer dos rituais. Ele não precisa ser marcado fisicamente no chão, mas, sim, energeticamente, pelo athame, pelo bastão ou por outro Instrumento Mágico.

A purificação do Espaço Sagrado antes do ritual começar também é muito importante.

Todo ritual é uma forma de comunicação com nossa mente subconsciente (nosso Self Jovem). Quando efetuamos uma limpeza energética no Espaço sagrado antes do ritual começar, estamos mandando um aviso, por meio de símbolos, para o nosso inconsciente, dizendo que algo importante está para acontecer e que é hora de deixarmos do lado de fora e para trás qualquer coisa que possa prejudicar o bom desempenho de nossa prática ritualística.

Num Coven, a responsabilidade de criar o Espaço Sagrado deve ser dividida entre os membros do grupo, desde limpar fisicamente a área ritual, até traçar o Círculo Mágico e invocar os Deuses. É importante que cada membro se sinta útil, com isso, cada um somará sua energia pessoal à energia do grupo. É importante, também, que as funções sejam rotativas, possibilitando que uma pessoa que tenha varrido o chão hoje invoque a Deusa amanhã e vice-versa. Muitos Covens usam o sorteio para definir quem fará o que a cada reunião, enquanto outros usam o esquema de tempo predeterminado para as funções, de maneira que as atividades rodem a cada mês, trimestre ou semestre. Você e o seu grupo podem fazer o que se adaptar melhor para o seu Coven. O importante é que ninguém se sinta sobrecarregado ou explorado e todos tenham a possibilidade de usar seus talentos e viver todas as experiências possíveis em um grupo.

Algo muito interessante e divertido para determinar funções é o grupo se sentar de forma circular, colocar o athame ou bolline no centro do círculo formado e girá-lo no sentido horário, dizendo: "Quem vai decorar a sala para o ritual? Quem vai purificar o Círculo com o elemento Ar? Quem vai invocar o Deus? Quem falará sobre as Tradições do Sabbat? E por aí vai...

A pessoa indicada pela ponta do athame ou do bolline é a escolhida. Um Bruxo tradicionalista tremeria ao ver um athame sendo usado dessa maneira, mas isso também não é algo mágico?

O exemplo dado é democrático, e fará com que ninguém se sinta desprivilegiado ou em desvantagem, já que os próprios Deuses indicarão a pessoa que está com a energia em sintonia para determinadas funções. Muitas coisas interessantes podem ser descobertas com esse sistema. Uma pessoa que foi indicada para invocar o Ar pode descobrir que precisa se conectar mais com aquele elemento, alguém que foi apontado para decorar a sala pode entender que precisa ver a vida com mais beleza, o que foi designado para limpar o chão pode ter sido extremamente arrogante com um de seus funcionários na tarde anterior ao ritual e precisa compreender que todas as funções são importantes e precisam ser valorizadas.

Tornar todas as experiências do Coven em algo mágico e que pode trazer algum ensinamento torna a vida dos integrantes do grupo pura magia. Utilizem sua criatividade para encontrarem um sistema justo e democrático de distribuição de tarefas.

Limpando fisicamente a área ritual

A primeira coisa a ser observada para criar um Espaço Sagrado é a limpeza física do local onde a cerimônia acontecerá.

Sujeira é sinônimo de energia parada e acumulada, que gera tensão e "traças" energéticas. Limpar fisicamente o local pode ser uma experiência vivida pelo grupo inteiro. Limpar um porão velho ou uma garagem entulhada pode ser muito divertido e um ato que criará uma ligação emocional ainda maior entre os integrantes do Coven. Procurem desempenhar o máximo de funções conjuntamente para que cada um se conheça melhor, compartilhe suas intimidades, anseios e experiências.

Comecem limpando toda e qualquer sujeira presente no local. Queimem ou joguem papéis velhos no lixo, varram a área, lavem ou passem pano no chão, organizem todo material que não puder ser retirado em um dos cantos de maneira que não atrapalhe a circulação dos integrantes do grupo durante o ritual. Tornem o lugar agradável e condigno de receber a presença das Divindades. Pensem que vocês receberão a visita de Seres muito importantes e a desordem ou sujeira não causará uma boa impressão. Se for necessário, pintem as paredes e, se o local permitir, façam pinturas apropriadas de símbolos ou de figuras da Deusa e do Deus.

A decoração do local

Decorar a área ritual pode dar uma impressão visual que auxiliará muito no desempenho mágico dos rituais.

A Decoração vai desde flores a serem colocadas em vasos no cômodo do ritual até panos com símbolos dos elementos que podem ser pendurados nas paredes correspondentes aos Quadrantes.

Uma experiência enriquecedora é reunir todo o grupo para pintar ou bordar banners com símbolos da Deusa, do Deus, dos elementos e até mesmo a criação de um sigilo do Coven, que traga símbolos e cores que expressam a identidade mágica do grupo e que poderá ser consagrado com a energia de todos os Coveners para proteção e até mesmo moradia do Guardião do grupo.

É interessante que vocês comecem a reunir vários artefatos como pedras, velas de cores variadas, estatuetas de diferentes divindades, fitas, panos, ramos de trigo, castiçais, vasos e potes para servirem de decoração nos rituais.

Num ritual que visa atrair a energia do fogo, por exemplo, a área ritual pode ser decorada com panos vermelhos e laranjas e pedras e velas na mesma tonalidade, enquanto num ritual à Deusa Afrodite, por exemplo, os elementos de decoração poderiam ser nas cores rosa e verde, uma estátua da Deusa poderia estar no Oeste e um círculo de conchas pode ser feito para conter o altar e todos os integrantes do Coven.

Usem toda a criatividade e conhecimento para saberem o que é apropriado a cada prática mágica.

A limpeza energética

Limpar energeticamente o local também é importante. Essa limpeza dissipa toda e qualquer energia dissonante e negativa presente no local. Isso é apropriado principalmente quando o espaço utilizado para fazer um ritual não é usado há muito tempo ou tem grande fluxo de pessoas, que invariavelmente trazem muitas energias desencontradas.

A seguir estão algumas formas de limpeza da área ritual. Elas podem ser realizadas por uma pessoa escolhida para essa função ou dividida entre alguns membros do Coven.

Com os 4 elementos

MATERIAL NECESSÁRIO:

- Sal
- Um incenso de qualquer aroma
- Uma vela vermelha
- Um cálice de água com sal

Um dos Coveners circula a área ritual no sentido anti-horário, que é o sentido do banimento, espalhando um pouco de sal pelo chão e dizendo:

O sal é vida, o sal é sagrado, o sal representa o elemento terra. Que ele elimine toda e qualquer energia negativa presente sob e sobre este solo. Que assim seja e que assim se faça!

Outro membro do grupo circula a área no sentido anti-horário com o incenso e diz:

O incenso representa o sopro dos Deuses que traz a brisa da renovação. Que esta fumaça purifique este local de toda e qualquer energia negativa. Que assim seja e que assim se faça!

Um terceiro Covener circula a área no sentido anti-horário com a vela dizendo:

Que este fogo seja a luz que dissipa as trevas da ignorância, que destrói o negativo e constrói o positivo. Que este fogo limpe e purifique este local. Que assim seja e que assim se faça!

Outro respinga um pouco de água no chão, circulando a área no sentido anti-horário e dizendo:

Que esta água que lava e gera leve todo mal, limpando e purificando este local. Que assim seja e que assim se faça!

Depois disso, a área estará limpa e pronta para a realização dos rituais.

Água e sal

A água e o sal têm sido utilizados há muito tempo para a purificação. A junção desses dois elementos é a base para as águas sagradas de muitas religiões. O simples ato de respingar algumas gotas de água com sal sobre o solo onde o ritual será feito já o deixa limpo de toda e qualquer negatividade. Se vocês quiserem, poderão usar algumas palavras para reforçar a limpeza como:

> Pela água que é o útero vivo Dela nós limpamos e purificamos este local de todo mal. Possa a paz, a harmonia e o amor estarem presentes aqui para que este lugar seja a nossa ponte rumo aos Deuses. Que assim seja e que assim se faça!

Vassoura

A vassoura é um dos mais tradicionais instrumentos da Bruxaria. Ela serve não só para limpar uma área ritual fisicamente, mas também energeticamente.

Usem uma vassoura consagrada do Coven para essa prática, circulando no sentido anti-horário a área onde o ritual será realizado, cantando um cântico de banimento ou de limpeza, como o que segue ou outro criado por vocês para o mesmo propósito:

> Com a vassoura sagrada vou abençoando,
> Vou abençoando, vou purificando.
>
> Com a vassoura sagrada vou abençoando,
> Vou abençoando, vou purificando.
>
> Vou abençoando,
> Vou abençoando, vou purificando.
>
> Vou abençoando,
> Vou abençoando, vou purificando.

Sino

Os sons também são um importante instrumento para a purificação. Usem o sino do Coven para limpar energeticamente a área ritual. Toquem o sino nos quatro Quadrantes, dizendo palavras apropriadas de purificação, como, por exemplo:

Sons dos ventos, símbolos da força criativa
Limpamos esta área para que se torne sagrada
e apropriada a receber os Deuses que invocaremos.

Após dizer essas palavras, toquem o sino muitas vezes, visualizando a energia negativa como uma névoa cinzenta que se dissipa a cada badalada até desaparecer completamente.

O Círculo Mágico

Existem muitas maneiras de lançar um Círculo Mágico, e se você já praticou com o seu grupo por muito tempo antes de se tornarem um Coven, já devem ter chegado a um consenso sobre o que funciona melhor para vocês.

O ato de traçar o Círculo ao redor da área ritual cria um vórtice de poder capaz de conter as energias criadas e invocadas durante o decorrer do ritual para que o poder criado seja liberado na hora mais adequada.

É importante que mesmo que tenham chegado a uma prática padrão para o lançamento do Círculo, que experimentem outras maneiras de fazer isso para enriquecerem mais ainda o cabedal de conhecimentos do grupo. Pode ser que algumas pessoas que serão iniciadas no seu Coven criem posteriormente o seu próprio grupo, que talvez não se adapte ao mesmo formato de lançamento utilizada no Coven Mãe. Vivenciar diferentes combinações de rituais é uma maneira de treinar Bruxos capazes de transmitir as incontáveis possibilidades mágicas e ritualísticas a outros, mantendo assim a pluralidade da Arte.

Muitos insistem em que o Círculo Mágico precisa ser marcado de algum jeito no chão. Como disse anteriormente, isso não é necessário, e praticamente não é feito mais hoje em dia. O ato simbólico é mais importante em si do que a demarcação física. É imprescindível, no entanto, que todos visualizem o Círculo sendo traçado ao redor da área ritual e sejam capazes de se sentirem protegidos e fortalecidos dentro dele. Existem muitas e muitas maneiras diferentes de lançamento do Círculo, o ideal seria que, baseados nas inúmeras possibilidades encontradas, você e o seu grupo desenvolvessem uma em particular, expressando os fundamentos e as escolhas pessoais do grupo.

A ideia por trás do lançamento do Círculo Mágico se baseia em:

- Criar um espaço mágico entre os mundos para que sirva de ponte rumo aos Deuses.
- Criar uma barreira inquebrantável de maneira que nenhum mal ou energia intrusa, nossa ou alheia, adentre os limites do Círculo
- Criar um espaço mágico para receber os Elementos da natureza, Guardiões das Torres de Observação, Elementais ou referências aos elementos que seu grupo trabalhar.
- Criar um espaço mágico para receber a Deusa, o Deus e os Deuses reverenciados pelo Coven.
- Criar um receptáculo energético para que a energia criada nos rituais seja contida e não se disperse, sendo acumulada para ser dirigida a uma finalidade específica na hora correta.
- Depois que a energia foi liberada, destraçar o Círculo para que ele retorne a sua fonte de energia primordial.

Num Coven, é necessário que o máximo de pessoas possível possa atuar no processo de lançamento do Círculo. Isso não é tão difícil quanto parece, visto que uma pode invocar um Quadrante, enquanto outra toca o sino e os demais membros desempenham funções distintas como invocar a Deusa e o Deus ou purificar o Espaço Sagrado.

Não existe uma regra definida e engessada para o lançamento do Círculo, já que cada Coven, grupo ou Tradição utiliza uma em particular.

Daremos aqui alguns exemplos de como se traçar o Círculo Mágico para que escolham aquela que se adequar melhor a vocês. Se seu grupo ainda não definiu como traçar o Círculo Mágico, pode ter como base os exemplos a seguir para criarem uma maneira particular de realizar esse ato sagrado. Sintam-se à vontade para mudarem as palavras e o formato exemplificados, dando uma característica mais pessoal a eles.

Traçando o Círculo Mágico 1

No exemplo fornecido a seguir, idealizado para um tradicional Coven de 13 pessoas, todos os membros desempenham uma função no lançamento do Círculo. As pessoas que realizam as funções são chamadas de *Covener* e vão de 1 a 13, não fazendo referência à Sacerdotisa, ao Sacerdote, aos Senhores dos Quadrantes, etc., visando fornecer uma característica mais igualitária e menos formal.

O grupo dá as mãos em volta do altar e respiram algumas vezes para acalmar a mente e o espírito, chamando a atenção do seu Eu interior para o importante ato que está para acontecer, sentindo-se unidos neste ato de amor e de devoção aos Antigos Deuses. Então, quando sentirem que estão prontos comecem a cantar:

> Somos um Círculo
> Dentro de um Círculo
> Sem um começo
> E sem um fim.

A canção segue até se transformar em uma fonte de poder, fazendo com que cada membro do Coven se sinta forte e pronto para a Magia. Deixe o cântico seguir até que se encerre naturalmente.

Quando isso acontecer, o Covener 1 vai até o altar, pega o athame do Coven, se dirige ao Quadrante Norte e o eleva em saudação aos Antigos Deuses. Ele começa a circular a área por três vezes, no sentido horário, apontando o athame para o perímetro do Círculo enquanto diz:

> Nós traçamos ao nosso redor um círculo de força e de poder, onde toda magia é possível. Dentro dele estamos além do tempo e do espaço, caminhando para encontrar os Antigos Deuses e expressar o nosso amor. Este Círculo é nossa fonte de poder e de conhecimento. Que nele nenhum mal entre e que dele nenhum mal saia. A partir de agora estamos entre os mundos e em solo sagrado. Que assim seja e que assim se faça!

O Covener 1 toca o chão com o seu athame, reforçando em sua mente a frase "estamos entre os mundos e em solo sagrado" e visualiza o Círculo Mágico de luz formado ao redor da área ritual englobando todos os membros do Coven. Na sequência, ele coloca o athame do Coven novamente no Altar.

O Covener 2 vai ao Altar, pega uma pedra, dirige-se ao Norte e a eleva em saudação e caminha ao redor do Círculo uma vez dizendo:

> Pela Terra que é o corpo Dela, nós abençoamos e purificamos este Círculo Mágico. Que assim seja e que assim se faça!

O Covener 2 recoloca a pedra no Altar.

O Covener 3 vai ao Altar e pega um incenso, dirige-se ao Leste, eleva-o em sinal de saudação e caminha ao redor do Círculo uma vez dizendo:

> Pelo Ar que é o sopro Dela, nós abençoamos e purificamos este Círculo Mágico. Que assim seja e que assim se faça!

O Covener 3 recoloca o incenso no Altar.

O Covener 4 vai ao Altar e pega uma vela, dirige-se ao Sul, eleva-a em sinal de saudação e caminha ao redor do Círculo uma vez dizendo:

> Pelo Fogo que é o Espírito Dela, nós abençoamos e purificamos este Círculo Mágico. Que assim seja e que assim se faça!

O Covener 4 recoloca a vela no Altar.

O Covener 5 vai ao Altar e pega uma concha, dirige-se a Oeste, eleva-a em sinal de saudação e caminha ao redor do Círculo uma vez dizendo:

> Pela Água que é o Útero vivo Dela, nós abençoamos e purificamos este Círculo Mágico. Que assim seja e que assim se faça!

O Covener 5 recoloca a concha no Altar.

Os Coveners 6, 7, 8 e 9 se dirigem aos Quadrantes Norte, Leste, Sul e Oeste, respectivamente.

O Covener 6 eleva seus braços aos céus em saudação e diz:

> Poderes da Terra
> Que é firme e rica
> Doadores dos grãos e do poder
> Força prática, estável, poderosa
> Estejam conosco neste rito
> Sejam bem-vindos!

O Covener 7 eleva os seus braços em saudação e diz:

Poderes do Ar

Ventos que sopram nossa face

Poderes que nos carregam através dos céus azuis

Fortificando a nossa mente com sua brisa

Estejam conosco neste rito

Sejam bem-vindos!

O Covener 8 eleva os seus braços em saudação e diz:

Poderes do Fogo

Chama do desejo que nos dá poder e força

Energias que guiam nossa vontade,

guiando nossos caminhos e nossas conquistas

Estejam conosco neste rito

Sejam bem-vindos!

O Covener 9 eleva seus braços em saudação e diz:

Poderes da Água

Que nos purificam e curam com suas ondas

Que levam nossas tristezas e nossas ilusões

Que lavam o nosso medo

Estejam conosco neste rito

Sejam bem-vindos!

O Covener 10 se dirige ao centro do Círculo, eleva seus braços aos céus e diz:

Poderes do alto,

Mundo superior,

Céus, estrelas que brilham,

Invocamos vocês!

Ele abaixa as mãos em direção à Terra e diz:

Poderes de baixo,

Submundo,

Ancestrais,

cujos ossos descansam sob a terra que pisamos,

Invocamos vocês.

Sejam bem-vindos!

O Covener 11 fica de frente para o Altar, eleva suas mãos e diz:

Deusa, invocamos Você para que adentre em nosso Círculo.

Você que caminha em silêncio com flores em seus cabelos,

espalhando o verde por todos os lugares.

Venha Deusa, nos cubra com o seu manto

e sorria para nós, seus filhos.

Seja bem-vinda!

O Covener 12 fica de frente para o Altar, eleva as suas mãos e diz:

Deus que dança através da luz da lua e do sol.

Você a quem Ela deu nascimento

e que surgiu da escuridão através da canção da terra

Você que é a luz que nunca morrerá, que vive em cada um de nós.

Venha, Deus, traga a sua felicidade e alegria ao nosso rito

Seja bem-vindo!

O Covener 13 toca o sino 9 vezes em honra à Deusa e diz:

O Círculo Mágico foi traçado, os elementos invocados.

A Deusa e o Deus sorriem agora sobre nós.

Abençoados sejam os que se reúnem para celebrar a vida.

Blessed Be!

O Círculo Mágico agora está traçado e qualquer ritual pode ser feito.

Depois que o ritual for realizado, é necessário destraçar o Círculo, agradecendo as energias invocadas e enviando-as à sua fonte de origem.

Traçando o Círculo Mágico 2

Essa maneira de traçar o Círculo também foi idealizada para que todos os participantes se sintam inclusos no processo. No entanto, este estilo de lançamento leva em consideração a função de cada pessoa dentro do Coven, enfocando os cargos e as responsabilidades de cada um em relação ao grupo. Para maiores informações sobre Cargos e títulos leia o capítulo 5. Usaremos aqui os nomes dos títulos para designar quem faz determinada ação no decorrer do ritual. O intuito desta maneira de lançar o Círculo é que o altar seja montado ao longo do ritual, conforme cada Covener seja admitido em seu interior.

O Altar deve conter apenas o athame da Sacerdotisa no centro e velas para representar a Deusa e o Deus ou as divindades que o Coven reverencia.

Os Coveners deverão aguardar do lado de fora do Círculo enquanto ele é traçado, portando o Instrumento Mágico em mãos ou o símbolo que representa seu cargo no grupo.

A Sacerdotisa dirige-se ao Altar, desembainha o athame, beija sua lâmina e diz:

> Abençoada seja criatura da Arte, você que é o mais importante de todos os Instrumentos Sagrados. Eu o abençoo para que você possa abençoar nosso Círculo e os irmãos da Arte que celebrarão a mais antiga das Divindades neste rito que se inicia. Abençoado seja!

Com sua mão de poder a Sacerdotisa traça um Pentagrama Invocante sobre o athame e o visualiza brilhando através do olho da mente.

Ela se dirige ao Norte, eleva o seu athame e com ele traça um Pentagrama Invocante no ar, dizendo enquanto traça:

> Pelos poderes do Espírito, da Terra, da Água, do Ar e do Fogo, nós abrimos os portais entre os Deuses e os mortais!

Ela circula a área ritual com o seu athame, dizendo as seguintes palavras ou outras semelhantes:

> Eu lanço nesta área um Círculo para servir de templo ao nosso ato de reverência e fé. Que a partir de agora este espaço se torne sagrado e abençoado, apropriado para receber homens e Deuses. Esta é a hora, este é o lugar, esta é a noite. Estamos entre os mundos. Que assim seja!

A Sacerdotisa se direciona à borda do Círculo, próximo onde os Coveners estão esperando, e abre um portal, cortando no ar, para que possam adentrar.

O primeiro a entrar é o Sacerdote, que eleva as suas mãos para a Sacerdotisa e diz:

Senhora, eu sou o representante do Deus, o amado da Deusa.

Eu sou aquele que a auxilia e a ama. Eu sou o seu consorte, desejoso em auxiliar todos os que se juntam ao nosso Círculo em perfeito amor e perfeita confiança. Com você eu honro a Deusa e o Deus, protegendo o nosso Coven com a força de minhas mãos e o amor do meu coração. Peço sua permissão para adentrar neste Círculo Sagrado e reverenciar aqueles que são mais antigos que a vida.

A Sacerdotisa traça um Pentagrama Invocante sobre ele e diz:

Seja bem-vindo ao nosso Círculo de amor e de sabedoria!

Ela estende suas mãos e o conduz ao interior do Círculo.

A Donzela se aproxima da borda do Círculo segurando em suas mãos o bracelete ou outro símbolo que representa seu cargo e diz:

Senhora, eu sou a representante da Donzela.

Sou aquela que é sua substituta, esperançosa em conquistar o conhecimento necessário para um dia ensinar os caminhos da Arte a outros, de acordo com seus ensinamentos. Peço sua permissão para adentrar neste Círculo Sagrado e reverenciar aqueles que são mais antigos que a vida.

A Sacerdotisa pega o bracelete, coloca no braço da Donzela, traça um Pentagrama Invocante sobre ela e diz:

Seja bem-vinda ao nosso Círculo de amor e de sabedoria!

O Mensageiro se aproxima da borda do Círculo segurando em suas mãos o chifre que ressoa ou outro símbolo que representa seu cargo e diz:

Senhora, eu sou o representante do gamo novo.

Sou aquele que é o substituto do Sacerdote e auxiliar da Donzela, esperançoso em conquistar o conhecimento necessário para um dia ensinar os caminhos da Arte a outros, de acordo com ensinamentos de minha amada Sacerdotisa e de meu Sacerdote. Peço sua permissão para adentrar neste Círculo Sagrado e reverenciar aqueles que são mais antigos que a vida.

A Sacerdotisa pega o chifre das mãos do Mensageiro, assopra-o, reproduzindo um som agradável, entrega-lhe o símbolo novamente, traça um Pentagrama Invocante sobre ele e diz:

Seja bem-vindo ao nosso Círculo de amor e de sabedoria!

O Senhor do Norte se aproxima da borda do portal, segurando o Pentáculo e diz:

Senhora, eu sou o representante da Terra, o corpo da Deusa.

Trago para este círculo os dons da abundância, frutificação, solidificação e renascimento. Peço sua permissão para adentrar neste Círculo Sagrado e reverenciar aqueles que são mais antigos que a vida.

A Sacerdotisa traça um Pentagrama Invocante sobre ele e diz:

Seja bem-vindo ao nosso Círculo de amor e de sabedoria!

O Senhor do Norte se dirige ao Altar colocando o Pentáculo ao Norte da superfície.

O Senhor do Leste se aproxima da borda do portal, segurando o athame do Coven e diz:

Senhora, eu sou o representante do Ar, o sopro da Deusa.

Trago para este Círculo os dons da mente, da criatividade e da expressividade. Peço sua permissão para adentrar neste Círculo Sagrado e reverenciar aqueles que são mais antigos que a vida.

A Sacerdotisa traça um Pentagrama Invocante sobre ele e diz:

Seja bem-vindo ao nosso Círculo de amor e de sabedoria!

O Senhor do Leste se dirige ao Altar colocando o athame a Leste da superfície.

O Senhor do Sul se aproxima da borda do portal, segurando o bastão do Coven e diz:

Senhora, eu sou o representante do fogo, o espírito da Deusa.

Trago para este círculo os dons do dinamismo, força de vontade e proteção. Peço sua permissão para adentrar neste Círculo Sagrado e reverenciar aqueles que são mais antigos que a vida.

A Sacerdotisa traça um Pentagrama Invocante sobre ele e diz:

Seja bem-vindo ao nosso Círculo de amor e de sabedoria!

O Senhor do Sul se dirige ao Altar colocando o bastão ao Sul da superfície.

O Senhor do Oeste se aproxima da borda do portal, segurando o cálice do Coven e diz:

Senhora, eu sou o representante da água, o útero da Deusa.

Trago para este Círculo os dons da fluidez, sentimentos e amor. Peço sua permissão para adentrar neste Círculo Sagrado e reverenciar aqueles que são mais antigos que a vida.

A Sacerdotisa traça um Pentagrama Invocante sobre ele e diz:

Seja bem-vindo ao nosso Círculo de amor e de sabedoria!

O Escriba se aproxima da borda do portal segurando o Livro das Sombras e diz:

Senhora, eu sou aquele que mantém os registros de nosso povo, mantendo viva nossa memória e nossos rituais sagrados para as futuras gerações. Peço sua permissão para adentrar neste Círculo Sagrado e reverenciar aqueles que são mais antigos que a vida.

A Sacerdotisa traça um Pentagrama Invocante sobre ele e diz:

Seja bem-vindo ao nosso Círculo de amor e de sabedoria!

O Portador da Saca se aproxima da borda do Círculo, segurando sua saca e diz:

Senhora, eu sou aquele que arrecada as contribuições de nosso povo para que os rituais aos Antigos sejam celebrados com fartura e abundância. Peço sua permissão para adentrar neste Círculo Sagrado e reverenciar aqueles que são mais antigos que a vida.

A Sacerdotisa traça um Pentagrama Invocante sobre ele e diz:

Seja bem-vindo ao nosso Círculo de amor e de sabedoria!

O Bardo se aproxima da borda do Círculo, segurando sua harpa ou outro símbolo escolhido pelo Coven e diz:

Senhora, minha é a função de cantar e tocar aos Deuses e homens para que haja música e alegria em nossos rituais. Peço sua permissão para adentrar neste Círculo Sagrado e reverenciar aqueles que são mais antigos que a vida.

A Sacerdotisa traça um Pentagrama Invocante sobre ele e diz:

Seja bem-vindo ao nosso Círculo de amor e de sabedoria!

O Guardião se aproxima da borda do portal, segurando o caldeirão em suas mãos e diz:

Senhora, eu sou aquele que guarda com reverência os Instrumentos sagrados de nosso Coven para cultuarmos os Antigos. Peço sua permissão para adentrar neste Círculo Sagrado e reverenciar aqueles que são mais antigos que a vida.

A Sacerdotisa traça um Pentagrama Invocante sobre ele e diz:

Seja bem-vindo ao nosso Círculo de amor e de sabedoria!

O Guardião coloca o Caldeirão no centro do Círculo e acende uma vela em seu interior.

O Mestre de... se aproxima da borda do portal portando o seu símbolo e diz:

Senhora, eu sou aquele que (declarar a função) para reverenciar a Deusa da vida e o seu Consorte. Peço sua permissão para adentrar neste Círculo Sagrado e reverenciar aqueles que são mais antigos que a vida.

A Sacerdotisa traça um Pentagrama Invocante sobre ele e diz:

Seja bem-vindo ao nosso Círculo de amor e de sabedoria!

A Sacerdotisa fecha o portal e reforça o Círculo Mágico, circulando por mais três vezes o athame ao redor do Círculo, como se o tivesse retraçando.

Os Senhores dos Quadrantes se direcionam aos seus respectivos pontos cardeais e inicia-se a invocação aos elementos a partir do Senhor do Norte:

Nós invocamos a Terra que gera e fertiliza, e pedimos que este Círculo Mágico seja preenchido com a energia da solidificação, crescimento e poder. Sejam bem-vindos!

Todos respondem:

Sejam bem-vindos.

O Senhor do Leste invoca o elemento Ar:

Nós invocamos o Ar que sopra sua doce brisa e pedimos que este Círculo Mágico seja preenchido com a energia da inspiração, do entendimento e da sabedoria. Sejam bem-vindos!

Todos respondem:

Sejam bem-vindos.

O Senhor do Sul invoca o Fogo em seu respectivo Quadrante:

Nós invocamos o Fogo que forja e constrói e pedimos que este Círculo Mágico seja preenchido com a energia da proteção, da força de vontade e do vigor. Sejam bem-vindos!

Todos respondem:

Sejam bem-vindos.

O Senhor do Oeste invoca a Água e diz:

Nós invocamos a Água que traz os fluxos e refluxos em nós e pedimos que este Círculo seja preenchido com a energia da fluidez, do amor e do equilíbrio. Sejam bem-vindos!

Todos respondem:

Sejam bem-vindos.

A Sacerdotisa dirige-se à frente do Altar, assume a posição da Deusa e diz:

Grande Mãe, que existia antes de todas as coisas existirem.

Deusa que guia a vida de cada um de nós, presentes neste Círculo em reverência e amor.

Deusa, você que é a Lua, a Terra e tudo o que existe.

Luz da noite, as estrelas dançam com você através dos céus.

As sagradas plantas e os oceanos dançam com você na luz da noite.

Ensine a nós os mistérios da sua sagrada dança, para que estejamos sempre em harmonia com você.

Mãe do mistério, de onde toda vida provém,
Esteja conosco em nosso Círculo e testemunhe nosso rito.
Seja bem-vinda!

Todos respondem:

Seja bem-vinda.

O Sacerdote assume a posição do Deus e diz:

Deus, filho e consorte da Deusa Mãe.
Você que é o condutor da dança, o grão renascido
Vemos a sua face através do sol resplandecente de luz, vida e calor.
Você que é o filho e o consorte da Grande Mãe, o primeiro a quem ela
consagrou e amou.
Você que conduz a dança e é o Senhor das coisas verdes
Deus do Sol que dança conosco através dos giros da Roda
fazendo as flores desabrocharem e a natureza crescer
Esteja conosco em nosso Círculo e testemunhe nosso rito.
Seja bem-vindo!

Todos respondem:

Seja bem-vindo.

O ritual desenvolve-se, dando sequência à prática ritualística desejada. Ao final, todas as energias invocadas devem ser agradecidas e dispensadas, como é regra em qualquer ritual Wiccaniano.

Traçando o Círculo Mágico 3

Os demais Coveners aguardam do lado de fora do Círculo enquanto a Sacerdotisa e o Sacerdote iniciam o lançamento do Círculo.

A Sacerdotisa pega seu athame e, então, começando do Norte, anda três vezes no sentido horário ao redor do Círculo, sendo seguida pelo Sacerdote portando seu athame. Enquanto andam pelo Círculo, visualizam uma luz azul, dourada ou branca saindo pela ponta do athame e criando uma parede circular ou uma esfera ao seu redor. A Sacerdotisa diz:

> Eu traço este Círculo ao meu redor em nome da Deusa e do Deus. Que eu esteja entre os mundos e que este Círculo seja uma barreira inquebrantável contra todas as energias não desejadas ou contrárias às minhas intenções. Que nele nenhum mal entre, que dele nenhum mal saia. Que assim seja e que assim se faça.

A Sacerdotisa coloca o pires com sal sobre o seu pentáculo, insere seu athame no pires e diz:

> Abençoada seja criatura da Terra.

A Sacerdotisa coloca o cálice com água sobre o pentáculo, insere o seu athame na água e diz:

> Abençoada seja criatura da Água.

Ela coloca três pitadas de sal dentro da água e diz:

> Terra e Água juntas trazem suas bênçãos.

A Sacerdotisa anda ao redor do Círculo, respingando a água do cálice no perímetro do Círculo e dizendo:

> Ó! Círculo do Mistério,
> Pela Terra e pela Água eu o abençoo e purifico em nome da Deusa e do Deus.

Em seguida, o Sacerdote anda com o incensário ao redor do Círculo e diz:

> Eu abençoo e purifico este Círculo com o elemento Ar em nome da Deusa e do Deus.

O Sacerdote anda agora com uma das velas do Altar ao redor do Círculo e diz:

Em nome da Deusa e do Deus, que este Círculo seja abençoado e purificado com o elemento Fogo.

O Círculo está traçado e purificado pelos quatro elementos da natureza, que serão invocados mais adiante, para que tragam suas bênçãos ao ritual. Porém, antes é necessário admitir os outros integrantes do Círculo que aguardam do lado de fora.

A Sacerdotisa corta um portal no perímetro do Círculo a Leste, ou em outro ponto cardeal de acordo com a liturgia da Tradição, e admite cada Covener respingando algumas gotas da água do cálice sobre a pessoa e dando um beijo em cada face dizendo:

Bem-vindo ao nosso Círculo de amor e de paz!

Ao admitir todas as pessoas, o portal é fechado e selado.

Os Senhores dos Quadrantes ou outras pessoas que possam invocar os elementos se direcionam ao seu respectivo ponto cardeal e começam a invocação dos elementos a partir do Norte, traçando um Pentagrama Invocante no ar e dizendo:

Grande Espírito do Norte, Forças da Terra de todos os Poderes, Chamamos e invocamos vocês. Cervo selvagem, bisão, cobra rastejante e javali. Mãe das montanhas e das árvores, Senhora da Meia-noite, Mãe da Terra. Espírito verde e fértil da natureza. Espírito feminino e sagrado da energia telúrica, Doadora da vida.
Poderes da Terra! Enviem sua força. Estejam aqui conosco!
Por todo poder do três vezes o três, venham até nós!
Sejam bem-vindos!

A pessoa designada para invocar o Ar traça um Pentagrama Invocante no ar e diz:

Grande Espírito do Leste, Forças do Ar de todos os Poderes. Chamamos e invocamos vocês. Águia dourada, falcão, pássaro celeste e condor. Mensageiros vivazes, brisa da manhã. Ser dourado que sussurra. Espírito que traz o frescor.

Espírito feminino sagrado da energia aérea, Sopro de vida.
Poderes do Ar! Enviem sua luz. Estejam aqui conosco!
Por todo poder do três vezes o três, venham até nós!
Sejam bem-vindos!

O invocador do Fogo, direcionado ao Sul, traça um Pentagrama Invocante no ar com o seu athame e diz:

Grande Espírito do Sul, Força do Fogo de todos os Poderes. Chamamos e invocamos vocês. Dragão vermelho, leão, cavalo veloz e serpente. Fagulha de Luz, Flor do deserto, Chama que canta e reluz. Espírito ardente que aquece e ilumina. Espírito feminino sagrado da energia ígnea, Virgem do fogo, bela e formosa, Ardor de vida.
Poderes do Fogo!
Enviem sua chama. Estejam aqui conosco
Por todo poder do três vezes o três, venham até nós!
Sejam bem-vindos!

O senhor do Oeste ou outra pessoa designada para invocação da Água no ritual, eleva o seu athame e traça um Pentagrama Invocante no ar enquanto diz:

Grande Espírito do Oeste, Forças da Água de todos os poderes. Chamamos e invocamos vocês. Garça de prata, peixe veloz, cisne flutuante e foca. Rio, cachoeira, mar, ondas, corredeiras, oceano do qual viemos, Príncipe Guerreiro do Crepúsculo de Outono, Senhora do pôr do sol. Espírito que sacia, Senhores da compreensão. Espírito Feminino sagrado da energia aquática, Anciã do mar, sábia e sem idade, Pulsar de vida.
Poderes da água! Enviem seu fluxo!
Por todo poder do três vezes o três, venham até nós!
Sejam bem-vindos!

Como sempre, o ritual prossegue e ao final o Círculo Mágico deve ser destraçado.

Ainda sobre o Espaço Sagrado, você e seu grupo terão um ótimo espaço para a realização dos seus rituais se levarem em consideração a limpeza física e energética, a decoração e o lançamento do Círculo adequadamente.

Se vocês tiverem um local somente para essa finalidade será maravilhoso, pois poderão decorar a área de forma especial, colocando sinos dos ventos, tapetes de paredes com motivos Pagãos ou, até mesmo, como foi sugerido anteriormente, pintar as paredes com figuras da Deusa e de inúmeros Deuses. Se o espaço disponível permitir, poderão montar altares para os quatro Quadrantes ou para os seus Deuses de devoção.

O Fogo perpétuo era o principal objeto de culto dos antigos templos de variadas culturas, pois representava a presença do Espírito da Divindade. Vocês podem deixar um fogo perpétuo aceso para a Deusa preferida do grupo. Isso pode ser feito facilmente com uma vela de 7 ou 21 dias.

Reúnam-se frequentemente para limpar este local, mantendo em ordem todos os objetos. Esse hábito deve ser nutrido por todos os Coveners, já que também é um ato mágico.

O Espaço Sagrado é o lugar no qual tocamos o nosso eu mais profundo, o centro do nosso ser, onde contatamos nossa essência mais verdadeira, quem somos na realidade. Nele, encontramos os Deuses, o mistério mais sagrado que nos torna únicos.

Desde tempos imemoráveis as pessoas têm construído santuários para contatar o divino, reservando pequenas áreas em suas casas, templos e até mesmo espaços abertos, e colocando algo especial nesses lugares como foco de sua conexão e para chamar sua atenção para a presença do sagrado em suas vidas.

Ao construirmos ou sacralizarmos um Espaço Sagrado, estamos nos conectando não só com o divino, mas também com os espíritos dos lugares onde fazemos isso. Não só as pessoas possuem uma personalidade, mas também os jardins, casas, florestas possuem uma alma. Exatamente por esse motivo nos sentimos profundamente atraídos a determinados lugares, enquanto sentimos uma profunda repulsa por outros.

Construir um Espaço Sagrado pode ser uma tarefa muito agradável, que deve ser realizada com criatividade, estilo, tradição, levando em consideração a cultura dos Deuses que cultuamos ou estamos trabalhando durante determinado ritual.

É importante, também, trabalhar em ressonância com o lugar no qual estamos construindo o Espaço Sagrado, respeitando a alma do local, buscando intuitivamente a melhor maneira de fazer isso. Experimente diferentes formas, ideias e projetos, tentando manter seu Espaço Sagrado o mais simples possível, removendo o que for desnecessário, percebendo se você e o local ficam felizes com o resultado final. O melhor Espaço Sagrado é aquele que agrada os olhos das pessoas que o constrói, celebra o coração da alma do local onde é construído e promove uma ponte de ligação entre ambos.

11

Preparando seu Coven para a Magia

ANTES DE QUALQUER RITUAL, a melhor coisa a fazer é preparar o grupo. Isso acontece porque cada Covener é o principal elemento na Magia. As principais ferramentas de um Coven são a mente e o corpo de cada membro do grupo, que é o que verdadeiramente faz a Magia acontecer.

Dessa forma, um fator extremamente importante é a limpeza ritual, chamada de *purificação antes de cada rito*.

Purificação

Toda prática ritualística Wiccaniana é precedida pela purificação.

A palavra purificação vem do latim *purificatione* que significa tornar puro, limpar, isentar.

Segundo a filosofia da Religião Wicca, somos todos divinos e plenos. O pecado não existe para nós, visto que nossa religião incentiva a responsabilidade sobre todas as coisas. O Dogma da Arte "Faça o que quiser, desde que não faça mal a nada nem a ninguém", não é uma desculpa para que façamos qualquer coisa sem nos preocuparmos com as consequências, mas, sim, para que nossa liberdade seja exercida com responsabilidade.

Sendo assim, o ato de se purificar antes de qualquer ritual não significa que sejamos impuros ou pecadores. A purificação é apenas uma prática mágica que vai nos preparar para o ritual que está por vir. Ela é utilizada para que todas as energias incompatíveis com o nosso ritual sejam neutralizadas e fiquem do lado de fora. Isso ocorre porque,

| 207 |

invariavelmente, trazemos energias completamente diferentes das que precisamos acessar para que o nosso ritual seja bem-sucedido. O trânsito que enfrentamos durante o dia, o estresse vivido com o nosso chefe no trabalho, a irritação da fila do banco, tudo isso deixa marcas em nosso campo áurico, e as emoções experienciadas acabam sendo armazenadas pelo nosso subconsciente e podem alterar decisivamente o resultado de um ritual.

A purificação serve para mandar uma mensagem ao nosso subconsciente de que algo importante vai ser iniciado e que é hora de dizermos adeus a tudo o que nos deixou tensos, inseguros, preocupados ou irritados durante o decorre do dia, ou as tensões que acumulamos por um período maior de tempo.

Desde a fumigação com cedro e sálvia dos nativos americanos, as purificações com sinos, água e incenso dos antigos egípcios ou os modernos incensos de vareta usados para limpeza, diferentes formas purificadoras foram usadas pelas religiões de inúmeras culturas primitivas.

A Wicca ainda preserva o ato da purificação como um momento mágico importante para que o equilíbrio e a paz estejam presentes durante todo o decorrer de um ritual.

Geralmente, as formas de purificação estão associadas a um ou mais elementos da natureza, Terra, Ar, Fogo e Água. Ter em mente o que tais elementos representam é imprescindível para que uma purificação seja realizada de forma correta. Não adianta nada simplesmente passarmos por uma purificação automaticamente, sem nos atermos ao verdadeiro significado daquilo que estamos fazendo e sem nos integrarmos às energias que estão sendo contatadas.

Como dito anteriormente, cada elemento da natureza está relacionado a uma energia específica e, quando utilizados, tais energias devem ser chamadas, conclamadas para que prestem o auxílio necessário.

A Terra está relacionada à força, ao poder, à concretização, à solidificação e à abundância. Quando o elemento Terra for utilizado em uma purificação, peça que tais atributos estejam presentes com você, auxiliando em seu processo de transformação.

O mesmo deve ser feito com os outros elementos da natureza.

O Ar representa inspiração, leveza, criatividade, inteligência, solução rápida do que deve ser resolvido.

O Fogo simboliza garra, coragem, vigor, dinamismo, força de vontade, capacidade de superar obstáculos e inimigos internos e externos.

A Água está associada à fluidez, ao amor, às emoções, ao equilíbrio e à fertilização.

Sempre que estiver usando um determinado elemento em sua purificação, tenha claramente em sua mente o que ele representa e pode trazer para você.

Cantar, tocar chocalho ou tambor durante um ritual de purificação é uma alternativa que pode enriquecer ainda mais sua conexão com as forças da natureza.

Absorva os conceitos e as diretrizes expostos nos exemplos de purificação que seguem e crie e recrie todos eles. A Wicca é uma religião extremamente individual, sendo assim, não existem regras que todos devem seguir. O seu toque pessoal é muito importante para que você e o seu Coven se sintam confortáveis com o que estarão fazendo.

As ideias de purificações dadas a seguir foram idealizadas para serem realizadas por um grupo. No entanto, o praticante solitário pode adaptá-las para a sua prática pessoal.

Quando a linguagem utilizada se referir à primeira pessoa do singular, significa que cada Covener deve realizar aquela ação individualmente. Sendo assim, após terminar a sua ação outro membro do grupo dá sequência ao processo, fazendo o que o primeiro fez, até que todos tenham feito a mesma coisa. Quando a linguagem utilizada for coletiva, representa a intenção de dar a esta obra um aspecto inclusivo, para que, ao lê-la, o leitor possa ter uma ideia da experiência da prática em grupo.

Quando você perceber que a ação for descrita para ser realizada por uma pessoa, ela geralmente será a Sacerdotisa ou o Sacerdote do Coven ou alguém escolhido para desempenhar aquele papel, se o seu grupo tiver hierarquia igualitária.

Purificação com os 4 elementos

MATERIAL NECESSÁRIO:

- Uma pedra
- Um incenso
- Uma vela vermelha
- Um cálice com água

Sobre o seu Altar, disponha a pedra ao Norte, o incenso à Leste, a vela vermelha ao Sul e o cálice com água ao Oeste.

Cada um dos elementos deve ser tocado individualmente para que o Covener sinta a sua energia. Conforme cada utensílio disposto for tocado, respire profundamente algumas vezes.

Cada Covener deve desempenhar as funções a seguir individual e sequencialmente, até que todos tenham se purificado.

Toque na pedra e peça poder, concretização, firmeza. Pense por alguns instantes no significado da palavra FORÇA. Passe lentamente a pedra ao redor do seu corpo enquanto sente seus poderes purificadores.

Sinta a fumaça do incenso e inale seu aroma. Peça inspiração e criatividade. Pense um pouco no significado da palavra CONHECIMENTO. Passe a fumaça do incenso ao redor do seu corpo e sinta a pureza desse elemento.

Sinta o calor da chama da vela. Peça vigor, força de vontade e garra. Medite sobre o significado da palavra CORAGEM. Pegue a vela e passe-a ao redor do seu corpo pedindo por purificação.

Toque na água contida no interior do cálice. Peça pelos dons da emoção e da fluidez. Reflita sobre o que significa a palavra AMOR. Respingue algumas gotas de água ao seu redor para que a purificação seja completada.

Respire profundamente algumas vezes e deixe todos os pensamentos dissonantes irem embora. Se você perceber que algum pensamento ou imagem persiste em sua mente, preste atenção por alguns instantes e deixe-o ir. Faça isso até sentir que você atingiu um estado de paz mental e emocional.

Quando terminar, deixe que outro Covener repita o que você fez e assim a purificação seguirá até que todos tenham passado por ela.

Purificação com sino, água e incenso

MATERIAL NECESSÁRIO

- Um sino
- Um pote de cerâmica com água
- Um ou mais incensos de olíbano
- Disponha todos os elementos sobre o seu Altar

Peça que o Covener se volte para o Altar e reflita quais sentimentos, emoções e pensamentos o incomodam. Passe a fumaça do incenso ao redor do corpo dele dizendo:

Seja liberto de tudo o que o aprisiona. Eu o purifico em nome sagrado da Deusa e do Deus.

Respingue a água ao redor do corpo do Covener procedendo da mesma maneira. Agora toque o sino algumas vezes ao redor do corpo dele, alertando-o para que sinta a vibração do som promover uma grande purificação em sua mente e em seu espírito.

A cada badalada de sino diga:

Que a paz, a liberdade, o equilíbrio e a coragem sejam atraídos para a sua vida.

Peça ao Covener que comece a verbalizar o que deseja atrair. Continue badalando o sino até que ele tenha nomeado todas as coisas que deseja.

Quando ele tiver proferido completamente as suas intenções, toque mais algumas vezes o sino, alertando-o para que sinta o som das badaladas vibrarem em seu interior até se sentir harmonizado e equilibrado.

Quando todos os membros do Coven tiverem passado pela purificação, você deve se autopurificar da mesma maneira.

Purificação com água e sal

Essa purificação é ideal para ser feita por um grupo, mas pode ser facilmente adaptada pelo praticante Solitário.

MATERIAL NECESSÁRIO:

- Uma vasilha grande com água
- Um pote com sal

Coloquem a vasilha com água no chão. Todos os Coveners devem fazer um grande Círculo ao redor dela.

Respirem profundamente algumas vezes.

A vasilha deve passar de mão em mão, enquanto cada Bruxo espalma sua mão de poder (a mão com a qual escreve) sobre a água e diz:

Abençoada seja criatura da Água.

Quando a vasilha de água tiver passado por todos, coloque-a no centro do Círculo formado por todas as pessoas.

Faça o mesmo com o pote de sal. Cada um diz então:

Abençoada seja criatura da Terra.

Todos colocam uma pitada de sal na vasilha com água enquanto mentalizam as coisas que desejam banir.

Depois que todos tiverem procedido dessa maneira, direcionem suas mãos para a água e comecem a proferir as tensões, medos, rancores que desejam liberar com frases como as que seguem:

Eu envio para a água as discussões que tive hoje...

Eu envio para a água meu autoboicote...

Eu envio para a água meus medos internos e externos...

a angústia...a depressão...

Deixe a energia fluir no Círculo de maneira que todas as pessoas profiram seus desejos de banimento e de purificação, um a um. Deixe todos verbalizarem aquilo que os aprisiona e a palavra passar pelo Círculo quantas vezes for necessário. Deixe a vez de cada pessoa se repetir sucessivamente até que tenham nomeado tudo o que não querem mais para a sua vida.

Quando isso tiver acontecido, todos colocam a mão de poder na água ao mesmo tempo e começam a respingá-la para cima, reproduzindo uma grandiosa chuva de energia. Enquanto fazem isso, pronunciem o que desejam atrair para a sua vida:

Amor... prosperidade... sucesso... saúde... o emprego ideal...

Sintam-se revigorados e purificados magicamente.

Se desejarem, cantem um cântico sagrado tradicional ou criado por vocês. O que segue é uma boa opção para esse ritual de limpeza:

Força da água
Toca e cura
Limpa, muda
Transforma.

Cantem enquanto dançam e sintam o frescor da água se espalhar por todo o seu ser. Repita o cântico várias vezes, até se sentirem tranquilos e em paz.

Harmonização

É muito raro nos encontrarmos num estado emocional em que os sentimentos de confusão, medo, incerteza e desequilíbrio não nos atingem.

Para que um Coven realmente sinta que sua prática em grupo está sendo positiva e enriquecedora, é necessário que todos os Coveners se sintam fortes, confiantes e tranquilos para os rituais. Isso nem sempre é possível, uma vez que cada pessoa vive uma diferente experiência de vida e passa por diferentes ciclos. Não é raro enfrentarmos situações difíceis no trabalho, no trânsito ou em família no decorrer do dia a dia, que nos posiciona em um padrão de energia distinto dos demais membros do grupo a cada encontro de Coven.

Depois que o Círculo Mágico é traçado, para que o ritual seja efetivo, é necessário colocar todos os Coveners no mesmo padrão vibracional de energia. Harmonização é o nome dado para as práticas de visualização e de meditação realizadas depois do Círculo Mágico ser traçado, porém antes da Magia propriamente dita começar. A harmonização é capaz de fazer com que todos os Coveners se sintam um dentro do Círculo. Essas meditações também possibilitam a nossa conexão com os elementos e com os Deuses que residem nada mais nada menos do que em nosso interior. Quando conseguimos atingir essa essência sagrada nos centramos, e assim, todo o poder e equilíbrio agem conjuntamente, possibilitando que a energia flua e reflua através de nós.

As meditações a seguir podem ser lidas ou memorizadas pelo líder do grupo que deve guiá-las, falando-as pausadamente e em bom tom para que todos possam compreendê-las e realizá-las com o olho da mente, que é simplesmente a nossa imaginação. O toque de um chocalho, tambor ou uma suave música de fundo são altamente recomendados para todas as práticas meditativas.

Sintam-se à vontade para dar seu toque de personalidade nessas formas de harmonização, alterando, mudando e inserindo o que achar importante para que a conexão seja estabelecida de forma profunda.

Harmonização com a Terra

Sente-se no chão, feche seus olhos e concentre-se. Relaxe por alguns instantes e respire profundamente algumas vezes. Enquanto respira, sinta seu sangue correndo em suas veias, indo em direção ao seu coração e se espalhando para o seu corpo novamente. Permaneça nesse estado meditativo até se sentir mais calmo, mais tranquilo.

Toque no solo com sua mão de poder e peça que a Terra compartilhe com você os conhecimentos que esqueceu. Respire profundamente mais algumas vezes e então leve a mesma mão ao seu coração. Sinta as batidas fortes no seu peito.

Sinta que a cada batida do seu coração você se torna mais conectado com a Terra. Perceba que raízes surgem a partir de seus pés e que a cada batida elas se fundem com a Terra, indo em direção ao centro do mundo. Deixe as raízes se aprofundarem no solo, entrando cada vez mais fundo. Perceba que o seu tronco vai assumindo a forma de um tronco de árvore e que sua cabeça se torna o topo dela. Respire e sinta-se como se fosse a própria árvore. Tente pensar, imaginar e agir como se você fosse uma árvore. Sinta a sua forma, a memória da Mãe Terra. Veja a água subindo pelas raízes da árvore, alimentando-a. Sinta o Sol acima de você, iluminando os galhos e as folhas da árvore. O que você sente? O que imagina? Como agiria se fosse uma árvore? Quais sentimentos e lembranças vêm a sua mente neste momento?

Absorva mais e mais energia da Terra, até se sentir pleno de energia.

Quando isso acontecer, respire profundamente algumas vezes e retorne a sua consciência normal.

Harmonização com o Ar

Feche os olhos, respire profundamente algumas vezes. Ao fazer isso, é como se mandasse um recado para seu cérebro de que está tudo bem, que você se encontra relaxado.

Enquanto respira, comece a se mover lentamente, sentindo a leveza do Ar ao seu redor. Perceba que, ao se mover, novas brisas são formadas pelos movimentos do seu corpo.

Sinta como a conexão com o Ar o torna tranquilo, leve, inspirado.

Quanto mais entrar na meditação, observe que vai se tornando um com o próprio Ar e é capaz de voar por longas distâncias. Imagine-se voando sobre uma colina, por uma montanha ou por vales, conhecendo novos lugares jamais imaginados ou vistos pelos seus próprios olhos. Sinta-se voando pelo mundo, subindo cada vez mais, até que seja capaz de contemplar as estrelas, a Lua, o Sol de perto e ver o mundo lá embaixo, como uma pequena bola. Sinta que você pode circular a Terra num picar de olhos, pois é o próprio Ar.

Você é a brisa, o vento que sopra as folhas, o furacão.

Circule o mundo quantas vezes quiser, atravesse os ramos das árvores e, aos poucos, vá retornando até o lugar de onde começou sua viagem até o lugar onde está agora.

Respire profundamente algumas vezes, até que sua consciência volte ao normal.

Sinta as mudanças que o Ar lhe trouxe.

Harmonização com o Fogo

Acenda uma vela.

Relaxe por alguns instantes. Olhe fixamente para a chama da vela e sinta o poder do elemento Fogo.

Olhando para a chama da vela, sinta que aos poucos você se vê dentro da chama, sendo a própria chama. Siga a chama com sua mente, com sua alma. Agora você não é mais feito de carne e osso, você é a chama, você é o Fogo.

Perceba que agora está calmo, tranquilo, mas ao mesmo tempo forte e vigoroso. Como o Fogo, você é capaz de realizar o impossível. Sinta que aos poucos vai se tornando mais confiante, mais vigoroso.

Faça alguma pergunta ao Fogo e permita que ele lhe responda. A mensagem pode vir por meio de uma sensação, de uma frase, de palavras ou imagens.

Quando sentir que está plenamente compenetrado em sua meditação, retorne sua consciência ao normal. Agradeça o auxílio do Fogo e respire algumas vezes para retornar ao estado que estava antes de iniciar a harmonização.

Harmonização com a Água

Feche os olhos e respire algumas vezes, deixando todo pensamento perturbador passar.

Aos poucos, visualize com o olho da mente um lago, o mar, uma cachoeira ou um rio.

Olhe para dentro da Água. Toque a Água com a sua mão. Sinta-a tocando sua pele, perceba o seu frescor, o seu poder restaurador e renovador.

Peça à Água para compartilhar com você sua sabedoria, o poder de curar, de limpar. Flua e reflua com a Água. Perceba que você começa a se sentir a própria Água. Sinta como você flui e toca a terra, a areia, a praia. Ouça o som que você faz enquanto flui. Veja o Sol brilhando acima de você e sendo refletido. Você está em movimento. Sinta-se espalhando pela Terra.

Deixe a Água lhe trazer informações e conhecimentos. Deixe que ela leve embora todo mal, todo medo e toda tristeza.

Aos poucos, retorne à sua consciência normal, respirando algumas vezes. Agradeça à Água pelo poder compartilhado e abra os olhos.

Harmonização com os quatro elementos I

Volte-se para o seu Norte interno, onde residem as energias da Terra, a força da concretização e a sabedoria. Pense nos atributos da Terra e ao que ela o remete. Volte suas mãos espalmadas para a Terra e diga:

Terra, traga-me o seu poder e sua força!

Sinta a terra firme abaixo dos seus pés e o poder da sustentação que mantém todos os seres ligados a este plano.

Volte-se para o seu Leste interno, onde estão os poderes do Ar, a inspiração, a leveza, a força da mente. Pense um pouco no que o Ar significa para você e ao que ele o remete. Eleve suas mãos aos céus, sentindo a energia do ar e diga:

Ar, luz inspiradora, sopro que dá vida. Abençoado seja!

Volte-se para o seu Sul interno, onde residem os poderes do Fogo, a garra, a coragem e a proteção. Pense um pouco no que o Fogo representa para você e ao que ele o remete. Feche suas mãos em punho, conecte-se com os poderes do Fogo e diga:

Fogo, ensine-me sua coragem, seu poder, seu vigor!

Volte-se para o seu Oeste interno, onde residem os poderes da Água, responsáveis pelos dons da emoção, do amor e do equilíbrio. Reflita sobre os atributos da Água e no que eles representam para você. Estenda os seus braços à sua frente horizontalmente e diga:

Água que limpa e gera, mostre-me como fluir e refluir através de você!

Continue refletindo sobre os elementos e abra-se para os ensinamentos de cada um deles. Você pode visualizar um símbolo, uma palavra pode aparecer em sua mente ou algo diferente pode acontecer. Isso quase sempre representa um sinal, uma mensagem enviada dos Deuses.

Os Coveners poderão anotar suas experiências em seus Livros das Sombras, já que sempre que fazemos uma conexão com um elemento nós nos abrimos para que a Deusa, os Deuses e o próprio Universo se comuniquem conosco. Essa comunicação nos dá acesso a conhecimentos jamais imaginados. Você e os membros do seu Coven devem sempre estar abertos para essa comunicação, que trará crescimento e conexão com o Sagrado.

Harmonização com os 4 elementos II

Respire algumas vezes e relaxe seu corpo e sua mente. Como sempre, inicie a harmonização com o elemento Terra.

Visualize na natureza paisagens relacionadas a esse elemento: rochas, montanhas, campos, pedras, bosques, florestas, bosques, plantações, picos, vales, etc.

Veja o maior número possível de paisagens e perceba aquela que mais chama sua atenção. Identifique nessa paisagem algo relacionado à Terra que faça a diferença. Depois disso, assuma a mesma postura deste objeto. Se for uma árvore, assuma a postura que a lembra, estendendo suas mãos aos céus como se fossem galhos; se for uma rocha, fique no chão na mesma posição, e assim por diante.

Ao fazer isso, pense e sinta como se estivesse nessa paisagem. Fique nesse estado contemplativo por algum tempo.

Comece a se harmonizar com o elemento Ar agora. Visualize as paisagens da natureza relacionadas a esse elemento: nuvens, furacões, folhas sendo levadas ao vento, a brisa, o vento balançando as árvores, etc. Identifique uma paisagem na natureza que lhe chame a atenção e faça gestos ou assuma uma posição o mais parecido possível com o que você escolheu. Aqui você pode mexer os braços, assobiar, soprar, correr, enfim, utilizar ações que farão você se sentir o mais próximo possível com a cena escolhida. Sinta-se à vontade para enriquecer sua conexão usando a criatividade.

Volte-se ao Fogo agora. Visualize esse elemento na natureza. O sol, a lava do vulcão, a luminosidade do dia, o fogo da fogueira. Preste atenção a uma paisagem que mais o chamar. Após identificar algo que chame sua atenção, assuma a mesma posição do objeto, sentindo-se como o elemento da cena. Se quiser, dance como a chama do Fogo, faça movimentos com as mãos, como se estivesse espalhando a lava do vulcão, etc. Conecte-se com a energia ígnea, com os poderes do Fogo e sinta-se preenchido por essa força. Permaneça se conectando até sentir que está pronto para seguir em direção ao próximo passo.

Agora é hora de se conectar com a Água, a energia fertilizadora da vida. Visualize o elemento Água na natureza: rios, lagos, cachoeiras, mar, nascentes e poços. Olhe a paisagem vista em sua mente e escolha algo na cena. Flua com a Água se imaginando como um rio, como as ondas do mar, como o fluxo da cachoeira. Você pode desejar produzir sons que lembram a Água.

Permaneça nesse estado o quanto quiser, até se sentir mais calmo e tranquilo.

12

Treinando seu Coven para praticar Magia

Equilíbrio, Momento, Desejo, Imagem e Direção

Se você formou um Coven é porque deseja praticar Magia em grupo. Sendo assim, os Coveners devem conhecer como a Magia opera. Esta parte do livro destina-se a suprir essa informação para que os membros de seu grupo conheçam de maneira abrangente as Leis da Magia por meio dos conhecimentos aqui compartilhados. Neste capítulo, falaremos sobre as informações básicas e intermediárias que os Coveners precisam saber e entender para praticarem Magia.

A prática Mágica é algo que acontece com regularidade dentro dos Covens, uma vez que os Coveners se voltarão ao seu grupo para solucionarem os problemas de algum familiar, amigo ou os seus próprios. É no Coven que os membros do grupo vão procurar por fortalecimento, cura, harmonia e soluções para suas aflições. Nesses casos, o grupo trabalhará junto para auxiliar o seu irmão de Coven.

A primeira coisa que todos devem compreender é que se desejam alcançar um bom desenvolvimento como Bruxos, precisarão praticar exercícios e técnicas de controle da mente. Essas técnicas irão abrir os portais para que sejam capazes de criar e projetar a energia necessária para praticar a Magia.

A Magia tem sido usada por diferentes culturas e manifestações religiosas há milhares de anos. Magia é a Arte de direcionar e usar as forças psíquicas, extrassensoriais e nossa força de vontade, canalizando-as para um objetivo. Um Bruxo acredita que por meio de cânticos, danças, gestos e pensamentos positivos pode alterar eventos e ações para a realização de seu desejo.

A Magia não pode transformar sapos em príncipes, mas pode mudar nossa maneira de ver algo ou alguém. Resumidamente, poderíamos dizer que a Magia exerce muito mais efeito no operador, a pessoa que pratica a Magia, do que no alvo propriamente dito. A Magia é algo para ser trabalhada conjuntamente às ações mundanas. De nada adiantará a realização de um feitiço para o trabalho se não enviarmos currículos para as empresas de nosso interesse e nos dispusermos a fazer entrevistas quando solicitados.

Os rituais e feitiços em si não possuem poder nenhum, o que fará com que eles sejam poderosos é a energia individual ou em grupo colocada no intento desses atos mágicos. Isso só é possível com estados alterados de consciência, alcançados por meio de transe e práticas meditativas. O Estado alterado de consciência é a chave do poder mágico e pessoal.

Os feitiços são apenas uma parte do uso da Magia, que é muito mais abrangente. Se você já fez um chá para um familiar doente desejando melhoras, se desejou profundamente que o farol não fechasse para chegar rápido a algum lugar ou ansiou que alguém se levantasse no ônibus para você sentar, então já praticou Magia, que nada mais é que energia transferida, surgida pela vontade e que provoca mudanças.

Magia também envolve o uso de ervas mágicas, cores, aromas, meditações e visualizações. Cada Bruxo terá diferentes formas de praticar Magia, usando elementos extremamente pessoais ou aqueles que trabalham para ele.

É importante ter em mente que Magia não é algo supernatural. Nós temos o poder de elevar e criar energia em maior ou menor escala, e esse poder pode ser aperfeiçoado com exercícios. Na Magia, o velho ditado que diz "a prática faz a perfeição" é mais real que nunca. Quanto mais exercitarmos nossa mente e nossos poderes psíquicos por meio de práticas meditativas e visualizações, mais perfeitos nos tornaremos na arte de concentrar e direcionar poder. Nossos sentidos e nossos poderes mágicos são músculos que precisam ser exercitados a cada dia para não atrofiarem.

É importante termos em mente que, Magia, é a arte de efetuar mudanças por meio de nossa consciência e de nossos desejos. A Magia não reside em instrumentos mágicos, nem é algo relegado a uma casta de pessoas e também não produz efeitos especiais. Magia é algo natural e jamais quebra as leis da natureza, já que ela é o conhecimento compreensivo de tudo. Nós somos parte da natureza e, por isso, valendo-se de Magia, podemos nos reconectar com o Sagrado.

Nem todo mundo pratica Magia da mesma maneira. Existem vários sistemas mágicos. Poderíamos dizer que a Wicca usa basicamente a Magia natural, baseando-se na Terra e em suas manifestações para a prática operacional.

Um Bruxo acredita que o desejo de uma pessoa pode ser concentrado. Quando isso acontece, ele se transforma em uma energia que pode ser dirigida por nossa vontade aos Deuses, ao Universo ou a qualquer outro nome que desejarmos dar ao plano superior. Sendo assim, um ritual mágico cria um vórtice de energia que opera muito semelhante a uma torre de transmissão, que vai projetar a nossa vontade e nossos desejos por meio de imagens criadas por nossa mente para quem pode realizar nossas intenções: os Deuses.

Quando nosso desejo projetado chega ao mundo dos Deuses, as energias cósmicas são colocadas em movimento para que a nossa vontade se manifeste fisicamente.

Poderíamos dizer que existem cinco pontos importantes para a eficácia da Magia que se sustentam na figura do Pentagrama:

Equilíbrio

Nunca devemos realizar um feitiço ou praticar Magia levados pela emoção. Quando estamos emocionalmente envolvidos com algo, seja pelo entusiasmo seja pela raiva, não pensamos com clareza. Meditar antes de praticar magia é importantíssimo. Refletir sobre todos os prós e contras de uma situação antes de lançar um Círculo Mágico para mudá-la é vital. A Magia só deve ser usada quando todos os recursos humanos possíveis para resolver a situação se esgotaram.

Momento

Esse fator está relacionado à crença de que existe um tempo certo para todas as coisas. Certas fases da Lua são favoráveis para algumas práticas e desfavoráveis para outras. Determinadas estações e horas do dia são apropriadas para cura, enquanto outras são destinadas à saúde, prosperidade ou amor. A Magia trabalha sob a fundamentação de que semelhante atrai semelhante. Por isso é importante trabalhar magicamente nos momentos mais favoráveis e associados à meta que se deseja alcançar.

Desejo

O desejo é a emoção que nos motiva a realizar um ato mágico. A concentração no desejo gera energia. Saber desejar é muito importante, pois, invariavelmente, teremos aquilo que desejamos, porém nem sempre como gostaríamos. Portanto, formular o desejo de maneira apropriada, sem que haja possibilidades de outras interpretações se não aquela que queremos, é imprescindível.

Imagem

A magia segue o pensamento. Sendo assim, as imagens criadas por nossa mente caminham pela nossa imaginação despertando o poder necessário que deve ser focado e direcionado no momento certo para produzir mudanças sob a vontade.

Direção

Toda imagem criada por nossa mente e pela nossa imaginação, os desejos e as intenções que temos, devem ser direcionados em algum momento da prática mágica. Nosso desejo concentrado, que cria energia, é dirigido mentalmente a uma pessoa, lugar ou situação para provocar mudanças. Essa energia geralmente se transforma durante o processo e passa a ser visualizada como uma luz branca, azul, dourada ou prateada, que chega até a cena do nosso desejo imaginado em nossa mente simultaneamente.

$$\text{)O(}$$

Magia é a habilidade de elevar e direcionar energia que pode ser usada para qualquer finalidade. Energia é apenas energia, ela não é boa nem má. São as intenções do operador que canalizaram a energia para uma ou outra finalidade. Um Coven Wiccaniano jamais pratica Magia negativa, pois as diretrizes da Wicca asseguram que toda intenção mágica deve ser positiva, levando em consideração o Dogma da Arte que diz "Faça o que quiser, desde que não prejudique nada nem ninguém" e a Lei Tríplice "Tudo que fizermos retornará a nós triplicadamente". Cada Covener deve levar isso em consideração quando estiverem realizando um ato Mágico em conjunto no Coven. Sendo assim, o objetivo de um grupo deve ser o desenvolvimento de suas habilidades mágicas e a prática da Magia para propósitos positivos e benéficos apenas.

É bom ter em mente que Magia nem sempre funciona. Muitas vezes ela não atinge o seu objetivo, provoca acontecimentos inesperados ou não consegue transpor os obstáculos e vencer as forças opostas existentes contra um desejo. Por isso, devemos colocar toda a nossa energia e nossos esforços pessoais num rito mágico, para, assim, obtermos resultados favoráveis e ultrapassarmos essas barreiras com facilidade.

Existem várias técnicas diferentes de uso da Magia. Elas vão desde a realização de feitiços envolvendo o uso de ervas e de pedras até a visualizações ou construção de escudos mágicos. Obter bons resultados nem sempre é fácil, uma vez que nossa mente racional foi treinada a não acreditar em Magia. Quando um Bruxo passa a aceitar que existe muito mais no Universo do que aquilo que podemos ver ou entender racionalmente, e que nossa própria realidade se eleva mediante aquilo que cremos, a prática da Magia passa a ser mais fácil.

Leis da Magia

Magia é uma força natural disponível a todos os seres que obedece a algumas leis. Se o seu Coven seguir estas leis, pensando no que deseja atingir, respeitando o Dogma da Arte e a Lei Tríplice, haverá inúmeras formas para praticá-la de maneira eficaz e saudável.

Estas leis variam de Tradição para Tradição, mas poderíamos classificá-las basicamente em:

LEI DO CONHECIMENTO

Refere-se ao conhecimento abrangente daquilo que se deseja atingir com a Magia, a transformação de nós mesmos e do mundo ao nosso redor, mudando o universo interior. Quanto mais você e os Coveners conhecerem a si próprios e àquilo que desejam atingir, mais a Magia trabalhará e se manifestará plenamente.

LEI DA TRANSMUTAÇÃO

Nossa vontade dá a possibilidade de nos tornarmos o que quisermos e buscarmos interação e unidade com aquilo que quisermos. Pela força de nosso desejo e da nossa imaginação, podemos experienciar a sensação de sermos animais, pedras, árvores, os elementos e transmutarmos nossas consciências e nos tornarmos unos com elas.

LEI DO CONTÁGIO

Tudo o que entra em contato com alguma coisa está ligado magicamente àquilo continuamente. Um papel escrito por um amigo carrega sua energia; uma pedra retirada de uma cachoeira está ligada a ela para sempre e, assim, sucessivamente. Quando precisamos acessar algo ou alguém por meios mágicos, nos valemos da Lei do Contágio, buscando por algum objeto ou algo que tenha tido alguma relação durante certo período de tempo com aquilo que desejamos influenciar. Dessa maneira, conseguimos acessar sua essência.

Lei da Causa e Efeito

Teremos a retribuição justa daquilo que estamos trabalhando em Magia. A energia por nós enviada a nós retorna numa proporção intensificada. Sendo assim, poderíamos dizer que essa Lei se refere à Lei Tríplice. Ela também indica que todas as vezes em que estivermos sob as mesmas condições, realizando as mesmas ações, obteremos resultados similares.

Lei das Analogias

Existe um conjunto de simbolismos por nós utilizados na Magia como tabelas de cores, plantas, pedras e outros utensílios apropriados para alcançarmos determinados objetivos. Essa Lei também nos lembra que quando alguma coisa nos lembra outra, ela pode ser usada para propósitos mágicos quando não é possível nos valermos da Lei do Contágio. Para tabelas de correspondências consulte o Compêndio no final deste livro.

Lei das Infinitas Possibilidades

Indica que, quando mudarmos nossa perspectiva sobre algo, podemos mudar toda a nossa vida. Existem sempre três possibilidades, que nos levam a outras inúmeras, quando buscamos por mudanças. Sempre podemos fazer algo, não fazer ou fazer de maneira diferente. Se optarmos pela terceira alternativa, seremos levados às outras três possibilidades, que levarão a outras e, assim, sucessivamente. Essa Lei nos lembra que é sempre bom pensar se realmente devemos usar Magia ou se, simplesmente mudando nossa visão de mundo. Buscando por outras possibilidades, poderemos atingir os mesmos objetivos de maneiras diferentes.

Lei da Invocação

Essa lei assegura que existem forças dentro de nós, fora de nós, no Universo e ao nosso redor que podem ser acessadas e utilizadas a nosso favor. É necessário conhecermos os Deuses e as energias acessadas por nosso Coven e pela nossa Tradição para sabermos quais são os melhores momentos e os lugares apropriados para essas energias serem convocadas e direcionadas por nossa vontade para metas específicas.

Lei do Livre-Arbítrio

Essa Lei está ligada diretamente ao Dogma da Arte e nos adverte para que não devemos interferir no Livre-arbítrio alheio. As pessoas devem ser livres para escolherem aquilo que desejam para suas vidas e não devem, em nenhuma hipótese, serem forçadas a fazerem a escolha que queremos que elas façam. Sendo assim, Magia usada para manipular é nociva e deve ser evitada.

Lei da Imanência

Tudo está ligado, como uma teia, com seus fios interconectados. O que é feito com Magia reflete em nosso mundo e no mundo ao nosso redor. Por isso você e o seu Coven devem ser conscientes, respeitando a Lei do Livre-arbítrio. Magia deve ser usada para mudanças positivas.

As habilidades mágicas que um covener precisa possuir

Todos os membros do Coven precisam conhecer técnicas de canalizar e direcionar energia que serão de grande valia na realização de um ritual ou de um feitiço durante as reuniões do grupo. Vamos conhecer as habilidades mais importantes a serem treinadas e desenvolvidas pelos Coveners em geral. Vários exercícios e visualizações serão mostrados mais adiante. Seu Coven pode se reunir periodicamente para a realização destes exercícios que auxiliarão os Coveners a desenvolverem seus dons psíquicos e extrassensoriais. Geralmente, a meditação é lida ou memorizada pela Sacerdotisa do Coven, que a profere enquanto os Coveners visualizam o que é dito com os olhos da mente.

Relaxamento

Nenhuma prática mágica ritual será bem-sucedida com uma mente conturbada e cheia de preocupações. Será também muito difícil atingirmos elevados níveis de energia com um corpo exausto pela correria do dia a dia. Relaxar é um fator primordial para que a Magia aconteça.

Centramento

É uma habilidade muito importante. Sem ela não conseguimos ver em nossa mente, de forma clara e objetiva, nosso propósito ritual. Os Coveners precisarão parar por alguns instantes antes de um ritual ou de um feitiço, acalmarem sua mente e definirem os propósitos do rito. Isso simboliza equilíbrio e certeza do seu desejo.

Transe

Não devemos confundir a aplicação do termo transe na Wicca com o seu entendimento em outras formas de religião. Para nós, a palavra transe se refere apenas à capacidade de entrar num estado alterado de consciência lucidamente. Dele podemos entrar e sair quando desejarmos. O transe para nós não é compreendido como possessão, ele altera nossa percepção e nossos sentidos, colocando-nos no estado ideal para a realização da Magia. Quando utilizamos exercícios e meditações para que nossa mente ingresse num estado de transe, estamos fazendo com que o nosso Eu Mundano dê lugar ao Eu Mágico. Assim, não mais falamos, pensamos e sentimos como fazemos diariamente no trabalho, na escola ou numa conversa informal. Entrar em transe significa mandar uma mensagem ao nosso cérebro para que ele coloque em ação outra parte de nosso ser, aquela mais apropriada para a Magia que vai compreender e operar por meio da linguagem simbólica, assimilando e projetando os símbolos por trás dos rituais. Velas, cores, ervas, instrumentos são meros símbolos capazes de estabelecer comunicação com o Universo que compreende somente a linguagem simbólica. Entrar em transe nos dá a possibilidade de acessar o nosso Eu Mágico que compreende e se expressa pelo simbolismo.

Visualização e Controle da Mente

É a capacidade de visualizar as imagens da Deusa, do Deus, dos Espíritos dos Elementos, dos símbolos e de todas as energias invocadas no ritual. Não basta apenas invocar as energias, para que elas se façam presentes, é preciso visualizá-las.

Essa habilidade também está relacionada à necessidade de visualizarmos o objetivo em nossa mente durante as práticas mágicas. Quando realizamos um ritual ou um feitiço, precisamos trabalhar com a visualização criativa, ou seja, formarmos na mente as imagens daquilo que queremos manifestar fisicamente, como se o nosso desejo estivesse acontecendo naquele momento. Assim como uma criança acredita que uma cadeira é ocupada por um amigo imaginário quando ela brinca de casinha, ou que ela pode transformar seu pequeno quarto numa grande loja onde pode comprar o que quiser, assim também precisamos reaprender a usar nossa mente como fazíamos quando criança, acreditando que nosso Círculo está repleto de forças poderosas e que nosso bastão realmente é mágico e pode transformar em ouro tudo o que ele tocar.

Com nossa mente cheia de preocupações, geralmente é difícil controlá-la e fazê-la obedecer à nossa vontade. Exatamente por isso é necessário a realização de exercícios diversos que treinarão nossa mente para que ela visualize o que queremos, quando e da maneira que desejarmos.

Concentração

Concentrar se refere à capacidade de direcionar o nosso pensamento a algo sem nos desconcentrarmos. Em algumas práticas rituais talvez seja necessário focar em uma imagem ou em um símbolo durante um determinado espaço de tempo, sem perder o foco. Um vislumbre de desconcentração pode pôr a perder todo o nosso esforço.

Sons

Durante os rituais precisamos produzir determinados sons, seja com nossos corpos seja com o de outros recursos, como chocalhos, sinos, tambores, por exemplo. A repetição ininterrupta de uma palavra-chave ou o cantar repetitivo de um cântico sagrado podem ser de grande ajuda para focarmos nosso desejo e direcionarmos nossa mente para uma única direção.

CRIAR ENERGIA

Talvez essa seja a habilidade mais importante. Podemos dizer que nossa concentração e nossa imaginação são os carros, e que a energia é o combustível para eles. Sem ela, não chegamos a lugar nenhum. De nada adiantará realizar um ritual cheio de nomes estranhos e de beleza estética se não soubermos como criar a energia para ser direcionada ao nosso desejo. A energia é criada com cânticos, com concentração e visualizações. Ela surge pela nossa vontade clara e objetiva, expressando-se por nossos corpos. Cada gesto, cada palavra, som ou movimento realizado dentro do Círculo gera energia. Nossos corpos são os motores que geram essa energia e nossa mente é a antena transmissora que a emite para o Universo em forma de vontade e de imagens, para que mudanças aconteçam.

DIRECIONAR ENERGIA

A energia criada por nossos corpos deve ser projetada, direcionada. Como exemplificado anteriormente, nosso corpo é o motor, nossa imaginação o combustível e nossa mente poderia ser classificada como a antena transmissora da energia criada. É a nossa mente que direciona a energia, por meio de imagens criadas em nossa imaginação, para que elas se manifestem no plano físico. Treinar nossa mente para saber direcionar essa energia criada é muito importante para que a Magia seja efetiva.

Os exercícios que seguem visam desenvolver em cada Covener as habilidades necessárias para praticar Magia.

Gastem algum tempo realizando-os periodicamente em grupo e individualmente. É altamente recomendável que um destes exercícios seja feito ao menos três vezes por semana, em dias alternados. O Coven pode, inclusive, desenvolver um programa de prática semanal, escolhendo sete dos exercícios demonstrados para serem realizados semanalmente.

Como sempre, a forma de realização dos exercícios pode ser memorizada ou lida pela Sacerdotisa ou por uma pessoa designada para guiá-los.

Exercícios para desenvolver as habilidades mágicas dos coveners

EXERCÍCIO DE RELAXAMENTO 1

Deite-se no chão, feche seus olhos e sinta seu corpo sob a terra. Se entregue, deixando seu corpo se encaixar na terra. Perceba que você pode sentir a energia da terra e que, mesmo o solo abaixo sendo puro concreto, você é capaz de sentir sua aura, abraçando-o, acariciando-o.

Relaxe seu pé direito. Depois o seu pé esquerdo.
Relaxe seu joelho direito. Depois seu joelho esquerdo.
Relaxe sua perna direita. Depois sua perna esquerda.
Relaxe seu abdome, seu tronco, seu peito e seu pescoço.
Relaxe boca, nariz, olhos e orelhas.
Relaxe seu couro cabeludo e sua cabeça.

Se for necessário, prenda e solte os seus músculos até se sentir relaxado. Faça o mesmo com cada parte de seu corpo.

Você agora não sente mais seus pés, pois eles não fazem mais parte de seu corpo.

E não sente mais seus joelhos,
pois eles não fazem parte de seu corpo.
Não sente mais suas pernas,
pois elas não fazem mais parte de seu corpo.
Não sente mais seu abdômen,
pois ele não faz mais parte de seu corpo.
Não sente mais seu tronco,
pois ele não faz mais parte de seu corpo.
Não sente mais seu peito,
pois ele não faz mais parte de seu corpo.
Não sente mais seu pescoço,
pois ele não faz mais parte de seu corpo.
Não sente mais boca, nariz, olhos e orelhas,
pois eles não fazem mais parte de seu corpo.

Não sente mais seu couro cabeludo,
pois ele não faz mais parte de seu corpo.
Não sente mais sua cabeça,
pois ela não faz mais parte de seu corpo.

Agora você é pura consciência. Só pensamento. Não existe mais fadiga, peso no corpo, dor. Sua presença agora é apenas mental. Você pode ser realmente como é; apenas consciência.

Permaneça nesse estado por alguns instantes e una-se à consciência da Deusa.

(Permaneça em silêncio por aproximadamente 3 minutos).

A experiência de união da nossa consciência com a da Deusa é única. Somente nesse estado podemos sentir que estamos completos, de encontro com a totalidade de nosso ser.

Sempre que precisar descansar o corpo, onde sua consciência habita, poderá voltar a esse estado.

No entanto, agora é hora da sua consciência habitar novamente o corpo com o qual ela escolheu trilhar o seu caminho na Terra.

Sinta sua cabeça.
Sinta seu couro cabeludo.
Sinta sua boca, nariz, olhos e orelhas.
Sinta seu pescoço.
Sinta seu tronco.
Sinta seu peito.
Sinta seu abdômen.
Sinta seu joelho esquerdo.
Sinta seu joelho direito.
Sinta sua perna esquerda.
Sinta sua perna direita.
Sinta seu pé esquerdo.
Sinta seu pé direito.
Sinta todo o seu corpo novamente e sua consciência habitando-o.

Você agora está relaxado e em paz consigo mesmo.
Respire profundamente algumas vezes e abra os olhos.

Exercício de Relaxamento 2

Respire profundamente algumas vezes.

Pense em tudo que o está aborrecendo, tudo o que o tem chateado, fazendo com que você não se sinta bem.

Deixe esses pensamentos se transformarem em emoções.

Deixe as emoções se transformarem em uma luz cinza percorrendo seu corpo e se alojando em seus pulmões.

Expire profundamente e deixe essa luz cinza sair de seus pulmões.

Inspire luz branca pelo seu nariz. Veja-a percorrendo todo seu corpo, indo em direção aos seus pulmões e expulsando o que ainda restou da luz cinza, que representa o que o está deixando infeliz.

Faça isso sucessivas vezes, até sentir que não existe mais luz cinza dentro de você.

Quando isso acontecer, continue respirando luz branca e armazene-a no interior do seu ser, até sua aura brilhar.

Quando sentir que se encontra equilibrado, chame pelo seu nome mágico três vezes e abra os olhos.

Exercício de relaxamento 3

Sente-se em uma posição confortável.

Feche os olhos e procure buscar pela paz mental.

Se alguma imagem vier a sua mente, preste atenção nela por alguns instantes e depois a dispense. Faça assim com todas as imagens que aparecerem em sua mente.

Respire profundamente pelo nariz e exale pela boca.

Continue fazendo isso, cada vez mais forte.

Respire profundamente pelo nariz e exale pela boca sucessivas vezes e, aos poucos, comece a pensar nas coisas que o têm perturbado nos últimos tempos.

Agora, ao exalar, solte um som de alívio como se estivesse se livrando de algo.

Aos poucos, deixe os seus pensamentos se transformarem em palavras e comece a nomear o que o insatisfaz, soltando essas palavras ao exalar. Solte uma palavra de cada vez, até que você tenha nomeado tudo o que o incomoda.

Volte sua respiração ao normal e perceba como se sente mais calmo.

Visualizando

Uma das primeiras coisas que um Covener deve aprender quando está desenvolvendo suas habilidades para praticar Magia, é o uso da mente para ver aquilo que não está fisicamente presente, controlando e mudando a forma vista ou imaginada. Um bruxo usa sua mente e sua imaginação para praticamente tudo, desde lançar um Círculo Mágico, visualizando-o ao seu redor, até imaginando seu desejo acontecendo enquanto um feitiço é realizado.

A mente de todos nós é contemplada com a habilidade de imaginar, em maior ou menor escala.

Visualize em sua mente um objeto qualquer.

Fixe sua mente nele, prestando atenção a todos os detalhes, formas e cores. Pense em outro objeto completamente diferente do que está imaginando e deixe o primeiro se transformar naquilo que você está vendo em sua tela mental agora. Prossiga assim até ser bem-sucedido e conseguir visualizar todos os objetos claramente, com riqueza de detalhes. Visualize no mínimo 15 objetos diferentes.

Escudos Mágicos

É o uso da energia pessoal para desviar influências negativas de uma pessoa, de um objeto ou de um lugar. Todas as pessoas que são capazes de sentir a energia ao seu redor precisam criar escudos de proteção para que suas próprias emoções não sejam influenciadas pela energia ou pelas emoções alheias.

A maneira mais eficaz para criar um campo de proteção ao seu redor é lançando um Círculo de luz em volta de você.

Não é raro um Coven passar por momentos em que é necessária a criação de um escudo de proteção coletivo. Isso pode acontecer por vários motivos: energia de rancor, raiva ou ódio enviada por um Covener que saiu do grupo por incompatibilidades; rituais de banimento; perigo iminente provindo de influências externas; inimigos mágicos e não mágicos, etc.

Quando isso acontece, o melhor a fazer é unir a energia de todos os membros do grupo para formar um escudo de proteção coletivo.

Antes de criarem o escudo, todos os membros devem passar por uma pequena purificação.

Sentem-se em seu círculo de maneira confortável e respirem profundamente sucessivas vezes.

Individualmente, mas ainda em grupo, cada um visualiza uma luz entrando pelo topo da sua cabeça e percorrendo todo seu corpo, iluminando o seu ser.

Deixe essa luz circular por dentro do seu corpo e sinta que ela expande seu campo áurico.

Com o olho de sua mente, preste atenção na aura das pessoas ao seu redor, que estão praticando a mesma visualização que você. Perceba como a aura delas brilha intensamente.

Continue assim por alguns instantes, prestando atenção em sua aura e na aura das pessoas ao seu redor. Não deixe de visualizar a luz entrando pelo centro de sua cabeça e percorrendo o seu ser.

Aos poucos, perceba que a sua aura vai se expandindo, assim como a aura dos demais Coveners. Perceba como elas começam a se unir, entrelaçando-se umas às outras, formando uma grande esfera de luz.

Sinta como o grupo encontra-se protegido e forte dentro dela. Veja que todas as energias nocivas não podem entrar nesse espaço sagrado.

Visualize essa esfera de luz que se formou ao redor de vocês por alguns instantes, até ela se fixar bem na sua mente.

Quando isso acontecer, respirem profundamente algumas vezes e abram os olhos.

Agora o Coven inteiro está protegido por um só escudo e cada um levará um pouco dessa proteção consigo para ser usada quando necessário.

Criando Energia

Criar energia é algo necessário para a maioria dos atos mágicos na Wicca, como fazer um trabalho de cura ou a emissão de desejos de paz e de harmonia para um lar em conflitos.

Existem maneiras diferentes disso acontecer, dançar, cantar, tocar chocalho, tencionar os músculos ou correr ao redor do Altar enquanto pensamos em nosso desejo como se ele estivesse acontecendo naquele momento, talvez seja as técnicas mais usadas entre Wiccanianos.

Se seu Coven precisa trabalhar um desejo, reúna-se com os Coveners e façam uma rima que expresse essa necessidade.

Cantem essa rima, começando lentamente e aumentando o ritmo paulatinamente até que a canção atinja o ápice e vocês possam liberá-la.

Se desejarem, dancem ao redor do altar enquanto cantam, aumentando o ritmo da dança conforme a melodia acelera também.

Quando o ápice chegar, é hora de liberar o poder.

Façam movimentos com as mãos, indicando a elevação de energia para o cosmos, ou caiam no chão de uma só vez, espalmando as mãos no solo e projetando a energia, visualizando-a como raízes no solo chegando até o seu desejo.

Ambas as formas de emissão de poder são efetivas na prática da Magia.

Projetando Energia

Uma vez que o poder foi gerado, ele precisar ser liberado. No exercício anterior, sobre a criação de energia, dá para se ter uma ideia do que é projetá-la.

Em linhas gerais, para projetar a energia você precisa senti-la, usando a arte da visualização, e liberá-la na hora em que suas emoções chegarem ao ápice. Parece fácil, mas não é e podem ser necessárias várias tentativas para que a energia seja elevada de forma eficaz e os Coveners tornem-se competentes nessa habilidade quando estiverem trabalhando como um grupo.

Uma boa forma de projetar energia pode ser como o exemplo que segue:

- Deem as mãos uns aos outros, formando um Círculo.
- Visualizem a energia criada pelo grupo como uma luz prateada brilhante. Percebam como ela os rodeia e flui e reflui pelo Círculo.
- Todos os Coveners neste momento devem estar projetando sua energia para o foco do ritual.
- Lentamente, de mãos dadas, vocês começam a circular no sentido horário, aumentando o ritmo cada vez mais. Visualizem a energia subindo aos céus, criando uma forma cônica no Círculo.
- Quando a energia atingir o ponto máximo, projetem a cena do propósito do ritual no meio do Círculo por meio de visualização. Veja o Cone subir, levando com ele a imagem projetada, como se fosse um redemoinho.

Aterrando

Aterrar é a habilidade de retornar mentalmente para o nosso campo físico depois que um ato mágico é realizado ou depois de qualquer exercício de visualização, de meditação ou de contemplação. Realizando Magia, podemos criar e elevar mais energia do que o necessário para a concretização de nossos intentos. Quando isso acontece, o excesso de energia gerado permanece conosco após a prática ritual, gerando tensão. As técnicas de aterramento, portanto, servem também para enviar esse acúmulo de poder para o centro da terra.

As técnicas de aterramento incluem visualizar a energia em excesso escoando para o centro da terra através de nossos pés e de nossas mãos. Outras técnicas incluem deitar com o umbigo encostado no chão e visualizar a energia sendo sugada pelo solo. Ou, ainda, encostar as duas mãos e a testa no solo enquanto sentimos a terra puxando o excesso de energia gerado como se fosse um imã. O ato de partilharem comida após a prática da magia também pode ser uma ótima técnica de aterramento. Vocês poderão ainda tomar um banho quente, abraçar uma árvore, segurar uma pedra enquanto sentem que ela puxa a energia em excesso ou andar com os pés descalços sobre a grama.

A seguir, encontra-se um exercício que pode ser feito pelo seu grupo após praticarem Magia, que é utilizado pela maioria dos Covens e Tradições:

- Sente-se por alguns instantes espalmando mãos e pés no chão.
- Veja as mãos e os pés descendo em direção ao centro da terra como se fossem raízes.
- Veja com o olho da sua mente toda a energia em excesso escoando para o centro da Terra.
- Façam isso até se sentirem mais calmos e retornarem ao estado energético e emocional que vocês se encontravam antes do ritual começar.

13

Um Templo Astral
e o Guardião para o Coven

MUITAS PESSOAS ACREDITAM que para realizar um ritual basta apenas traçarmos um Círculo ao redor, invocarmos os poderes dos elementos e que não existe nada além disso.

Na realidade, existem muito mais coisas por trás das práticas mágicas de um Coven, que transcendem aquilo que é feito em uma prática pessoal.

Um Coven não desenvolve só um programa de treinamento mágico para que novos membros sejam iniciados ou para uma prática devocional. A energia do Coven, muitas vezes, é usada para a proteção individual ou comunitária de seus membros, quando necessário. Muitos são os fatos da vida que nos levam a recorrer magicamente ao nosso Coven. A necessidade de uma cura, de escapar de algum perigo iminente e muitas vezes combater ataques mágicos de inconsequentes, que ficam usando as pessoas ao seu redor como cobaias para suas experiências mágicas, são só alguns dos fatores que nos levam a recorrer ao nosso Coven.

Não só pelos fatores descritos acima, mas por comportar várias pessoas, com emoções e energias distintas, há necessidade de que a fortaleza mágica de um Coven seja maior do que a do praticante solitário. Sendo assim, existem muitos elementos mágicos necessários para manter a integridade do grupo, bem como a proteção e a segurança de todos.

O Templo Astral do Coven

Todo Coven deve criar o seu Templo Astral para que seja um local de refúgio e de resgate de poder vital e mágico dos integrantes do grupo, quando necessário.

O Templo Astral é um local entre os mundos criado pela energia de todos componentes do Coven, e que está além dos limites da realidade humana e material. Ele é o reino mágico do grupo que, por meio de técnicas meditativas e de visualização, é criado pela luz astral. Luz astral é o nome que recebe a energia que forma as imagens com base no pensamento e que pode ser transmitida para o nosso mundo ou para reinos além do nosso, pela nossa vontade.

Portanto, o Templo Astral é uma forma de pensamento, ou seja, a energia dirigida mentalmente por meio de luz astral, um conceito canalizado pela nossa mente. O poder da forma de pensamento é tão forte que, quando muito antiga ou projetada por muitas pessoas, pode chegar até a se materializar no mundo físico.

É o local imaginário onde seus integrantes vão se encontrar muitas vezes com os Deuses e com os Poderes que reverenciam. Nesse local, é possível restabelecer o nosso poder mágico e físico, buscar por cura, por mensagens ou insights.

O Templo Astral é uma egrégora criada no mundo astral, e lá permanece até que seja ancorado no mundo material também através da luz astral.

Quando a Sacerdotisa do Coven traça o Círculo Mágico, ela está na realidade muitas vezes puxando o Templo Astral para a Terra pela força de sua vontade e da visualização, vendo-o ser acoplado ao local do ritual, com todos os seus detalhes, através do olho da mente. Sendo assim, o Coven não realiza o seu ritual num Círculo traçado em uma simples sala, mas, sim, dentro do reino que criaram no mundo astral para servir de pórtico para os Deuses. É por isso que dizemos que estamos "entre os mundos", já que ancoramos uma parcela do mundo astral no local onde realizamos nossos rituais, criando um portal de acesso ao Outromundo. Poderíamos dizer que o Templo Astral ainda está no Outromundo ao mesmo tempo em que estamos em Terra nele.

Dessa maneira, um membro do Coven que precisou viajar de última hora para o exterior na véspera do Sabbat, pode astralmente realizar o ritual com o seu Coven se souber acessar o Templo Astral. Ou seja, o Templo Astral pode ser acessado de qualquer lugar, a qualquer hora e em qualquer tempo.

Muitas reuniões do Coven podem ser feitas totalmente no Templo Astral, sem haver necessidade de se realizarem no mundo físico. Os Coveners precisam apenas projetar a sua mente para lá, viajando por entre os mundos, e então realizar o rito que acontece magicamente no templo astral, mas que é imaginado em nossa mente. No Templo Astral podemos fazer feitiços, um Ritual de Invocação aos Deuses e até mesmo muitos dos exercícios propostos durante o período de Treinamento Iniciático. Basta nos vermos dentro dele, realizando as ações como se estivéssemos realizando-as fisicamente. Não há limites para o pensamento e, por isso, não há limites para sua magia no Templo Astral. Você pode criar um bastão, um caldeirão ou um cálice perfeito num piscar de olhos, com uma vontade clara e objetiva e com o poder da visualização que manifesta a luz astral. Rituais mentais produzem os mesmos efeitos dos rituais reais, muitas vezes podem até alcançar objetivos que superam nossas expectativas, mas, para isso, é preciso muito treino e disciplina mental.

Acredita-se que tudo o que existe no mundo físico tenha um duplo no astral. Sendo assim, ao criar o Templo Astral podemos situá-lo em qualquer lugar que tenhamos em mente e que já visitamos ou temos o costume de ir. Isso inclui a praia ideal, o bosque preferido ou a montanha mais inacessível.

Muitos grupos preferem dar ao seu Templo a forma de um Círculo de pedra, outros uma antiga estrutura romana ou grega, enquanto alguns, ainda, preferem a forma de uma cabana no meio da floresta. Não importa a forma que dão a ele, o importante é que o Templo seja agradável e confortável e que nele vocês se sintam bem.

Geralmente são colocados Guardiões, na forma de animais, do lado de fora do Templo, que deverão ser instruídos para protegerem o local contra inimigos e intrusos que tentarem invadir a privacidade de seu Coven por quaisquer motivos. É comum também que ele contenha portais associados aos quatro elementos, que poderão levar o Coven a explorar os reinos dos elementos da natureza para a conquista de dons ou para realização de provas simplesmente entrando neles mentalmente. O Templo Astral também contém um altar com todos os aparatos mágicos necessários, símbolos, estátuas, etc. Lá também pode residir alguma Deusa que o Coven reverencie com mais frequência, ou altares para diferentes Divindades podem fazer parte da decoração do local.

É comum criar uma palavra ou um gesto que sirva de senha para abrir e fechar o Templo Astral. Isso assegura que outras pessoas que não tenham autorização de entrar no Templo sejam impedidas de fazerem isso se tentarem. O Templo Astral é uma das fortalezas do Coven, é uma das fontes que mantém a segurança de todos. Se ele for invadido ou danificado todo o grupo pode ser abalado, desestruturado e muitas vezes destruído.

O Templo Astral é mantido pela visualização, por isso é necessário visualizá-lo constantemente, alterando ou acrescentando algo que queiram, ou seja, necessário. Um Templo Astral que não é visitado com frequência evanesce e se dissolve no Mundo Astral, voltando a sua fonte original de energia.

Não só o Coven pode ter seu Templo Astral, como cada Covener, individualmente, ou cada praticante solitário também pode. A maneira de criar e o uso do Templo são os mesmos para ambos os casos.

A seguir é fornecida uma das muitas maneiras de criar um Templo Astral, idealizada para ser realizada por um grupo, mas pode ser adapta pelo Bruxo Solitário também.

Criando o Templo Astral do Coven

MATERIAL NECESSÁRIO:

- Tambor
- Chocalho
- Incensos
- Velas para iluminar o local

O Círculo Mágico deve ser traçado de maneira usual. Os Poderes dos Elementos, da Deusa e do Deus devem ser invocados.

Um dos Coveners deve tocar o tambor ritmicamente, enquanto outro toca o chocalho no mesmo compasso.

O tambor nos coloca num estado profundo de relaxamento e tem a virtude de fazer nossa mente viajar além dos mundos, e é chamado muitas vezes de "O Cavalo dos Xamãs", representando, assim, seu poder de nos levar por longas viagens e jornadas.

Respirem profundamente algumas vezes até se sentirem mais calmos e tranquilos.

Deixem todo pensamento intruso passar, até que entrem num estado profundo de relaxamento e consigam pensar unicamente no propósito desse ato sagrado.

Cada pessoa deve cantar o nome da Deusa que mais fale ao seu coração, fazendo com que a palavra entre em harmonia com as batidas do tambor.

Deixem o canto criar vida, sentindo a integração de todas as vozes. Percebam que o canto é capaz de gerar poder.

O Covener que toca o tambor vai aos poucos aumentando o ritmo, ao mesmo tempo em que os nomes das Deusas também vão sendo cantados na mesma frequência.

Sintam o poder gerado pelo cântico e percebam, com o olho da mente, que ele se manifesta no centro do Círculo como um ponto de luz que vai crescendo mais e mais, conforme o ritmo do tambor e o cântico for aumentando. Vejam o poder crescendo ao mesmo tempo em que o tambor passa a ser tocado mais rápido e as vozes acompanham o ritmo.

Deixem o cântico crescer mais e mais, até o nome da Deusa se tornar um único som. Não deixem de visualizar a energia, agora como uma grande bola de luz no centro do Círculo. Quando isso ocorrer, o Covener que toca o tambor deve parar.

Conforme entoam esse único som, vejam a bola de luz se elevando no centro do Círculo e flutuando, subindo em direção aos céus. Vejam a bola de luz voando e chegando ao local onde decidiram previamente que o Templo Astral seria instalado.

Percebam que o cântico vai aos poucos morrendo e então o tambor começa novamente a ser tocado, sendo acompanhado pelo chocalho.

Quando isso acontecer, visualizem a bola de luz explodindo nos céus e caindo como gotas de luz e formando as estruturas exteriores do Templo Astral. Visualizem-no sendo formado nos mínimos detalhes, que devem ter sido previamente definidos.

Nesse ponto, seria interessante cada membro dizer o que visualiza. Os Coveners devem se manifestar, informando aos outros como visualizam o Templo para que todos tenham em mente uma imagem o mais semelhante possível. Pode ser que algum Guardião se apresente espontaneamente. Se isso acontecer, preste bem atenção, pois o mundo astral tem várias armadilhas, e esse guardião pode ser, na realidade, algo que não seja benéfico, um inimigo astral ou mágico. Visualizem, portando, o athame, o bastão ou outro Instrumento Mágico que usam frequentemente e apontem em direção ao Guardião. Se ele permanecer é porque é amigo, se desaparecer instantaneamente é porque era alguma armadilha. Atentem-se aos Guardiões que se apresentarem em forma de animais que querem agredi-lo, ou a seres que exigirem algo em troca de poder. Seguramente não são Guardiões amigos.

Caso o Guardião seja amigo, agradeçam sua presença e abençoem-no.

Continuem visualizando as estruturas externas com o máximo de detalhes possíveis.

Se nenhum guardião aparecer espontaneamente, chamem por um ou mais e visualizem-no se instalando na frente ao Templo.

Após visualizarem o Templo do lado de fora, é hora de entrar e ver o que encontram dentro e instalar o que desejam em seu interior.

Quando entrarem, pode ser que encontrem o local vazio e tenham que colocar vários itens como altares, símbolos e outros objetos. Pode ser também que encontrem o local inteiramente decorado. É importante que todos verbalizem o que veem no interior do Templo, para que tenham uma visualização coesa.

Como foi feito com o Guardião, apontem com o seu Instrumento Mágico de poder para cada item encontrado no interior do Templo Astral, evitando, assim, alguma armadilha que lá possa estar ou com a qual tenham que se defrontar futuramente.

Visualizem o interior com todos os detalhes possíveis.

Deixem o Templo se tornar o mais vívido que puder em suas mentes. Permaneçam nesse processo quanto tempo for necessário.

Quando sentirem que a visualização atingiu o máximo de seu aproveitamento, é hora de sair do Templo e, do lado de fora, proferirem a palavra-chave ou traçarem no ar o símbolo que abrirá e fechará o

Templo Astral para que ninguém, a não ser quem conheça esses dados, consiga entrar.

Ao fazer isso, comecem então a voltar à sua consciência normal, respirando algumas vezes e tomando consciência de seu corpo.

Um Guardião para o Coven

Outro fator importantíssimo para a segurança de um Coven é a criação de um Guardião para proteger o grupo como um todo durante a realização dos rituais sagrados. O Guardião é nada mais nada menos que o famoso Familiar, tão falado nos compêndios de Magia, mas tão mal compreendido.

O conceito do Espírito Familiar está conectado com a Bruxaria há muito tempo. Desde tempos imemoráveis vemos a figura da Bruxa acompanhada por gato, cachorro, corvo, cobra e muitos outros animais. Na Idade Média, acreditava-se que qualquer pessoa que vivesse solitariamente com animais eram Bruxas ou Bruxos acompanhados por espíritos que os servissem. Com o passar do tempo, essas figuras passaram a ser consideradas espíritos infernais ou o próprio Diabo que tomavam a forma de um animal para acompanhar aqueles que servissem aos propósitos malignos. A histeria tomou tão grandes proporções, que uma simples velha acompanhada pelo seu gato de estimação era frequentemente acusada de praticar Bruxaria e condenada à fogueira.

Na realidade, esses velhos conceitos não passam de crendices utilizadas pelo cristianismo para denegrir a imagem das Bruxas e dos Bruxos que sempre estiveram intimamente ligados à natureza e sempre apreciaram a companhia de animais. Os Espíritos Familiares sempre foram apenas espíritos da natureza ou, muitas vezes, uma forma-pensamento que assumia a forma de um animal ou se aproximava de um que o Bruxo tivesse e que tinha a função de protegê-lo e de acompanhá-lo para afastar toda espécie de mal.

Até hoje utilizamos o conceito do Familiar em nossa prática mágica. Muitos são os nomes dados para ele e isso varia de Coven para Coven ou de Tradição para Tradição. Os mais comuns são Espírito Guardião, Familiar, Filho Mágico, Protetor, dentre outros.

O Familiar é um espírito criado pela vontade, pela energia e pela força vital de uma pessoa ou grupo mediante a Luz Astral. Seu processo de criação segue o mesmo padrão usado para o Templo Astral.

Ele será o Guardião de seu Coven e sua função é não só a de proteger o grupo, mas muitas vezes de veicular o poder que é criado durante o decorrer dos rituais e também direcioná-lo a uma função específica; muitas vezes ele é enviado para executar uma função num lugar em que não podemos ou não queremos estar.

Uma das principais funções do Familiar é permanecer do lado de fora do Círculo Mágico, protegendo e impedindo que as energias não desejadas ou incompatíveis se aproximem ou causem algum distúrbio durante os ritos. Em muitos rituais todo o poder mágico criado durante a cerimônia lhe é entregue para que ele libere a Magia e leve o poder para o local ou para a pessoa associados à realização da nossa vontade.

O Familiar é muitas vezes chamado de Filho Mágico, já que ele é criado e deve ser alimentado e instruído pelo seu criador ou, no caso de um Coven, pelo grupo ou pela Sacerdotisa/Sacerdote. Depois de ser criado ele deve ser ensinado em relação ao que fazer e como proceder quando solicitado seu auxílio.

Como o Familiar é um ser criado magicamente por visualização e desejo, devemos ser muito cautelosos quanto a sua forma, ao que desejamos que ele faça e como queremos que ele proceda. Ele vai agir de acordo com os desígnios de seu criador, mas como toda criação, se não for bem instruído pode se rebelar ou querer dominar aquele que o criou e aí os problemas podem começar a acontecer.

Nunca dê a um Guardião a forma que extrapole a que ele necessita, nunca lhe dê um temperamento que seja desnecessário à sua função. A regra de segurança é: mantenha simples o que deve ser simples e não forneça mais munição do que a necessária ao Guardião de vocês. Se o trabalho mágico do Coven se limita à cura e a realização dos desejos de seus membros, não há a necessidade de criar um Dragão de três cabeças que solte labaredas pela boca, mas, sim, um Guardião, com forma e temperamento simples, que realizará as funções solicitadas, sem precisar assustar.

Já vi muitos Bruxos se tornando vítimas dos seus grandes Dragões, Serpentes ou Cérberos fora de controle. Portanto, deixe a imaginação fértil ou a necessidade de supervalorização de lado quando o assunto é Magia. Nem sempre é fácil manter a ordem e colocar um Familiar descontrolado no seu devido lugar, quando dermos mais poder a ele do que o necessário para cumprir sua função. Poder em acúmulo gera tensão que vai precisar ser descarregada em algo ou em alguém. Se não agirem desta maneira, sua Criação vai querer usar a munição que lhe é fornecida de um jeito ou de outro, e a vítima pode acabar sendo vocês.

O Familiar está fortemente ligado ao mundo dos vivos e, por isso, ele precisa de vida para poder sobreviver e se alimentar. Ele deve sempre retirar poder de fontes de energia viva, como, por exemplo, uma fruta, a chama de uma vela ou um incenso. Jamais alimente seu Familiar com sangue, com fluidos do corpo ou com fontes humanas e de animais, sejam quais forem. Se não seguirmos essa regra de segurança, o Guardião pode se tornar indisciplinado e passar a usar a energia vital do sangue para poder sobreviver. Isso pode causar grandes transtornos e, com o tempo, ele vai precisar de mais e mais energia em prazos cada vez mais curtos, podendo vampirizar energeticamente seu criador e os Coveners e até causar a morte de animais domésticos ou mesmo de seres humanos, para se alimentar e conquistar mais poder. Mais uma vez alerto: mantenha sua criação simples e sob controle!

Criar um Guardião para o seu Coven é muito importante, pois quando fazemos magia nós nos abrimos para o Poder em suas variadas manifestações e nosso Círculo e o local do ritual se tornam um portal, um imã, que vai atrair todos os tipos de energias. Se não criarmos conscientemente um Guardião, seguramente alguma energia vai se aproximar de nosso grupo e "adotá-lo" para se alimentar energeticamente dos integrantes e da própria força mágica criada durante os rituais. Isso faz com que o grupo acabe por ser vampirizado por esse "cascão astral", que se apodera da energia de todos para se alimentar e se tornar mais e mais poderoso, até que domine o grupo como um todo. Quando isso acontece, não é raro ouvirmos casos de destruição, doenças ou animosidade se abatendo sobre os Covens.

Existem alguns fatores importantes que você e seu grupo devem se atentar quando criarem um Guardião. Veja a seguir um questionário que vai ajudá-los nessa tarefa:

248 | Coven - Rituais e Práticas de Wicca para Grupos

1. Quais características físicas você gostaria que o Guardião assumisse? Animal, humana, mítica ou um misto de todas elas?
2. Qual a idade aparente deste Guardião?
3. Quais as características emocionais do Guardião?
4. Do que o Guardião vai se alimentar para retirar sua energia vital? Fogo, água, incenso, frutas ou outra fonte de energia?
5. Seja cauteloso; não designe que ele se alimente de fluidos humanos ou da sua própria energia pessoal. O alimento do Guardião sempre deve ser o mesmo.
6. De quanto em quanto tempo o Guardião deve ser alimentado? A cada 15 dias, um mês, a cada Lua cheia, no final de cada ritual?
7. Seja disciplinado ao alimentar o Guardião do seu Coven, alimentando-o rigorosamente no prazo determinado. Caso contrário, ele precisará se alimentar de alguma forma e, geralmente, sua fonte de alimentação pode se tornar tanto você quanto os membros do Coven.
8. Qual será a moradia física de seu Guardião? Uma estátua, uma pedra, um símbolo?
9. Como gostaria que ele agisse em momentos de perigo do Coven ou de um de seus integrantes?
10. Como ele manterá a guarda dos rituais?
11. Quais outras funções ele exercerá?
12. Qual será o nome do Guardião?

Criando um Guardião para o Coven

Discutam todos os fatores expostos acima até definirem a forma, as características emocionais e a fonte de alimentação ideal para o seu Guardião.

Se houver alguma pessoa com dons artísticos dentro do Coven, seria interessante que o Guardião fosse retratado por uma pintura ou por um desenho, para que assim todos tivessem em mente a mesma forma, o que vai auxiliar no processo de visualização que será usado para criá-lo magicamente. Boas opções para a forma física do Guardião podem estar em livros e em enciclopédias mitológicas. Muitos grupos gostam de dar a seu Guardião uma forma animal que tenha a ver com os Deuses reverenciados pelo grupo. Assim, um grupo que tenha Morrigu como sua Deusa Madrinha pode dar a seu Guardião uma forma de corvo; aqueles que reverenciam Ártemis podem ter um cervo como seu Familiar; os Covens que cultuam principalmente Hécate podem ter um Guardião na forma de uma cadela negra, e por aí vai.

Utilizem o máximo de recursos e conhecimentos possíveis para a criação do Familiar. Estudem a mitologia dos Deuses mais celebrados em seu Coven para conhecerem os animais sagrados relacionados a eles. Estudem também, profundamente, a simbologia relativa aos animais para chegarem a uma forma ideal que supra as necessidades mágicas do grupo. Como dito anteriormente, mantenham a criação simples. Não criem uma bomba atômica se o que precisam é de apenas uma espada e um escudo para se defenderem.

Após terem refletido e discutido sobre todos esses fatores, é hora de criar magicamente o Guardião.

Para isso, vocês precisarão de:

- Tambor, chocalho, incenso.
- Velas, para iluminar o local, e uma vela vermelha.
- Objeto para servir de moradia para o Guardião.
- Fonte de alimentação para o Guardião.
- Um cálice com água e sal e um pote de sal para purificação.

O Círculo Mágico é traçado de forma normal. O objeto que servirá de moradia ao Guardião deve ser colocado no centro do Círculo Mágico.

A Sacerdotisa, o Sacerdote ou a pessoa que liderará o ritual traça um Pentagrama Evanescente sobre a moradia do Guardião com o seu athame, dizendo:

Eu elimino de você todo o mal e as energias incompatíveis aos nossos desejos. Que assim seja e que assim se faça!

A moradia do Guardião deve ser purificada com os quatro elementos, salpicando um pouco de sal sobre ele e dizendo:

Pela Terra, eu a purifico e limpo de todo mal para que sirva de moradia ao nosso Guardião.

Circule a moradia do Guardião com a fumaça do incenso e diga:

Pelo Ar, eu a purifico e limpo de toda energia negativa, soprando em você a energia da vida e da renovação para que seja como uma casa ao nosso Guardião.

Passe o objeto que servirá de moradia ao Guardião na chama da vela vermelha e diga:

Pelo Fogo, eu a purifico e limpo, retirando de você todas as energias incompatíveis com o nosso propósito mágico para que seja uma moradia condigna ao nosso Guardião.

Respingue algumas gotas de água no objeto que servirá de moradia ao Guardião, dizendo:

Pela Água, eu purifico e limpo você. Lavando o mal para que entre o bem, lavando o negativo para que entre o positivo, lavando a ausência para que entre a presença de nosso Guardião em seu interior.

Após a purificação começa a criação do Guardião propriamente dita. Tambor e chocalho devem ser tocados ritmicamente.

Respirem profundamente sucessivas vezes até chegarem a um estado de relaxamento profundo. Deixem todo pensamento intruso passar até que consigam pensar unicamente no propósito desse ato sagrado.

Todos os membros do Coven devem pensar unicamente no propósito do ritual, que é criar um Guardião para o Coven tendo em mente todos os dados definidos no questionário exposto acima.

Pensem primeiro nas características físicas do Guardião. Todos devem visualizar a mesma imagem.

Agora, pensem nas características emocionais e sentimentais do Guardião. Como ele se sente, como se comporta? Ele é nervoso ou calmo? Pensem nos mínimos detalhes sobre esse item.

Definam como ele manterá a guarda nos Círculos e a proteção pessoal de cada membro do Coven.

Respirem profundamente e levem as suas duas mãos em direção à boca, como se segurasse uma bola. A cada respiração, imaginem-se soprando a forma do Guardião entre as suas mãos, formando, assim, uma bola de luz que contém a forma do Guardião. Continue respirando e soprando. Visualizem uma forte luz branca contendo a forma do Guardião entrando pelo centro de sua cabeça, saindo pela sua respiração e se condensando na bola de luz entre suas mãos.

Façam isso até sentir o poder crescer e a forma do Guardião se tornar cada vez mais visível e definida na esfera de luz em suas mãos.

Nesse momento, o ritmo do tambor e do chocalho deve se tornar mais e mais rápido. Então, a pessoa que lidera a meditação deve contar de um a três. Quando chegar ao três todos devem soltar a sua bola de energia em direção ao objeto que servirá de moradia para o Guardião gritando o nome escolhido para ele.

Ao fazerem isso, todos visualizam a energia entrando no objeto que brilha intensamente de luz.

A Sacerdotisa, o Sacerdote ou a pessoa que conduz o ritual traça um Pentagrama Invocante sobre a moradia do Guardião dizendo:

Levante, Guardião da defesa
Para que possamos instruí-lo em seus deveres
e na guarda de nosso Coven.
Esteja sempre atento, olhando para todos os Quadrantes,
para o mundo de cima, para o Submundo, atrás de si e à sua volta.
Olhe e nos proteja de todo mal de onde quer que ele venha.
Que você guarde o nosso Círculo a cada ritual.
Que circule ao nosso redor toda vez que o mal de nós se aproximar.
Mantenha a guarda de acordo com o que lhe instruirmos.
Que assim seja e que assim se faça!
Abençoado seja!

Cada Covener oferece o alimento ao Guardião acompanhado de uma bênção.

Canta-se e dança-se, celebrando o nascimento do Guardião.

Após isso, o Círculo Mágico deve ser destraçado.

Trabalhando com o Guardião

Assim que o ritual de criação do Guardião terminar, o objeto que serve de moradia para ele deve ser guardado longe dos olhos curiosos.

A cada ritual, essa moradia pode ficar do lado de fora do Círculo, sendo iluminada por velas, representando a presença física do Guardião.

Quando Círculo Mágico for traçado antes de cada cerimônia, o Guardião pode ser chamado pelo seu nome para proteger as fronteiras do Círculo e todos aqueles que estão em seu interior.

Um Familiar é uma forma de pensamento e, sendo assim, essa forma deve ser constantemente visualizada para que sua egrégora seja fortalecida. Assim como o Templo Astral, se não houver um processo de visualização periódica do Guardião, ele se evanescerá, unindo-se novamente à sua fonte original. Isso também acontece se ele não for alimentado de acordo com os prazos estabelecidos durante a sua criação.

Se seu Coven se reúne a cada Esbat e a cada Sabbat, talvez não seja necessário marcar reuniões específicas para visualizar o Guardião, já que ele será chamado e visualizado em cada ritual. Porém, se o seu grupo passar muito tempo sem se reunir, seria prudente marcar algumas reuniões para fortalecer a egrégora do Familiar por meio de visualizações, reforçando suas características físicas e emocionais.

Um fator importante se refere aos processos de instrução do Guardião. Reúna-se com o Coven algumas vezes para dar funções a ele, que deve ser treinado e instruído quanto ao que fazer e como proceder. Ele é chamado de Filho Mágico ou Criança Mágica exatamente porque é como uma criança que precisa ser ensinada. Quanto mais instruções e funções dermos ao Guardião, mais poderoso ele vai se tornar.

Depois de fortalecer e alimentar a egrégora de seu Guardião por algum tempo, comecem a lhe dar algumas ordens simples, como ir buscar alguma informação ou aparecer para tais pessoas sob determinadas formas. Se tais informações forem confirmadas ou se as pessoas designadas confirmarem que viram algo estranho, é sinal de que o Familiar do seu grupo está sendo bem treinado e que sua egrégora está fortalecida. Caso contrário, é necessário instruí-lo e alimentá-lo por mais algum tempo.

Existem muitas e muitas maneiras de criar um Familiar e, ao longo de sua vida mágica, seguramente você vai se deparar com muitas delas, indo desde aquela aqui apresentada até as que utilizam a Magia Sexual. Se você e o seu grupo não dominam totalmente outras técnicas, o melhor a fazer é limitar a criação do Guardião com a técnica e as regras de segurança aqui apresentadas.

Não utilize Magia Sexual para propósitos Mágicos, principalmente para a criação de um Familiar, se você não conhece profundamente as leis pelas quais ela opera. Caso contrário, o máximo que conseguirá criar é um Vampiro Astral que vai muito mais dominá-lo do que você a ele.

Outra regra de segurança que deve ser seguida pelo grupo é alimentar o Guardião somente com coisas simbólicas como incenso, chama de uma vela, uma fruta, água ou qualquer outra coisa encontrada na natureza e que não demande nenhum sacrifício de sangue. Lembre-se de que a Wicca é uma religião de amor incondicional à natureza e à vida, sendo assim, toda forma de sacrifício é abominada.

Não use saliva, raspas de unha, esperma, cabelo ou sangue menstrual como fonte de alimentação para o Guardião. Essas também são regras de segurança para que você não transforme seu Guardião em um Vampiro Astral ou Sexual.

Familiares podem ser criados para diferentes funções, que vão muito além da segurança do Círculo Mágico. Você e seu grupo podem usar a mesma técnica fornecida aqui para criar um Familiar para trabalhar desejos específicos, proteger, curar alguém ou qualquer outra finalidade.

Porém, Familiares criados para trabalhar uma necessidade específica não são permanentes como o Guardião do Coven e sim temporários, ou seja, criados para trabalhar durante um período específico de tempo.

Quando Familiares são criados com um propósito, é especificado também quanto tempo demorará a se evanescerem. Quando cumprirem sua missão, eles são liberados para voltar a sua fonte original de energia.

Geralmente, após a finalidade atingida com o Familiar, o correto a se fazer é a destruição de sua moradia, depositando, em seguida, seus restos na terra ou na água limpa, para que ele se desligue totalmente de seu criador ou da função para a qual foi criado. Isso também pode ser feito escolhendo uma moradia que comporte água ou terra em seu interior, que absorve e retém o espírito do Familiar durante o período especificado de tempo.

Quando ele tiver cumprido seu ciclo, a água ou a terra presente no interior da moradia do Familiar pode ser depositada no solo para que a terra absorva a energia do Guardião e encaminhe-o à sua fonte primordial. Ao fazer isso, é necessário visualizar o solo sugando a forma de pensamento que criamos, levando-a em direção ao centro da Terra.

Por vezes o Guardião pode sair de controle. Isso geralmente ocorre quando não o instruímos corretamente, ou quando o alimentamos muito tempo antes ou muito tempo depois do prazo determinado ou, ainda, por quebrarmos qualquer uma das regras de segurança expostas anteriormente.

Por tudo isso, insisto, siga completamente as regras aqui já apresentadas ou vocês terão muitos problemas mágicos e não mágicos decorrentes da indisciplina do Guardião.

Os problemas mais comuns enfrentados por aqueles que são vitimados por um Guardião fora de controle são:

- Cansaço excessivo após o trabalho mágico com o Guardião.
- Falta de sono.
- Frequentes problemas de saúde.
- Apatia, falta de ânimo.
- Desinteresse pelo trabalho/atividades que sempre deram prazer.
- Recusa de contatos sociais.
- Pessimismo exacerbado.
- Mudança repentina de comportamento.
- Sentimentos de angústia, tristeza e depressão.
- Egoísmo e ambição em demasia.
- Fenômenos PCER (Psicocinese Espontânea Recorrente), conhecidos popularmente como *poltergeist*.
- Alterações de humor que causam desentendimentos entre os integrantes do Coven.
- Sede de poder.

- Inconstância de permanência de Coveners.
- Rebeldia e indisciplina entre os integrantes do Coven.
- Desejo incontrolável de se furar ou se cortar e utilizar o próprio sangue nos rituais.
- Desejo incontrolável de usar energia sexual ou fluídos corporais para alimentar o Familiar.
- Desejo incontrolável de alimentar o Familiar fora do prazo estipulado ou de trocar sua fonte de energia por outras.
- Aparição frequente do Familiar em sonhos e meditações.
- Aparição espontânea do Familiar, sem sua solicitação, para pessoas.

Esses são alguns dos sintomas mais frequentes vividos por aqueles que criaram um Familiar que saiu de controle e se tornou indisciplinado.

Caso isso aconteça com vocês, o primeiro passo é solicitar que o Familiar volte ao normal espontaneamente, explicando a ele que esse tipo de comportamento está sendo nocivo para todos do grupo.

O processo para doutriná-lo é o mesmo utilizado para instruí-lo magicamente. Realize práticas meditativas e visualizações com os membros do Coven, visualizando o Guardião e instruindo qual é a forma correta de agir e se comportar. Se vocês realizarem esse procedimento constantemente, provavelmente será o suficiente para fazer com que o Guardião volte a respeitá-los e siga suas ordens. Caso contrário, será necessária a destruição dessa forma-pensamento para que ele não cause maiores estragos e problemas.

Acredite em mim, conviver com um Familiar descontrolado é como conviver com um psicopata, sem saber quando seremos a sua próxima vítima. Como um psicopata, ele pode muitas vezes se mostrar nosso grande amigo, realizar nossas vontades e permanecer ao nosso lado até que não sejamos um entrave para a realização dos desejos dele.

Por isso, se vocês tiverem um Familiar fora de controle, o melhor a fazer é destruí-lo por completo. A seguir está um ritual básico para esse procedimento, caso isso aconteça com vocês.

Destruindo o Familiar

MATERIAL NECESSÁRIO:

- Tambor
- Chocalho
- Velas para iluminar a área ritual
- A moradia do Guardião
- O athame
- Um martelo
- Amoníaco
- Bicarbonato de sódio
- Sangue de Dragão

Tracem o Círculo Mágico, invoquem os Quadrantes. Chamem pelo Familiar, como costumam fazer em todos os rituais.

O tambor deve ser tocado e acompanhado pelo chocalho num ritmo constante. Uma melodia deve ser improvisada de maneira que cada pessoa cante continuamente o seu nome da Arte, de forma que surja um cântico no qual todos os nomes são pronunciados e cantados ao mesmo tempo, sucessivas vezes. Isso é um simbolismo poderoso, em que cada pessoa chama pelo seu próprio poder pessoal para essa prática tão importante. Prossigam cantando os nomes até entrarem em transe profundo, criando poder por meio das vozes.

Após isso, todos devem visualizar o Familiar e descreverem como o percebem e o que sentem. Claro que se a prática for realizada por um praticante solitário tudo se dá individualmente.

Quando isso acontecer, elevem poder suficiente com o cântico e visualizem esse poder tomando uma forma: luz, espiral, esfera, etc.

Deixem esse poder se elevar e, contando de um a três, projetem a energia criada em direção ao Familiar, como se fosse um cometa, e vejam-no explodindo e sua energia sendo sugada pela Terra. Simultane-amente à contagem, a moradia do Familiar deve ser destruída com um golpe forte de martelo.

Em seguida, façam um banimento com labaredas de fogo no local onde o ritual foi realizado. Borrifem água com uma mistura de amoníaco e de bicarbonato de sódio sobre o chão, em cada membro do grupo e, principalmente, nos cantos do recinto, cantando algo para banir. Fumiguem o local com Sangue de Dragão. Com o athame, selem as portas, as janelas e cada Quadrante, traçando um Pentagrama de Invocação.

Depois que o Familiar for neutralizado, outro Guardião deve ser criado e instruído para a proteção do Coven.

É necessário salientar que, quando um Coven se dissolve, o Guardião deve ser destruído para não se tornar um "cascão astral" das pessoas que pertenceram ao grupo.

Se todos os passos de segurança no trabalho com o Guardião forem seguidos rigorosamente, vocês não terão problemas com o Familiar durante toda a vida do grupo.

14

Usando o tambor e ritmos com o Coven

A MÚSICA COMO MANIFESTAÇÃO SAGRADA que nos conecta com o Divino tem sido importante na vida de todos os Covens. Os cânticos sagrados são uma parte viva e necessária de reverência e de celebração do sagrado. Cantar é uma das ferramentas mais poderosas para criar e elevar energia; um alterador automático de consciência.

Há milhares de anos os homens têm usado os ritmos e a dança para acessarem o mundo dos Deuses. O uso de tambores com sua batida rítmica, capaz de induzir o homem a estados alterados de consciência, pode ser visto desde os caracteres rupestres aos pergaminhos do antigo Egito.

A dança também sempre foi usada para honrar os espíritos dos antepassados e dos Deuses. Ela nos coloca em conexão com os fluxos do nosso coração e é uma prática fundamental para o culto de muitas religiões de origem xamanística, como, por exemplo, a Wicca. A dança, associada ao cântico, pode ser uma maravilhosa experiência para ser vivida por um Coven. A música e a dança são usadas não só para alterar nossos estados de consciência, mas também têm sido usadas para promover a cura, banir energias maléficas e celebrar, partes muito importantes da religiosidade Pagã.

Uma pessoa não precisa ser treinada em música para alcançar estados alterados de consciência pelos sons dos tambores ou dos chocalhos. Dizem que os tambores são o coração da terra, sendo assim, qualquer pessoa que deseja usar o tambor como fonte de poder deve simplesmente ouvir o seu próprio coração.

Muitas culturas cuja religião central é xamanística acreditam que o primeiro som que foi ouvido no momento da Criação foi o coração da Deusa Terra. Todas as vezes que tocamos um tambor estamos revivendo o momento infinito da Criação e manifestando a batida do coração da Terra. O ritmo produzido por nós pode ser usado para curar e nos religar com os reinos da existência, interligando nosso lado mental, espiritual, emocional e físico. Quando unimos nossas vozes ao som do tambor é possível conclamar a presença de poderes há muito reverenciados dessa maneira, poderes que um dia nossos ancestrais cultuaram e que estão prontos para ouvirem o nosso chamado; seus herdeiros.

Como os humanos, os tambores também possuem voz e espírito. Cada pele usada para confeccionar o tambor foi feita de um animal diferente e, por isso, ele possui um poder especial, trazendo consigo a magia daquele animal. Hoje em dia, com os grandes avanços tecnológicos, usar um tambor de pele sintética é um bom recurso, uma vez que a Wicca é uma religiosidade de celebração à natureza e à vida.

O tambor também é um instrumento sagrado e, como tal, deve ser guardado e usado só para finalidades mágicas. Acredita-se, no entanto, que ele não deve ser exposto como um objeto de decoração ou pendurado na parede, pois é um ser vivo. Nenhum de nós penduraria algo vivo na parede de nossa sala de estar como ornamento decorativo, do mesmo jeito, isso não deve ser feito com o tambor, que deve ser guardado com reverência e cuidado.

Um tambor é exclusividade de seu proprietário e é considerado falta de respeito e ética tocá-lo sem ter pedido permissão ao seu dono. Ele não é um bem comunitário, a não ser que tenha sido comprado para essa finalidade. Sendo assim, se vocês desejam um tambor para ser usado pelo Coven é melhor adquirirem um com esse intuito, uma vez que o espírito que reside em cada tambor possui uma relação íntima com a pessoa que dá voz a ele, tocando-o. Um tambor do Coven vai possuir uma relação profunda com a alma do grupo, passando a auxiliar o trabalho mágico da comunidade.

Muitos Bruxos modernos nutrem certo preconceito em relação ao tambor, achando que ele pertence a outras religiões que não a nossa ou que só está ligado às religiões africanas e indígenas. Ledo engano!

O tambor tem sido usado por diversas religiões e povos na história da humanidade, indo desde os celtas até os gregos, babilônios, egípcios, germânicos e muitos mais. O tambor mais usado pelos celtas, que sobreviveu até hoje na Irlanda é chamado de Bodhran e é muito similar aos dos nativos americanos em sua estrutura e forma de tocar.

Com isso, percebe-se que é chegado o momento de resgatar o tambor, a música e a dança como parte integrante da vida dos Covens e das comunidades pagãs.

Tocando o Tambor nos Rituais do Coven

Uma coisa bem interessante de ser feita é reunir o seu Coven algumas vezes para desenvolver a sua rítmica própria. Essas reuniões são chamadas de Círculo de Tambores. O ritmo mais utilizado para o tambor é a batida em quatro tempos: 1/2/3/4.

No entanto, outros ritmos podem ser experienciados e descobertos, e diversos instrumentos de percussão como o chocalho, o pau d'água, sinos, entre outros, podem ser tocados conjuntamente ao tambor. Tocar tambor é algo muito pessoal, cada pessoa possui suas próprias técnicas. O importante é ter uma batida base que pode ser usada para vários cânticos e para entrar em estados alterados de consciência.

Depois que um ritmo base tiver sido bem aprendido, você vai encontrar outros ritmos possíveis.

Ao tocar em grupo, vocês podem experimentar ter um Covener tocando rapidamente, enquanto outro mantém uma batida constante em contratempo.

Deixem as batidas do tambor percorrerem o seu ser e promoverem uma limpeza em seu corpo físico, mental e espiritual. Sintam as pessoas ao seu redor, cantando e dançando, ficando alerta para as mudanças internas do grupo, para que, assim, outros ritmos possam surgir a partir do que está sendo tocado.

Pessoas com talentos musicais podem auxiliar e muito na criação de novos cânticos e ritmos para cultuar, celebrar os Deuses ou promover estados alterados de consciência. Hoje, na Internet, existem vários sites onde é possível ter acesso aos cânticos tradicionais da Wicca em inglês, mas muitos desses cânticos já foram traduzidos para português, pelo autor que aqui escreve, e hoje são utilizados largamente pela comunidade Pagã em todo o país. Outros Bruxos brasileiros têm dado sua maravilhosa contribuição musical à comunidade Wiccaniana, seja traduzindo, seja criando cânticos para serem usados em rituais, que muito têm embelezado nossas cerimônias. Eu mesmo tenho me dedicado há mais de sete anos a divulgar e propagar a cultura musical Wiccaniana da Deusa, ensinando os cânticos sagrados de nossa religião não somente em meus livros, mas, principalmente, em cursos, palestras e rituais públicos que organizo, quando posso ensinar além das letras a melodia de cada canção. Muitos desses cânticos estão disponíveis em meu site pessoal na Internet.

Consagrando o Tambor

Os tambores podem se tornar a voz dos Deuses e dos nossos ancestrais. Para dar vida ao tambor, de maneira que ele possa falar, é necessário um ritual de consagração no qual o apresentamos aos antigos Deuses e à Mãe Terra, e o consagramos com os quatro elementos, invocando a energia que queremos que resida em seu interior.

Um exemplo de consagração do tambor é dado a seguir.

MATERIAL NECESSÁRIO:

- O tambor
- Oferendas de frutas
- Um pires com sal
- Incenso de cipreste
- Uma vela marrom
- Um cálice com água e sal

Coloquem o tambor num lugar de proeminência do Altar.

Lancem o Círculo Mágico, como fazem normalmente, invocando os Quadrantes e os Deuses reconhecidos pelo Coven.

Em seguida, sacralizem o tambor, salpicando um pouco de sal sobre ele e dizendo:

Nós o consagramos pela Terra, o corpo da Deusa.

Passem a fumaça do incenso ao redor do tambor e digam:

Nós o consagramos pelo Ar, o sopro da Deusa.

Passem o tambor na chama da vela, dizendo:

Nós o consagramos pelo Fogo, o espírito da Deusa.

Respinguem algumas gotas de água sobre o tambor, dizendo:

Nós o consagramos pela Água, o útero da Deusa.

Quando tiverem consagrado o tambor pelos quatro elementos, cada membro do Coven deve tocar um pouco, enquanto a Sacerdotisa e o Sacerdote, ou uma pessoa escolhida para liderar o ritual diz:

Um coração pulsando,
Um corpo respirando
Dentro deste tambor vive uma vida.

Todos repetem as palavras formando um cântico que deve ser repetido continuamente, enquanto o tambor é passado de mão em mão. Deixem o cântico gerar energia, que será canalizada para o tambor na hora certa.

Se desejarem poderão chamar por uma Divindade, pedindo para que sua energia resida no tambor, ou poderão invocar um ancestral para fazer do tambor a sua voz e a sua moradia. Visualizem a energia gerada como pura luz e então direcionem esse poder para o tambor, como se ele tivesse absorvendo a luz gerada. Com o olho da mente, visualizem o tambor brilhando.

Em seguida, cessem o cântico e deem uma batida para cada um dos Quadrantes, apresentando o tambor aos Espíritos dos Elementos.

Depois que tiver apresentado, digam:

Este tambor fala com a voz dos Espíritos (ou Deuses)
A voz dos Poderes que olham por nós.
Que ele tenha o poder de cura, banir o mal, elevar energia
e trazer a felicidade ao nosso Coven.
O seu som é a voz dos Antigos.
A cada batida ele nos abençoa,
a cada batida ele nos liga com a Mãe terra,
a cada batida ele nos une aos Deuses.

O tambor continua sendo batido, cânticos são entoados enquanto os Coveners dançam. Se houver algum trabalho mágico para ser feito, aproveitem a energia gerada pelo tambor, dança e cânticos e elevem o poder para o propósito.

Ao final, coloquem o tambor sobre o altar e façam oferendas de frutas a ele, pois agora ele é um ser vivo que respira, vê e, acima de tudo, fala. Não se esqueçam de fazer oferendas periódicas ao seu tambor para ele continuar repleto de energia, que será compartilhada em forma de bênçãos com todos os Coveners a cada ritual.

Destracem o Círculo Mágico como de costume.

Círculo de Tambores

O Círculo de tambores é uma experiência extremamente enriquecedora.

Essa técnica vem sendo muito usada em multinacionais, entre empresários, que após um dia inteiro de trabalho se reúnem para tocarem juntos os seus tambores para diminuir o estresse e a tensão acumulada no dia a dia.

Você pode se reunir com os membros de seu Coven em dias predeterminados ou fazer do Círculo de Tambores uma constante em suas celebrações de Sabbats, Esbats, etc.

Todos os Coveners devem trazer seus tambores. Os que não possuírem um podem usar um chocalho ou simplesmente acompanhar o ritmo com palmas.

Dentro de um Círculo Mágico, consagrado, e sentados em forma circular, à luz de velas e com incensos acesos, respirem profundamente algumas vezes.

Um dos Coveners começa a tocar bem baixinho seu tambor enquanto diz:

Eu sou a batida do coração da Mãe Terra,
e o presente sagrado da Criação
Eu sou a batida do coração do Universo,
daquilo que pode ser visto e do que está oculto aos olhos humanos.
Eu coloco quem me toca em contato com a criação
Eu falo para todas as pessoas igual e pacificamente

Eu promovo o equilíbrio espiritual, mental, emocional e físico.

Eu sou uma poderosa e pacificadora forma não verbal

Eu sou o exercício da paz

Eu sou a renovação, aquilo que sempre cresce e realiza

Eu sou o pulsar do Universo

Eu estou desperto, vivo e pronto para mover aquele que me toca para outro estado de consciência

Meu topo representa o céu

Minha base representa a terra

Minha costura representa a ação dos guerreiros da paz que me tocam

Eu sou a sabedoria antiga dos Ancestrais

que expressam suas vozes através de minhas batidas.

A mão daquele que me toca jamais deve se levantar com ódio, pois eu sou o amor

Eu libero a tensão e o cansaço.

Eu o reconecto com os ritmos da natureza

Eu o lembro de que a criação está viva e é sagrada

Eu o levo ao mundo dos sonhos para permitir que seu inconsciente fale com o seu consciente em segurança e harmonia

Quando você me toca, há uma sincronia de energia e de unidade

Quando ouvir os ritmos do grupo tocando e contribuindo com sua batida, você se tornará receptivo e criativo, e poderá se comunicar com toda a Criação, unida à teia como irmãs e irmãos.

Todos começam a tocar os tambores com quatro batidas simples e rítmicas: 1, 2, 3, 4.

Conforme a energia for se elevando, Coveners que se sentirem confiantes podem improvisar, adicionando outros ritmos.

Enquanto tocam, sintam as tensões e o estresse sendo liberados.

Direcionem seus pensamentos à Deusa e aos Poderes da natureza.

Direcionem seu pensamento aos Deuses, agradecendo pela natureza e pela vida.

Direcionem seu pensamento para as pessoas que estão ouvindo-os e àquelas que amam, para que sejam abençoadas, e que o som do tambor chegue a elas em formas de bênçãos.

Um Círculo de tambores é pura energia e pensamento positivo, sendo enviado para toda a vida, do seu começo ao fim.

Continuem tocando o tambor o tempo que quiserem. Se desejarem, cânticos sagrados podem ser entoados conjuntamente as batidas do tambor.

Ao final, agradeça ao espírito do tambor por ter compartilhado sua voz e suas bênçãos.

Banindo energias negativas com o Tambor

O tambor também pode ser muito eficaz no banimento de energias negativas e para alterar a energia de um local.

Ótimos banimentos podem ser feitos por seu grupo somente com o uso de um tambor. Chocalhos como sempre podem adicionar sua energia aos rituais.

Este rito foi desempenhado para banir a energia de um Covener enquanto outros prosseguem tocando tambores e chocalhos.

Trace o Círculo de maneira usual e então posicione a pessoa que precisa de limpeza no centro. Os outros Coveners devem fazer um grande Círculo ao redor dessa pessoa.

A energia dos quatro elementos é invocada com o som do tambor.

Todos, sem sair do lugar, voltam-se para o Norte e tocam o tambor com uma batida lenta e constante, chamando pelos poderes da Terra para auxiliarem neste ritual. A batida deve seguir até parar naturalmente.

Em seguida, voltam-se para o Leste e tocam um ritmo suave, invocando os poderes do Ar, procedendo da mesma maneira.

Voltando-se para o Sul, um ritmo rápido é criado a partir dos tambores, e o elemento Fogo é convocado para auxiliar. A batida segue até morrer.

No Oeste, um ritmo contínuo em ondas de aceleramento e diminuição das batidas acontece, enquanto a Água é chamada. O ritmo prossegue até terminar naturalmente.

Todos os Coveners voltam-se com os seus tambores para dentro do Círculo, onde a pessoa está.

Os tambores começam a serem tocados lentamente. Aos poucos, a batida vai aumentando, enquanto o pensamento de purificação é direcionado para a pessoa que se encontra no centro do Círculo.

Sucessivos movimentos de vai e vem podem ser realizados, de maneira que os Coveners caminhem em direção à pessoa que passa pelo banimento e se afastem dela, numa dança sincrônica.

Gritos, uivos e sons podem se expressar em meio a voz de cada tocador.

Conforme a batida for se acelerando mais, comecem a circular no sentindo anti-horário, fazendo movimentos de vai e vem em direção à pessoa. Cada vez mais o toque deve se acelerar, até que chegue ao ápice, quando todos os Coveners ficam de costas para a pessoa que está no centro do Círculo e com o toque de seus tambores enviam a energia embora, para fora do Círculo e dela.

15

Animais de Poder

O QUE ACHA DE TRABALHAR com Animais de Poder em seu Coven? Uma forma de fazermos o mundo do espírito parte de nossa realidade convencional é criar e aprofundar nossa conexão com os animais. Muitas culturas acreditam que animais podem nos trazer mensagens do plano espiritual e nos guiar durante nossa exploração nessas dimensões, e o ato de simplesmente nos abrir para a energia de diferentes tipos de seres, expande as dimensões da consciência. Conforme nós nos abrimos para um conhecimento aprofundado dos animais, tornamo-nos mais hábeis para apreciar como o mundo físico e o espiritual são um.

Trabalhar com a energia animal, seja diretamente ou por meio da imaginação e do simbolismo, também serve para nos colocar em contato com a nossa própria natureza animal, um aspecto de nós mesmos que é quase sempre reprimido. Quando descobrimos os animais que mais fortemente nos chamam, descobrimos importantes elementos dentro de nós mesmos, até então desconhecidos.

Todas as coisas no Universo possuem espírito e vida. As pedras, a terra, o céu, as águas, as plantas e os animais são diferentes expressões de consciência, em reinos e realidades diferentes. Tudo no Universo conhece sua harmonia com os outros e sabe como se dar um ao outro, exceto o homem. De todas as criaturas existentes, somente nós não iniciamos nossas vidas com o conhecimento dessa grande harmonia. Nosso espírito pode chegar a ser completo se aprendermos a buscar e a perceber a harmonia com todos nossos irmãos no Universo.

A Wicca ensina que nós não viemos ao mundo sozinhos. Cada um de nós nasceu com um poder interior que podemos acessar a qualquer momento durante nossa vida. Muitos povos que praticam as religiões da

Terra e estão mais próximos da energia e das imagens da natureza veem esse poder na forma de um animal. Totens, peles, ossos ou penas são sempre vistos sobre o corpo do povo nativo. Essas imagens são geralmente associadas com o guia interior trabalhando com um indivíduo ou com uma comunidade.

O conceito de Animal de Poder é universal em todos os povos. Culturas tribais sempre reconheceram um Totem para a tribo, um para o clã e um para a família em que alguém nascesse. Nos Estados Unidos e em países como Escócia, Irlanda e outros, o Totem do clã ou tribo ainda existem.

Até mesmo o cristianismo manteve alguns animais Totens como o peixe, o cordeiro, a pomba, por exemplo. Totens especiais são vistos em times de esportes, com seus nomes refletindo o time, como no caso do Chicago Bulls.

Outro tipo de animal Totem é aquele que é pessoal e individual. Esses Totens são espíritos protetores que nos ajudam no nosso dia a dia. Até mesmo hoje, muitos pais dão um animal protetor de poder especial para seus filhos, ensinando que eles serão protegidos à noite, se abraçarem esse animal. Obviamente, muitos deles não sabem que é isso que estão fazendo quando dão um urso de pelúcia para suas crianças.

Cada um de nós tem um animal particular e pessoal. Os Totens ou Animais de Poder são espíritos protetores que nos ajudam tanto em nossa vida cotidiana como em nossa busca espiritual rumo à harmonia. Esses animais de poder são um reflexo do nosso eu mais profundo e também representam as qualidades de que necessitamos no Universo, mas com frequência estão ocultas.

Animais de Poder são frequentemente o reflexo de nosso eu profundo e também representam qualidades de que precisamos neste mundo, mesmo que disfarçadas ou ocultas.

Muitas pessoas ficam insatisfeitas quando descobrem que seus animais de poder não são ferozes. Tendemos a acreditar que um rato não é muito poderoso, pois é pequeno e medroso. O que muitos esquecem é que espíritos não são limitados a uma realidade física, e que tamanho é irrelevante. Seu Animal de Poder pode ser um pequeno rato, mas em momentos de necessidade esse rato pode e vai mudar de tamanho e vai se comportar como for apropriado à ocasião.

Quando invocamos o poder de um animal, estamos pedindo para sermos envoltos em harmonia completa com a força da essência dessa criatura. Adquirir compreensão desses irmãos é um processo de cura, e deve ser abordado com humildade e intuição. Certos aspectos das lições dadas por essas criaturas são para refletirmos sobre os ensinamentos de que cada pessoa necessita aprender, nos guiando rumo ao caminho do poder pessoal.

Por que Trabalhar com Animais de Poder?

Muitos são os motivos que poderão levar você e seu Coven a trabalhar com os Animais de Poder.

O Animal de Poder traz em si a essência da espécie que ele representa. Todas as pessoas, sabendo ou não, possuem ao menos um Animal de Poder que lhe foi destinado desde o dia do seu nascimento e que atravessou o ventre de sua mãe consigo. Baseadas nisso, muitas sociedades indígenas acreditam que é impossível atravessar a infância sem a ajuda de seu Animal de Poder.

Um Animal de Poder traz sua força e ajuda àquele que trabalha com sua energia. Ele nos ajuda na familiarização dos diferentes mundos xamânicos, já que não é só um guia, mas também um protetor e a representação de nossa identidade xamânica pessoal.

O primeiro Animal de Poder que uma pessoa encontra provavelmente esteve e estará com ele durante muito tempo, talvez por toda a vida. No entanto, muitas pessoas podem estabelecer um relacionamento com muitos animais de poder. Alguns estarão conosco por um longo período, outros podem nos deixar depois que uma lição específica for aprendida, enquanto outros somente aparecerão quando certa tarefa precisa ser completada.

Hoje em dia, as pessoas têm a ideia equivocada de que o Xamanismo se refere somente à cultura espiritual expressada pelos nativos norte--americanos, o que é uma grande inverdade. Apesar de o Xamanismo das nações indígenas americanas ser o mais divulgado e difundido, todas as culturas possuem suas manifestações xamanísticas, que é a expressão espiritual primeira da humanidade. A prática esteve presente entre nativos norte-americanos, mas também o esteve entre celtas, germânicos, africanos e em muitas outras culturas.

O Xamanismo é nada mais nada menos que a busca do conhecimento e do poder pessoal, é anterior a todas as religiões e credos existentes e traz em si um conjunto de técnicas que possibilitam ao ser humano transpor a ilusão do mundo material. O Xamanismo é a busca pelos poderes interiores e a reverência a todos os elementos existentes, vistos como vivos, que nos possibilitam o contato com o mundo espiritual, a fonte universal de toda vida.

Baseados nisso, podemos perceber que a própria Wicca é uma religiosidade com princípios Xamanísticos, por isso, acessar os Animais de Poder torna-se uma experiência enriquecedora que vai ampliar e muito a visão de mundo de todos os Coveners.

Começando a busca

Para começar, é importante que você e os membros de seu Coven saibam que um Animal de Poder não é necessariamente exótico. Ele pode ser qualquer animal da família dos mamíferos, dos répteis, dos insetos e até aves. Pode ser também um animal mítico como o Unicórnio, um Dragão ou um Pégaso.

Vocês podem destinar uma reunião inteira de seu Coven só debatendo sobre os animais. Seria interessante cada Covener fazer uma lista de suas características e procurar identificar um animal na natureza que tenha personalidade semelhante.

Muitas vezes, nosso animal de poder se revela a nós de diferentes maneiras. A lista a seguir vai ajudá-los a refletir sobre qual característica animal está mais próxima de vocês ou se algum animal esteve por perto, tentando se comunicar com cada um de vocês durante todo esse tempo.

Atração espontânea

Animais que sempre os atraíram de alguma forma. Lembrem-se de que o termo animal inclui pássaros, répteis, anfíbios, peixes e insetos.

Aparência

Com qual animal cada um de vocês se sente parecido, visual e emocionalmente?

IDENTIFICAÇÃO

Se pudesse ser um animal, qual você seria?

SONHOS

Você e os outros membros do Coven sonham com um animal que tenha um significado especial dentro do sonho?

MENSAGENS INDIRETAS

Vocês já escutaram ou viram o nome de algum animal várias vezes durante a vida cotidiana, em noticiários, televisão, em comentários de amigos, etc.?

MENSAGENS DIRETAS

Ao ver fisicamente um animal mais de duas vezes depois de momentos importantes.

MEDITAÇÃO

Os Animais de Poder se revelam ou se identificam como tais em processos meditativos

INSTINTO E INTUIÇÃO

Aqueles pelos quais nos sentimos especialmente atraídos durante nossa vida.

Se nenhuma das questões acima produzir alguma inspiração, ou parecem confusas, você e os demais Coveners devem se abrir e afirmar conscientemente que o Animal de cada um deve se mostrar em breve.

Vocês podem tentar uma ou mais das alternativas a seguir para estabelecerem esse contato.

- Antes de dormir pedir que o Animal de Poder apareça.
- Fazer o mesmo pedido durante as meditações.
- Ficar atento para quais imagens de animais aparecem durante o dia a dia.
- Reparar quais pássaros visitam mais a casa onde residem.
- Ler livros sobre animais, preferivelmente com figuras, e sentir quais animais chamam mais a atenção.

É importantíssimo que, após descobrir o animal, ele seja reverenciado e lembrado de algum jeito frequentemente. Comprar uma estatueta do Animal de Poder, usar camisetas, colocar uma figura do animal na tela de fundo do computador são algumas das alternativas para mantê-lo sempre perto de você. Acredita-se que, se ele não se sentir importante e vivo novamente em sua consciência, acaba retornando à sua fonte primordial de energia e, trazê-lo de volta, será como tentar reconquistar um amigo a quem desprezamos algum dia.

A seguir, encontram-se alguns exercícios que você e os demais membros do Coven poderão realizar em reuniões específicas para desenvolver o contato com os animais de poder. Esses exercícios podem ser realizados frequentemente para assegurar a presença do animal de poder por perto.

Exercício 1: Dançando com o Animal de Poder

Coloque uma música com som de tambor, ou toque um, e feche os olhos. Preste atenção à energia que se eleva. Veja com seu olho da mente se algum animal se aproxima de você. Quando perceber sua aproximação ou presença, comece a imitar os movimentos do animal de poder, harmonizando movimentos e ritmo.

Conforme você aprender a equilibrar seu corpo com os movimentos do animal com a dança, vai equilibrar também seus corpos sutis e os níveis emocional, mental e espiritual.

Agora que o seu animal se aproximou de você, dance-o permanentemente, pois assim ele vai permanecer ao seu lado.

Exercício 2: Reconhecendo a energia de cada animal

Vá até um local onde existem muitos animais. Tenha em mente que Animais de Poder não são só os mamíferos. Eles podem ser répteis, insetos, pássaros e peixes. Faça uma lista e estude-os precisamente. Preste atenção ao que eles comem e aos hábitos. Preste atenção às lendas e contos sobre eles. Pense sobre sua força e reconheça essas qualidades deles trabalhando em você.

Exercício 3: Reconhecendo a energia dos animais em você

Pegue um pedaço de papel e faça uma lista de suas boas qualidades. Seja honesto. Se quiser, peça aos amigos e aos parentes que escrevam as qualidades que veem em você. Quando tiver uma lista dessas qualidades, procure na natureza animais que tenham características parecidas com as suas.

Animais de Poder – os significados mais comuns

Quem pode explicar melhor o que um animal significa em sua vida e qual energia veio lhe trazer é ele próprio. Faça meditações, visualizações e contemplações pedindo ao animal que revele o que ele deseja lhe ensinar. Você pode ter grande surpresas. Peça ao animal que lhe ensine como acessar sua energia, como vocês poderão estabelecer contato mais facilmente, se ele veio lhe trazer algum poder de cura ou algum dom artístico. As possibilidades trazidas por um Animal de Poder são ilimitadas, você deve apenas perguntar.

A seguir, encontram-se os significados mais comuns dos Animais de Poder. Procure o significado do seu, sabendo que esses são os simbolismos mais genéricos associado a cada animal.

Águia: Espírito

Aranha: Tecer

Beija-Flor: Alegria

Búfalo: Invocação e abundância

Cavalo: Poder

Chimpanzé: Viver em harmonia

Cobra: Transmutação

Coiote: Trapaceiro

Corvo: Sagrada lei

Esquilo: Recolher, juntar

Foca: Voz interior

Alce: Necessidade

Baleia: Verdade pessoal

Borboleta: Transformação

Castor: Construtor

Cervo: Gentileza

Cisne: Dons

Coelho: Medo

Coruja: Sabedoria

Dragão: Transformação

Falcão: Mensageiro

Gazela: Conhecimento

Girafa: Visão elevada

Hipopótamo: Profundeza emocional

Leão: Coragem

Lontra: Receptividade

Morcego: Renascimento

Pavão: Totalidade

Rã: Cura

Rato: Pequenos detalhes

Salmão: Sabedoria

Tigre: Ser agora

Zebra: Individualidade

Golfinho: Sopro de vida

Lagarto: Sonho

Lobo: Professor

Macaco: Rapidez e foco

Pato: Círculo Sagrado

Pombo: Paz

Raposa: Camuflagem

Salamandra: Transformação

Tartaruga: Mãe terra

Urso: Introspecção

16

Desenvolvendo os dons da visão

OS PRATICANTES DA BRUXARIA sempre estiveram ligados aos dons da clarividência, clariaudiência e poderes extrassensoriais.

Muito acham que só alguns privilegiados têm esses poderes. No entanto, todas as pessoas, em maior ou menor escala, são clarividentes desde que queiram ser, e essa faculdade pode ser cada vez mais despertada, desenvolvida ou aprimorada com a prática. Existem vários exercícios que você e os Coveners de seu grupo podem fazer para desenvolver suas habilidades psíquicas e extrassensoriais. No entanto, vamos falar primeiro sobre o que cada uma das diferentes modalidades relacionadas à visão é na realidade.

A Clarividência é a arte e ciência de saber sobre fatos, objetos ou situações, por meio de impressões psíquicas captadas quando elas não estão disponíveis ao conhecimento humano por algum motivo.

A palavra clarividência é utilizada para se referir a todas as informações psíquicas, mas existem diversas subdivisões nessa classificação:

- Clarividência: a arte de captar as informações psíquicas na forma de imagens visuais.
- Clarisenciência: a arte de captar as informações psíquicas na forma de sensações no corpo.
- Clariaudiência: a arte de captação de impressões psíquicas através dos sons.

Quando alguém passa por algum problema e a impressão psíquica dessa pessoa se manifesta para alguém que está afetivamente em sintonia com ela, um clarividente vai captar e ver essa determinada pessoa em sua sala; um clarisenciente vai sentir uma mão familiar sobre seus ombros e um clariaudiente poderá ouvir uma voz familiar pedindo por ajuda.

A precognição é uma das outras subdivisões da clarividência, e refere-se à captação de um evento no futuro; a divinação é uma clarividência que usa instrumentos para facilitar esse processo. Isso pode acontecer consultando as cartas do tarô, pêndulos, varetas ou moedas do I Ching, runas, borra de café ou de chá.

Existe outra habilidade muito ligada às Bruxas e aos dons da visão que é o ato de perscrutar. Isso ocorre quando utilizamos uma bola de cristal, tinta jogada em um papel, um espelho negro, pote negro com água ou outro auxílio qualquer para desfocar a visão normal, abrindo assim um portal e ajudando a clarivisão a se manifestar.

Falando mais simplificadamente, o auxílio físico usado em uma divinação, como uma bola de cristal ou cartas de tarô trabalha como um "gatilho", um "empurrão", para a intuição. A pessoa que o usa faz contato com a informação intuitiva que reside no inconsciente de alguém, chamada muitas vezes de memória ou registro akáshico, que envia tal informação em forma de imagens ou de símbolos, que uma pessoa experiente nos dons da visão pode captar e interpretar. Poderíamos dizer que a pessoa que faz uma consulta é geradora da energia necessária para contemplarmos o futuro; o oráculo é o radar; e o clarividente é a antena receptora.

Tais gatilhos são muito úteis para "radar", estabelecer uma ligação entre o inconsciente e o Eu. Esse radar é um elemento necessário na psique porque, sem ele, a consciência do Eu jamais poderia vir à tona.

Esse processo de "gatilho" é a principal base dos métodos divinatórios. Perscrutar também é um processo de gatilho. O ritual envolvido no processo de perscrutar e a indução ao transe criam um estado mental necessário e convidam o Inconsciente a se manifestar.

Bruxos acreditam que o Inconsciente é clarividente e telepático por natureza. O Inconsciente pessoal contém as memórias de todas as encarnações passadas e de todo o conhecimento no Universo. Ele é como uma partícula do inconsciente coletivo e possui comunicação potencial com outras partículas, com o Inconsciente de cada ser e com o Universo.

Aprender a desenvolver os dons da clarividência utilizando algum objeto para foco é a melhor maneira de, com o tempo, treinar a percepção para a clarividência sem o uso de instrumento nenhum. O uso de algum elemento físico em seu processo de clarivisão ajuda-o a confiar em sua intuição.

Iniciando a visualização

O processo de clarivisão sempre deve ser iniciado em nossa imaginação. Imaginar é o "gatilho".

Por isso, guie a sua imaginação até que ela não possa mais ser controlada e imagens espontâneas lhe apareçam.

Deixe a sua imaginação produzir imagens em harmonia com a pessoa ou com a situação que precisa ser ajudada.

Perceba os demais símbolos que aparecem.

Você pode colocar sua mão receptiva (a mão com a qual você não escreve ou tem menos habilidade) sobre a pessoa e captar as impressões associadas a ela e a questão.

O simbolismo nos processos de clarividência

Quando estamos trabalhando com nossa visão extrassensorial, vemos os fatos acontecendo em nossa mente ou sentimos sensações que podem nos dizer algo. Precisamos nos atentar aos simbolismos presentes durante os processos da visão.

CORES: quais cores aparecem com mais frequência e o que elas parecem lhe dizer? Se tiverem dificuldade em descobrirem o simbolismo de cada cor, pesquisem os significados mais comuns e tentem promover uma ligação da cor com as cenas ou sensações captadas.

SÍMBOLOS: quais símbolos aparecem em sua visão? Eles sempre querem dizer algo ligado àquela situação vista ou captada. Procurem pelos significados dos símbolos no capítulo 18 e encaixe-os no contexto geral da visão.

ANIMAIS: se algum animal aparecer em sua visão, pode ser o seu Animal de Poder ou o de alguém que esteja ligado à visão. Veja se ele deseja lhe dizer alguma coisa ou procure seu significado no capítulo anterior.

CENAS: preste atenção a quem ou a que a cena se refere. Ela pode estar ligada ao passado, ao presente, ao futuro ou aos desejos e imaginação de alguém envolvido na questão.

Deusas e Deuses: trazem mensagens relacionadas à sua natureza sagrada. Tente estabelecer um diálogo durante a visão com tais divindades ou procure por seus significados em dicionários de Deuses e Deusas.

Números: são usados como expressões simbólicas do Universo há tempos. É um recurso bem importante.

Paisagens: podem revelar dados importantes sobre locais relacionados à Visão.

Plantas: ervas e plantas também têm significado mágico. No Compêndio desta obra são dados os simbolismos das ervas mais comuns.

É necessário perceber se tais detalhes estão ligados:

- À pessoa a quem a visão se refere.
- À emoção da pessoa a quem a visão se refere.
- Às pessoas com que se tem alguma relação.
- Ao estado emocional das pessoas com que se têm alguma relação.
- A um evento.
- A nós mesmos.
- A nenhuma das alternativas.

Exercícios para desenvolver os dons da visão

Todos os exercícios exemplificados aqui podem ser realizados com os membros de seu Coven em suas reuniões.

Os exemplos de exercícios podem ser memorizados ou lidos, enquanto todos fazem o processo de visualização.

Seria interessante destinar um mês inteiro de trabalho com o Coven só para o aprendizado da Visão e desenvolvimento dos dons psíquicos e extrassensoriais. Esse trabalho pode incluir:

- Fazer uma lista dos significados dos símbolos, cores, números, ervas e animais mais importantes com seus respectivos significados.
- Manter um trabalho pessoal, realizando os exercícios descritos a seguir ao menos três vezes por semana.
- Utilizar o conhecimento adquirido com outras pessoas para certificar-se de sua eficácia.

- Construir e comprar os objetos necessários para trabalhar com a Visão.
- Manter um registro acurado sobre seus avanços no Livro das Sombras.

Sentindo os chacras

Passe sua mão receptiva por todos os Chacras, percebendo os locais de desarmonia. Sinta o calor, o frio ou ausência de energia em cada um dos Chacras.

Quanto mais quente estiver um Chacra, mais ativado ele vai estar; podendo até chegar a uma saturação de energia.

Quanto mais frio estiver um Chacra, mais desarmonizado ele estará.

Conhecendo mais sobre os chacras

A seguir há uma descrição sobre os Chacras que você e os Coveners podem utilizar quando estiverem trabalhando com eles. São demonstradas as cores, os símbolos, as emoções e as harmonias associadas a cada um dos sete centros de poder.

É possível perceber durante o processo de visão que, por exemplo, o Chacra do Plexo Solar encontra-se frio quando você passa sua mão na região dele. Ele está associado:

- Área física: estômago, pâncreas, fígado, vesícula biliar.
- Sentido: visão.
- Emoção: poder, desejo, medo, culpa, dúvida.
- Desarmonia: úlcera, pedra nos rins.
- Função: poder e força.

Como acabamos de ver, quando um Chacra se encontra com sua área fria, isso indica que ele está em desarmonia. Poderíamos arriscar que a pessoa que estamos investigando pode estar com algum problema no estômago, no pâncreas, na vesícula ou com pedra nos rins, e que a desarmonia no Chacra pode estar afetando seu poder pessoal e sua força.

Utilizando a listagem a seguir, poderemos identificar a harmonia e a desarmonia dos sete chacras, bem como os símbolos, as cores e os elementos que podem nos ajudar em seu processo de reequilíbrio.

BÁSICO: fundamento, sexualidade, sobrevivência, segurança, força, concentração no aqui e no agora, na energia sexual e na cura da área reprodutora.

- Cor: vermelho.
- Área física: órgãos reprodutores.
- Símbolo: quadrado.
- Elemento: Terra.
- Sentido: tato.
- Planeta: Saturno.
- Emoção: frustração, paixão, ira.
- Desarmonia: hemorroidas, ciático, próstata, ovário e útero.
- Função: sexo.

UMBILICAL: intimidade, ardor, imunidade, apetite, energia, sentimentos, intensificação da compreensão das emoções, abertura para novas ideias e celebração.

- Cor: laranja.
- Área física: intestino, rins e adrenalina.
- Símbolo: meia-lua com pontas para cima.
- Elemento: Água.
- Sentido: paladar.
- Planeta: Júpiter.
- Emoção: ansiedade, bem-estar.
- Desarmonia: diabetes, câncer.
- Função: equilíbrio.

PLEXO SOLAR: confiança, força, pensamento claro, aprendizado, alívio da depressão e tensão estomacal, purificação dos pensamentos, auxílio nos estudos, decisões e força pessoal.

- Cor: amarelo
- Área física: estômago, pâncreas, fígado e vesícula biliar.
- Símbolo: triângulo.
- Elemento: Fogo.

- Sentido: visão.
- Planeta: Marte.
- Emoção: poder, desejo, medo, culpa e dúvida.
- Desarmonia: úlcera e pedra nos rins.
- Função: poder e força.

CARDÍACO: crescimento, equilíbrio, amor, empatia, equilíbrio entre corpo, mente e espírito.

- Cor: verde.
- Área física: coração, peito, pulmões, respiração e timo.
- Símbolo: círculo.
- Elemento: Ar.
- Sentido: olfato.
- Planeta: Vênus.
- Emoção: alegria.
- Desarmonia: angina, artrite e coração.
- Função: compaixão.

LARÍNGEO: criatividade, cura, comunicação e autoexpressão.

- Cor: azul.
- Área física: nariz, ouvidos, boca, garganta e tireoide.
- Símbolo: espiral.
- Elemento: Ar.
- Sentido: audição.
- Planeta: Mercúrio.
- Emoção: inspiração e repressão.
- Desarmonia: tireoide e gripe.
- Função: criatividade.

FRONTAL: dons psíquicos, conscientização, quebrar hábitos, visão mágica, maior compreensão e purificar a mente.

- Cor: violeta.
- Área física: olhos, tálamo e glândula pituitária.
- Símbolo: circunferência oval.
- Elemento: Espírito.

- Sentido: visão.
- Planeta: Lua.
- Emoção: obsessão.
- Desarmonia: esquizofrenia e rins.
- Função: percepção extrassensorial.

CORONÁRIO: espiritualidade, amor, eu superior, paz de espírito, expressão, calma e autorrealização.

- Cor: branco.
- Área física: cabeça e glândula pineal.
- Símbolo: pentagrama.
- Elemento: Espírito.
- Sentido: todos.
- Planeta: Sol.
- Emoção: êxtase.
- Desarmonia: psicose.
- Função: libertação.

Psicometria

É a arte de perceber a impressão e a relação psíquica entre os objetos e seus portadores, detectar essas impressões e, por meio dela, relatar a história passada e presente do objeto, do ambiente em que ele se encontrava e de seus portadores.

Exercício 1

Use uma vela e um cristal armazenado em um congelador.
Coloque a vela enrolada em um pano branco e o cristal em outro.
Coloque as mãos um pouco acima do objeto.
Foque sua mão em volta do pano e deslize-a ao redor do objeto.
O que as palmas de sua mão sentem?
O que você sente?
Quais sensações lhe acometem?
Qual a temperatura?

Exercício 2

Segure um objeto por alguns minutos em suas mãos. Leve-o em direção ao Chacra do Terceiro Olho e perceba a aura do objeto. Tente sentir-se como se você fosse o próprio objeto.

Preste atenção às cenas que aparecerem em sua mente. Descreva-as e tente entender o que elas dizem.

Visões na Fumaça

Coloque ervas lunares (vide Compêndio) sobre carvão em brasa, no interior de seu caldeirão. Deixe a fumaça subir e concentre-se nela. Deixe as visões virem até você. Interprete os símbolos que aparecerem na fumaça ou em sua mente durante a visão.

Usando o Pêndulo

Deixe o pêndulo circular por algumas vezes e então comece a fazer perguntas. Conforme o pêndulo for respondendo, visualize a cena daquilo que você estiver perguntando em sua mente e deixe as cenas começarem a interagir. Isso é um portal para a visão.

Visões na Chama

Acenda uma vela e olhe fixamente para a chama, sem piscar, mantendo sua atenção nela. Quando sua vista cansar, feche os olhos e descanse-os por alguns segundos. Reinicie o processo.

Fique atento para as visões e para os símbolos que começarem a aparecer na chama da vela ou em sua mente.

Visões com Pingos d'água

Respingue água em uma superfície escura. Interprete os símbolos formados pelos pingos da água.

Visões nas Cartas do Tarô

Pegue o tarô e aprenda o significado aproximado de cada carta.

Aos poucos, deixe as cartas se comunicarem com você e então conte uma história sobre elas. Você vai perceber que cenas e *flashes* aparecerão em sua mente. Outras imagens lhe serão reveladas e você poderá interpretá-las.

Usando um Espelho Negro

Os espelhos Mágicos sempre foram largamente utilizados pelas culturas antigas.

A Magia dos espelhos foi muito difundida entre os gregos, os celtas, os romanos, os fenícios e os nórdicos. O Espelho Mágico mais antigo foi a água, posteriormente, começou-se a utilizar o cristal e metais como a prata e os modernos espelhos.

Os povos antigos acreditavam que os espelhos eram capazes de aprisionar a alma ou a força vital da pessoa que fosse refletida nele. Além disso, os espelhos são poderosos amuletos que protegem das forças negativas e de espíritos malignos.

O Espelho Mágico da Bruxaria é um vidro côncavo, limpo, polido e pintado de preto em seu convexo. Ele é chamado de *Espelho Negro*; um objeto muito simbólico para todos os Bruxos. Alguns condensadores fluídicos podem ser adicionados à tintura do espelho, podendo ser em forma de pós como os de pérola, conchas, pedra da lua, chifres, sangue de dragão e casca de ovo, todos associados à Lua e que carregam em si os atributos relacionados à sensitividade. Esse espelho pode ser consagrado pelos quatro elementos da natureza e colocado do lado de fora da nossa casa para receber a energia da Lua negra (de três a um dia antes da Lua nova), sendo recolhido antes do sol nascer. A partir desse momento, ele não deverá mais ver a luz do sol, portanto, envolva-os em um pano preto e só trabalhe com ele à noite, à luz de velas. Outro exemplo de consagração que poderá ser usado será dado mais adiante.

Estabelecer um dia para você e para seu Coven criarem um Espelho Negro pode ser uma das inúmeras atividades realizadas pelo seu grupo. Vocês também podem se reunir um dia para realizarem vários dos exercícios ensinados neste capítulo, estudarem e compartilharem suas descobertas sobre a Visão.

Para trabalhar com o Espelho Negro, lance o Círculo Mágico e fique confortavelmente com o objeto que o auxiliará no processo de perscrutação em suas mãos.

O quarto deve estar escuro, iluminado por luz de velas, de maneira que nenhum reflexo seja captado pelo espelho.

Relaxe, deixe os pensamentos intrusos passarem, permita que os seus olhos se desfoquem naturalmente, mas sem tirar a atenção de seu objeto perscrutador. Depois de algum tempo, observe que seu objeto vai ficando meio embaçado e depois claro, apresentando imagens. Mas não fique impaciente, isso pode não acontecer da primeira vez.

Uma vez que as imagens aparecerem, elas devem ser memorizadas e anotadas em seu Livro das Sombras. Procure pelos símbolos mais marcantes e destacados e veja o que eles querem lhe dizer.

Se quiser, poderá fazer uma pergunta ao Espelho e analisar os símbolos e cenas que aparecem.

Através de um Espelho Mágico devidamente consagrado e carregado, é possível contemplar o futuro e obter respostas aos nossos anseios. A predição pelos espelhos mágicos pode se dar por meio de símbolos, *flashs*, insights, cenas rápidas visualizadas no espelho ou na mente do Bruxo, etc.

Os espelhos estão associados à Lua, pois, como ela, refletem a luz do Sol, por isso têm forte ligação com a Wicca.

Consagração do Espelho Mágico

Este ritual de consagração pode ser realizado por todos os Coveners ao mesmo tempo, cada um consagrando o seu espelho pessoal no mesmo rito.

MATERIAL NECESSÁRIO:

- Nove velas pretas
- Um preparado feito com artemísia
- Um espelho comum redondo
- O caldeirão
- Álcool de cereais
- Folhas de artemísia

Procedimento

Lave o espelho com o preparado de artemísia, enquanto diz as seguintes palavras:

Pelos poderes mágicos da Lua

Eu lavo este espelho.

Que através dele eu possa ver aquilo que virá

e os acontecimentos que devem ser previstos.

Pela força das estrelas e do Universo,

eu elimino a sua memória passada e presente,

para que você possa servir aos propósitos mágicos.

Que assim seja e que assim se faça!

Faça um Círculo com as nove velas pretas ao seu redor, acenda-as e coloque o caldeirão o meio do Círculo. Trace o Círculo Mágico de forma tradicional. Feito isso, despeje com cuidado o álcool de cereais dentro do caldeirão, coloque as folhas de artemísia dentro dele e acenda o fogo. Eleve o caldeirão em chamas, apresentando-o à Deusa, depois pegue o espelho e eleve-o aos céus e desça lentamente e comece a olhar para ele. Então diga:

Deusa da face prateada. Encha este recipiente com a sua luz, com braços para agir e olhos para ver em reinos secretos e caminhos escondidos.

Olhe fixamente para o espelho e veja a luz negra da Lua se espelhando por todo o espelho, transbordando e diga:

Deusa das três faces, Donzela, Mãe e Anciã

Desça, suba e venha até mim!

Coloque sua mão sobre o Espelho em forma de bênção e diga:

Deusa da noite estrelada, eu prendo seu poder e sua luz negra dentro deste espelho, perante Você.

Dê uma senha para seu Espelho. Pode ser uma palavra ou um símbolo que deve ser dito ou traçado sobre o mesmo antes de trabalhar com ele.

Erga o Espelho à Deusa e diga:

Eu agradeço a Você, Deusa Tripla

Senhora do Véu Brilhante

Senhora do Arco de Prata
Senhora da Chave Secreta
Donzela, Mãe e Anciã.

Embrulhe o Espelho em um pano negro, destrace o Círculo, apague as velas e jamais deixe que esse espelho veja a luz do sol e seja tocado por pessoas estranhas.

Visualização

Trace o Círculo Mágico, acenda duas velas brancas no seu Altar e posicione-as de forma que seu Espelho fique no meio das duas velas.

Pegue o Espelho e diga:

Espelho do Luar, Espelho da Arte
Deixe-me ver o que vai acontecer
Remova o véu diante de mim, é o que desejo, que seja assim!

Invoque o poder das Guardiãs dos Caminhos:

Guardiã dos quatro Caminhos
Auxiliem-me
Pelos poderes da Terra, do Ar, da Terra e do mar
Encha este recipiente com a força do luar
Eu peço pela Visão com graça, rapidez e perfeição.
Que assim seja e que assim se faça!

Diga ou trace sua senha e com o seu dedo médio, dê três voltas em forma de espiral no sentido horário sobre o espelho. Mentalize que a luz negra da Lua desce em forma de espiral para impregnar o Espelho e ele se abre.

Comece a dizer ininterruptamente até que as imagens comecem a aparecer:

Espelho do Luar, Espelho da Arte
Deixe-me ver o que vai acontecer
Remova o véu diante de mim, é o que desejo, que seja assim!

Quando quiser terminar, novamente com o seu dedo médio, dê três voltas sobre o Espelho, só que agora no sentido anti-horário, para fechá-lo e as visões pararem. Guarde-o novamente envolto num pano negro.

A Bruxaria e a Força dos Ventos

Outra experiência que você e os membros de seu Coven podem ter é o trabalho mágico extrassensorial com os ventos.

Os ventos foram cultuados e adorados em quase todas as culturas antigas do mundo!

Na Antiga Grécia, o culto a Éolo (Vento) e seus quatro mensageiros Bóreas, Zéfiro, Austro e Euro era muito difundido. Segundo a Mitologia Grega, esses quatro ventos tinham uma simbologia profunda e um culto ritualístico envolto em mistérios e magia.

Na China, Feng (O Vento) era adorado na Era Arcaica como um Deus pássaro, semelhante à Fênix. No Egito, Amon era cultuado como Deus dos ventos, pois se acreditava que o refrescante vento do norte provinha de sua garganta.

Na Suméria, Enlil (O Senhor dos Ventos) era aplacado por oferendas e sacrifícios. No México, Ehecatl, o Deus dos Ventos, tinha ritos específicos de invocação e adoração.

Em suma, o vento sempre representou uma força invisível, incontrolável e poderosa, pois sempre foi considerado como o sopro ou a respiração da Grande Divindade Universal.

Para a Bruxaria, os ventos não são apenas movimentos causados pelo ar, mas, sim, manifestações da natureza que revelam as mensagens e as intenções dos Deuses. Por isso, todo Bruxo deve saber interpretar as respostas provenientes desse elemento, seja pelos seus movimentos ou por suas consequências, pois todos esses elementos contribuem trazendo uma resposta aos nossos anseios ou quando um ritual é realizado ao ar livre, por exemplo.

Todo Bruxo deve invocar os poderes dos ventos e aprender a se relacionar com essa energia tão poderosa, sentindo tudo o que ela pode proporcionar a todos nós.

Você e seu Coven podem realizar o ritual a seguir ao ar livre, pedindo uma mensagem dos ventos para uma pessoa especial ou a cada um. Essa mensagem poderá ser interpretada individualmente ou com o auxílio das dicas de interpretação dadas ao final deste capítulo.

O trabalho a seguir propõe que vocês interpretem os movimentos dos ventos e suas manifestações na natureza. Obviamente esse é um trabalho muito intuitivo, e quanto mais abrirem sua percepção, mais os ventos se comunicarão com vocês. Com o tempo, talvez até seja possível de "ouvi-los" falando com vocês.

Ritual de invocação aos ventos

MATERIAL NECESSÁRIO:

- Quatro incensos de jasmim
- Quatro velas nas cores marrom, amarela, vermelha e azul-clara
- Três velas brancas
- O caldeirão
- O athame

PROCEDIMENTO

Este ritual deve ser feito ao ar livre.

Coloque uma das velas brancas dentro do caldeirão e deixe as outras velas separadas, assim como os incensos. Trace o Círculo Mágico e, então, acenda a vela do caldeirão e o coloque no chão, no centro do Círculo, A sacerdotisa volta-se ao Leste (Ponto relacionado ao Ar) e eleva seu athame, dizendo as seguintes palavras:

Senhores dos Caminhos do Leste

Vocês que exercem domínio sobre as grandes verdades

Pelo sagrado poder do athame, eu os invoco

Tragam a sua clareza de pensamento e suas mensagens.

Que eu seja livre para pensar e agir

E que eu seja capaz de compreender as mensagens

que me serão enviadas pelos mensageiros dos ventos

Que assim seja e que assim se faça!

O Senhor do Leste acende a vela amarela e um incenso de jasmim, caminha em direção ao Leste com a vela e o incenso na mão dizendo:

Senhores do Leste, Senhores das chuvas e das tempestades,
Chamo por vocês.
Ouçam meu chamado, venham a mim neste dia!
Ventos uivantes de brisas refrescantes,
Forças da vida e da realização,
Ouçam a minha invocação!

O Senhor do Sul volta-se ao centro do Círculo e acende a vela vermelha e mais um incenso e caminha em direção ao Sul, dizendo:

Poderes do Sul
Senhores da Fúria e da revolta
Chamo por vocês,
Ouçam meu chamado, venham a mim neste dia!
Ventos quentes e do verão,
Poderes de vivificação,
Ouçam a minha invocação!

O Senhor do Oeste acende a vela azul na vela branca do caldeirão e mais um incenso e leva-os ao Oeste, dizendo:

Poderes do Oeste
Senhores da agilidade e da ligeireza
Chamo por vocês,
Ouçam meu chamado, venham a mim neste dia!
Ventos dos amores dos enamorados,
Forças da paixão e da resolução,
Ouçam a minha invocação!

O Senhor do Norte acende a vela marrom e o incenso e se encaminha ao Norte dizendo:

Poderes do Norte,
Senhores da concretização e da sabedoria.
Chamo por vocês
Ouçam meu chamado, venham a mim neste dia
Ventos da do conhecimento e da solidificação
Ouçam a minha invocação!

A Sacerdotisa acende as outras duas velas brancas, segura uma em cada mão, abre bem seus braços e eleva-os aos céus, dizendo:

Quatro ventos, dos quatro pontos, das quatro luas, das quatro estações
Venham até mim neste dia.
Senhores e Senhoras dos quatro Quadrantes
Senhores e Senhoras da vida
Tragam suas mensagens e revelações
Venham, estejam aqui.
Por toda magia, por todo o poder do três vezes três
que assim seja e que assim se faça!

Todos os Coveners sentam-se no chão e ficam atentos às mensagens dos ventos. Neste momento entrem em conexão e sintam o que eles querem dizer a vocês.

Eis algumas dicas para interpretação dos ventos:

- VENTOS QUE UIVAM: mensagens ou notícias que chegarão.
- VENTOS QUENTES: período de turbulência e perigo.
- VENTOS COM BRUMAS: revelação de segredos.
- OUVIR O BARULHO DAS FOLHAS DAS ÁRVORES: período de prosperidade.
- VENTOS DO NORTE: prosperidade, riqueza, resolução de problemas, período de concretização e centralização, momento em que é necessário se estabelecer, definir metas, definir prioridades.
- VENTOS DO LESTE: chegada de mensagens, revelação de segredos, retomada dos estudos, período de fofocas e de intrigas, momento de criatividade e de inspiração.
- VENTOS DO SUL: momento de lutas, de batalhas, pode indicar bruxedos enviados, acidentes, assaltos, paixões fulminantes, necessidade de se mobilizar mais para poder realizar o que você quer.
- VENTOS DO OESTE: fertilidade, gravidez, intuição que começará a se abrir, amores verdadeiros, a chegada de um novo amor, casamento.
- VENTOS QUE FAZEM REDEMOINHO: período de turbulência.
- VENTOS QUE VÊM DE FRENTE: obstáculos, problemas a serem enfrentados.

Abra a sua percepção para aumentar essa lista de significados.

17

Ervas mágicas

O USO DAS ERVAS NOS RITUAIS e encantamentos é muito importante. O que você e os membros de seu Coven conhecem sobre ervas mágicas? Conhecer um pouco sobre as propriedades mágicas e a estrutura das plantas é imprescindível para um bom Bruxo e um Covener aplicado.

Desde tempos antigos os Bruxos sempre estiveram associados com o uso mágico das ervas, podemos encontrar referências sobre isso em praticamente todas as culturas que celebravam o Sagrado Feminino.

Os celtas reverenciavam suas árvores sagradas, acreditando que cada planta possuía um espírito que, quando despertado, poderia ajudar toda humanidade.

Os povos antigos foram os primeiros a usar banhos de infusões e chás para curar, acalmar ou renovar. Os banhos litúrgicos com ervas fazem parte de praticamente todos os ritos de passagem das culturas primitivas e religiosidades com princípios xamanísticos.

Do ponto de vista mágico, todas as coisas, incluindo o reino vegetal, possuem uma centelha do espírito divino da Deusa, da mesma forma que cada um de nós que caminha sobre a Terra. Sendo assim, todos nós podemos nos comunicar com os diferentes espíritos que residem nas pedras, nos animais e nas plantas, inclusive para conseguir seus favores. Ao usarmos as ervas para Magia, contatamos o seu espírito divino e, solicitando os seus favores, conseguimos transformar o nosso mundo interior e o mundo a nossa volta.

Vamos conhecer um pouco da estrutura das plantas para vermos a sua semelhança com a estrutura humana. Você e o seu Coven podem se reunir para estudar e debater o fantástico e mágico mundo vegetal.

Constituição das Plantas

Todos os vegetais possuem cinco princípios em sua constituição que estão associados aos cinco elementos da Natureza:

1. A matéria formada pela Água.
2. Uma alma formada pelo Ar.
3. Forma associada ao Fogo.
4. A matéria propriamente dita, associada à Terra.
5. A quintessência sagrada, formada pela junção dos quatro elementos pelos quais é possível o crescimento da planta.

Olhando mais acuradamente, percebemos que do ponto de vista gerativo encontramos sete forças mágicas em ação, associadas aos sete planetas mágicos conhecidos desde a antiguidade e que são a base das correspondências mágicas:

1. A matéria – Saturno.
2. O princípio ativo – Marte.
3. A ligação entre os dois anteriores – Vênus.
4. O movimento – Mercúrio.
5. A alma do vegetal – Júpiter.
6. O espírito – Lua.
7. O corpo da planta – Sol.

É exatamente por esse motivo que as ervas e as plantas utilizadas nos rituais estão sempre associadas aos elementos da natureza e aos planetas mágicos.

Estrutura das plantas

As partes anatômicas das plantas são três:

1. A massa geral das plantas, que é formada pelo tecido celular, que exerce a função de órgão digestivo.
2. Os intervalos entre as células formam canais que se estendem por toda a planta, conduzindo a seiva para que ela se nutra. Esses canais intercelulares são o que os vasos sanguíneos e as veias são para nós.

3. Outro canal, formado por uma fibra contornada em espiral, exerce a função de conduzir o ar por toda a planta. É para a planta o que a traqueia é para nós.

Os diferentes tipos de plantas

Existem muitos tipos de plantas e muitas delas são desprovidas dos principais órgãos não reprodutores:

- Raiz
- Caule
- Folhas

A seguir, encontram-se listados os principais tipos de plantas:

ALGAS: plantas marinhas, os aguapés de água doce e os planctos (que flutuam no mar). A maioria tem coloração parda (leófitos) ou vermelha (rodófitas). As algas possuem reprodução sexuada por meio de esporos que flutuam ou se deslocam nas águas, também se reproduzem assexuadamente por meio da fragmentação.

FUNGOS: vivem na terra e/ou em matérias em decomposição. A maioria deles é parasita terrestre. Sendo assim, muitos deles não possuem coloração verde e nem precisam da luz.

LIQUENS: vivem na terra e são formados pela simbiose de fungos e algas.

SAMAMBAIAS: são chamadas de filicíneas e possuem caule, raiz e folhas. Podem chegar a ter a altura de uma árvore em climas tropicais.

GIMNOSPERMAS: entre seus espécimes as gimnospermas têm as árvores mais altas de que temos conhecimento. Existem dois tipos de plantas gimnospermas; um deles com folhas grandes e outro com folhas pequenas, em locais de clima frio, como o caso dos lariços, pinheiros e teixos.

ANGIOSPERMAS: são aquelas que apresentam flores e têm os órgãos reprodutores constituídos pelas folhas e formam uma quantidade de plantas bem ampla, com grandes variedades de formas, crescendo nos mais diferentes ambientes.

Relação dos 4 elementos com as ervas

Usar esta tabela é muito simples. Ela serve para classificar a relação de um elemento, ou de mais de um deles, correspondente a determinada erva.

Basta verificarmos com qual elemento as características das ervas se assemelham. Sendo assim, verificamos que uma planta como o manjericão, de aroma penetrante e sabor picante, por exemplo, está associada ao elemento Fogo por ter essas características em sua composição. Assim, fica muito mais fácil classificarmos as ervas e descobrirmos qual sua finalidade mágica, mesmo quando não encontramos nenhuma referência sobre ela em livros de herbologia mágica. Quanto mais características do mesmo elemento ela tiver, mais ligada a ele a erva estará.

Você e o seu Coven devem gastar algum tempo decorando essas referências, até que saibam de cabeça todas as classificações para, assim, conhecerem as propriedades das ervas na Magia.

	PERFUME DAS FLORES	SABOR DOS FRUTOS	COR DAS PLANTAS OU DAS FLORES	FORMA (PLANTAS OU FLORES)	VOLUME (PLANTAS OU FLORES)
Terra	Desagradável	Azedo	Verde, marrom, preto, amarelo	Delgada	Grossas, pequenas
Ar	Suave	Açucarado	Amarelo, azul	Ondulada	Muito altas
Fogo	Penetrante	Picante	Encarnada	Retorcida	Médio
Água	Nenhum	Ácido	Esverdeada	Trepadeira	Caule pequeno Frutos grandes

Relação dos 7 planetas mágicos com as ervas

Esta tabela é usada da mesma maneira que a anterior relacionada aos elementos. No entanto, ela serve para classificar as ervas de acordo com os 7 planetas mágicos. Veja no Compêndio, ao final deste livro, as correspondências dos elementos e dos planetas com seus significados mágicos. Se você e os membros de seu Coven não são peritos ainda em analogia, poderão consultar o Compêndio para conhecer os atributos de cada elemento ou planeta e, assim, relacionando-os às ervas.

	TAMANHO	FLOR	ODOR	FRUTOS
Saturno	Grande e triste	Flores negras e cinzas	Odor desagradável	Frutos ácidos e venenosos
Júpiter	Grande, frondoso	Flores brancas e azuis	Inodoro	Ligeiramente ácidos
Marte	Pequeno, espinhoso	Vermelhas e pequenas	Picante	Venenosos
Sol	Médio	Amarelas	Muito aromático	Agridoce
Vênus	Pequeno, florido	Belas, alegres	Fino, delicado	Açucarados
Mercúrio	Médio, sinuoso	Pequenas, cores variadas	Penetrante	Diversos sabores
Lua	Caprichoso	Brancas	Suave	Suculentos

Fazendo uma tabela de correspondências das ervas

Os Coveners podem recolher algumas ervas ou folhas de árvores próximas à região onde moram e classificá-las de acordo com sua textura, cor, sabor e cheiro nas reuniões do grupo.

Isso é muito interessante, pois vai possibilitar que criem uma tabela pessoal sobre as ervas, que pode ser consultada a cada ritual antes de tal erva ser utilizada.

Cada Covener pode se responsabilizar por catalogar uma quantidade específica de ervas e depois compartilhar suas descobertas com os outros membros do grupo. Agindo assim, vocês terão em breve uma grande lista de ervas para usos mágicos em mãos. A seguir estão algumas ervas já classificadas, adicionem à sua lista:

ERVA	PLANETA	ELEMENTO	ATRIBUTOS
Acanto	Marte	Fogo	Aumenta a força e a coragem.
Açafrão	Sol	Fogo	Sucesso e dinheiro.
Alecrim	Mercúrio	Ar	Fortalece a saúde, o amor e a proteção espiritual.

Erva	Planeta	Elemento	Atributos
Arruda	Marte	Fogo	Elimina energias nocivas e atrai proteção.
Artemísia	Vênus	Terra	Sonhos proféticos, conhecimentos psíquicos, realização de projetos.
Azevinho	Sol	Fogo	Atrai sorte, prosperidade e proteção.
Basílico	Marte	Fogo	Consciência, paz, alegria e dinheiro.
Baunilha	Vênus	Água	Amor e desejo sexual.
Benjoim	Mercúrio	Ar	Energia mágica e física.
Bétula	Vênus	Terra	Ritos de exorcismos, purificação e proteção.
Calêndula	Sol	Fogo	Saúde, sonhos psíquicos e sonhos proféticos.
Camomila	Vênus	Água	Meditação, paz e bom sono.
Canela	Sol	Fogo	Energia física, conhecimentos psíquicos, prosperidade e amor.
Cânfora	Lua	Água	Purificação, energia física.
Carvalho	Saturno	Terra	Prosperidade.
Cedro	Sol	Fogo	Espiritualidade, autocontrole, exorcismos.
Cinco em rama	Júpiter	Fogo	Afasta as adversidades, atrai a sorte, harmoniza o campo áurico.
Cipreste	Saturno	Terra	Saúde e tranquilidade.
Confrei	Saturno	Terra	Segurança e favorece viagens bem-sucedidas.
Cravos	Sol	Fogo	Energia física, amor, energia mágica.
Cravos da índia	Júpiter	Fogo	Memória, coragem, proteção, cura e prosperidade.
Dente-de-leão	Júpiter	Fogo	Realização de desejos.
Erva cidreira	Júpiter	Ar	Paz, dinheiro, purificação.
Freixo	Sol	Fogo	Prosperidade, proteção e saúde.

Ervas mágicas | 301

Erva	Planeta	Elemento	Atributos
Gengibre	Marte	Fogo	Energia para Magia, sexo, amor, dinheiro, coragem. É um grande potencializador.
Hortelã	Sol	Fogo	Purificação, otimismo, alegria e saúde.
Ipérico	Marte	Fogo	Exorcismos, sonhos proféticos, afasta os pesadelos.
Íris	Vênus	Água	Amor e poderes extrassensoriais.
Jasmim	Lua	Água	Amor, paz, espiritualidade, sexo, bom sono.
Junípero	Sol	Fogo	Proteção, purificação e recuperação.
Lavanda	Mercúrio	Ar	Amor e paz.
Limão	Lua	Água	Purificação e energia física.
Maçã	Vênus	Água	Amor, paz e alegria.
Madressilva	Júpiter	Terra	Prosperidade, dinheiro, conhecimentos ocultos.
Magnólia	Vênus	Água	Amor.
Malvisco	Lua	Água	Aumenta os poderes psíquicos e atrai proteção.
Mandrágora	Saturno	Terra	Ritos de amor, fortalece o poder mágico, obtenção de desejos, atrai sorte.
Manjericão	Marte	Fogo	Amor, exorcismo, clarividência, cura dos males, favorece a clarividência.
Menta	Mercúrio	Ar	Energia física e prosperidade.
Milefólio	Vênus	Água	Amor e ritos de exorcismos.
Mirra	Júpiter	Água	Espiritualidade e meditação.
Morango	Vênus	Água	Atrai amor, sorte e fortalece as amizades.
Mostarda	Sol	Fogo	Atrai proteção, prosperidade e fertilidade.
Murta	Vênus	Terra	Concede vitória e garante o amor.

302 | Coven - Rituais e Práticas de Wicca para Grupos

Erva	Planeta	Elemento	Atributos
Nenúfar	Lua	Água	Provoca sonhos lúcidos, visões e facilita a projeção consciente.
Nogueira	Sol	Fogo	Saúde e conquista de objetivos.
Noz-moscada	Júpiter	Fogo	Energia mágica, dinheiro, energia física.
Oliveira	Sol	Fogo	Paz, proteção, harmonia e proteção.
Pinheiro	Marte	Ar	Saúde, purificação, proteção e prosperidade.
Poejo	Marte	Fogo	Atrai força, proteção e paz.
Romã	Mercúrio	Terra	Atrai fertilidade, realização de desejos e amor.
Rosa	Vênus	Água	Amor, paz, sexo e beleza.
Sabugueiro	Lua	Água	Protege viagens e favorece o aprendizado mágico.
Salgueiro	Lua	Água	Amor, proteção e cura.
Sálvia	Mercúrio	Ar	Euforia e calmante.
Sândalo	Lua	Água	Espiritualidade, saúde e concede desejos.
Tomilho	Sol	Água	Coragem e consciência.
Trigo	Vênus	Terra	Atrai fertilidade, prosperidade e abundância.
Urtiga	Marte	Fogo	Afasta energias maléficas, pessoas indesejadas e fortalece a saúde.
Uva	Lua	Água	Fertilidade e prosperidade.
Valeriana	Vênus	Ar	Proteção, amor, purificação e reconciliação de casais.
Visco	Sol	Fogo	Fecundidade, sorte, prosperidade, protege a casa e afasta raios e tempestades.
Zimbro	Sol	Fogo	Atrai proteção, amor, saúde e fortalece a energia sexual masculina.

18

Símbolos, talismãs e óleos mágicos para o Coven

Os Símbolos Sagrados

CONHECER ALGUNS SÍMBOLOS MÁGICOS é muito importante na hora de realizar um ritual, quando vamos inscrever nosso desejo em uma vela ou quando vamos fazer um talismã. Você e os membros de seu Coven devem gastar algum tempo aprendendo e desenvolvendo seus próprios símbolos para serem usados em suas práticas mágicas.

Neste capítulo, vamos conhecer alguns dos símbolos mais importantes e comuns da Arte. Como todos os temas até agora expostos, seria bom que desenvolvessem uma tabela apontando o que cada símbolo representa para vocês. É interessante que criem, também, alguns símbolos pessoais, que poderão ser usados nos rituais para representarem determinados desejos.

Os símbolos mágicos são o coração da espiritualidade, são gráficos que condensam uma informação em comum. O símbolo, quando percebido pelos sentidos, evoca o eco de uma experiência. Quanto mais profunda e mais significante a experiência, mais poderoso é o símbolo. Ele pode tomar a forma de uma imagem, de um som, de uma palavra ou de uma ação, ou ainda de um objeto, ou seja, de tudo o que tem uma existência física, concreta no mundo. É importante notar a fisicalidade dos símbolos. Ideias e conceitos podem surgir por eles, mas não podem ser chamados de símbolos por si só.

A experiência evocada pelos símbolos pode ficar somente na memória daquele que experiencia a situação e pode ter um significado puramente pessoal. Ou pode ser verbalizado e transmitido, tornando-se propriedade de muitos, possuindo significado espiritual para indivíduos de acordo com o entendimento de cada um.

Um símbolo tem poder tanto pessoal quanto histórico. Pessoal pela virtude de suas habilidades em evocar profundos sentimentos em uma pessoa, e histórico por permitir que muitos o interpretem. Em ambos os casos, o símbolo físico é a experiência original, a mensagem esclarecedora e direta, a mais profunda e compelidora voz. Ao longo dos tempos, o símbolo pode sofrer alterações em seus significados, pois quanto mais remota e inacessível é a mensagem pertencente a um símbolo, mais mutável e misterioso é seu entendimento. Qualquer símbolo faz parte dos processos da vida que são mutáveis e inevitáveis.

Os símbolos precisam ser entendidos e interpretados. Geralmente, eles trazem consigo um pouco da energia do renascimento, pois são veículos de uma compreensão posterior, mesmo quando não estamos mais trabalhando especificamente com eles. Um exemplo disso ocorre no mundo oculto que utiliza largamente símbolos reconstituídos. Hoje, eles são utilizados em modernas agendas que carregam pouca ou nenhuma relação com a experiência original que deu nascimento a tais símbolos, provando, assim, que existe algo muito além do nosso entendimento, que chama o homem a fazer uso de seus símbolos novamente.

Para a magia fazer da experiência do símbolo uma verdade, não importa se ele é velho ou novo, pois em ambos os casos ele é investido com a verdade experimental. A natureza tem o poder de conversar diretamente com a alma. Exatamente por esse motivo, uma centelha de reconhecimento vai passar por alguém quando esse se estender entre as pedras de um templo em ruínas, por exemplo, ou quando tocar em algum manuscrito de eras longínquas e esquecidas. Nenhum símbolo pode nascer ou permanecer vivo sem essa centelha de contato entre um ser vivo e o universo vivo. Nenhuma construção intelectual, nenhuma antiga fórmula pode existir sem isso.

Em vista disso, a construção de novos símbolos (re)expressam constantemente verdades perenes que são constantemente esquecidas.

O símbolo é um progresso da criação que dá à magia outra interpretação simbólica de vitalidade e poder.

Simbologia, como feitiços, por exemplo, são muito individuais e pessoais, no entanto, existem muitos símbolos em comum usados na Bruxaria. Quando carregados com nossa vontade e nosso desejo, os símbolos podem se tornar um talismã poderoso. Os mais comuns utilizados estão listados aqui, mas é necessário salientar que, os símbolos mais poderosos são aqueles relevantes ao seu usuário ou inventados por ele.

Os Símbolos mais comuns

Símbolos zodiacais podem servir para representar uma pessoa de um determinado signo em velas, talismãs, etc. Quando sabemos mais dados, como signo lunar e ascendente da pessoa a ser influenciada, por exemplo, podemos usar esses símbolos como exemplificado para ligar um objeto ou o nosso desejo a ela ainda mais. Cada signo tem uma cor sagrada e, unir o símbolo a sua cor, lhe dá mais força. O mesmo ocorre com os símbolos planetários que são usados conjuntamente a suas cores sagradas em velas, talismãs, papéis escritos com um pedido, etc., para representar um desejo durante os rituais.

Zodiacais Planetários

♈	Áries Cor: vermelha	♂	Marte Cor: vermelha Atributos: coragem e proteção.
♉	Touro Cor: verde	♀	Vênus Cor: rosa Atributos: amor e equilíbrio.
♊	Gêmeos Cor: amarela	☿	Mercúrio Cor: amarela e marrom Atributos: comunicação e vendas.
♋	Câncer Cor: branca	☽	Lua Cor: branca Atributos: poderes mágicos e fertilidade.

♌	Leão Cor: laranja	☉	Sol Cor: laranja Atributos: sucesso e prosperidade.
♍	Virgem Cor: marrom	♇	Plutão Cor: vermelho-escuro Atributos: poder.
♎	Libra Cor: rosa	♃	Júpiter Cor: azul-marinho Atributos: riqueza e herança.
♏	Escorpião Cor: vermelho-escuro	♄	Saturno Cor: preta Atributos: contenção.
♐	Sagitário Cor: azul-marinho	♅	Urano Cor: azul-claro Atributos: idealismo e possibilidades.
♑	Capricórnio Cor: preta	♆	Netuno Cor: lilás. Atributos: espiritualidade.
♒	Aquário Cor: azul-claro	⊕	Terra Cor: verde Atributos: estruturas e solidificação.
♓	Peixes Cor: púrpura		

Elementos

Os símbolos dos elementos também podem ser utilizados como referência para a construção de talismãs, em velas, gravados em pedras, etc.

A seguir, encontram-se os símbolos ocidentais dos elementos, acompanhados de suas respectivas cores e atributos para que vocês possam usá-los em seus rituais.

▽	Terra Verde	Estabilidade, solidez, prosperidade, sucesso, fertilidade, estruturação e força de vontade.
△	Ar Amarelo	Conhecimento, inspiração, criatividade, harmonia, liberdade e habilidades psíquicas.

△	Fogo Vermelho	Energia, vigor, purificação, transformação, mudança, paixão, sexualidade e coragem.
▽	Água Azul	Emoção, sentimento, amor, inconsciente, felicidade, simpatia e intuição.

Símbolos Rúnicos

Símbolos rúnicos talvez sejam os mais usados entre os Bruxos para propósitos mágicos. A seguir, encontram-se os símbolos e seus significados mais comuns para referência na hora de usá-los nos rituais.

ᚠ	Fehu	Conquistar fortuna.
ᚢ	Uruz	Projetos que não foram concluídos.
ᚦ	Thurisaz	Comunicação com os Deuses.
ᚨ	Ansuz	Busca da sabedoria e conhecimento.
ᚱ	Raitho	Para seguir o rumo certo.
ᚲ	Kano	Abertura nos projetos e oportunidades.
ᚷ	Geibo/Gebo	União; casamento; associação bem-sucedida.
ᚹ	Wunjo	Alegria; amor; vitórias em todos os projetos.
ᚺ	Hagalaz	Vencer Interrupções e limitações naturais.
ᚾ	Nauthiz	Superar carências e deficiências.

	Isa	Sair do isolamento; depressão; adiamento.
	Jera	Justiça; colheita farta.
	Eiwas/Eihwaz	Morte e renascimento; reflexão na vida.
	Perdra/Perth	Chave; revelações de coisas ocultas.
	Algiz	Para obter a proteção dos Deuses.
	Sowelu	Para obter sucesso de todas as ordens.
	Tywas/Teiwaz	Vencer inimigos; afastar o mal e proteção.
	Berkana	Fertilidade; nascimento de ideias; concepção.
	Ehwas	Transformações e mudanças.
	Mannaz	Novos inícios e sucesso em todos os começos.
	Laguz	Intuição e criatividade.
	Ingwaz/Inguz	Fechamento de ciclos, agir com prudência.
	Odala/Othila	Assuntos ligados à família e ao lar.
	Dagalaz/Dagaz	Transformações necessárias; esperança.

Outros símbolos importantes poderão ser gravados em talismãs ou usados sobre o altar, pintados em pedras, em conchas ou pirogravados em plaquetas de madeira.

Símbolos, talismãs e óleos mágicos para o Coven | 309

	Ankh	Cruz egípcia simbolizando a mítica vida eterna, o renascimento e o poder doados de vida do Sol. Também conhecido como "Cruz Ansata".
	Círculo	Símbolo universal de unidade, totalidade, infinito, representando a Deusa e o poder Feminino. Para as religiões centradas na Terra, é um símbolo que representa o Sagrado Feminino, a Mãe Terra e o Espaço Sagrado.
	Roda de Oito Raios	Representa todas as possibilidades da vida. O ciclo de nascimento, vida e morte do Deus, os oito Sabbats, o fluir da vida, as oito formas de fazer magia.
	Cruz	Representa os quatro elementos: Terra, Ar, Fogo e Água.
	Olho de Hórus	Representa a vitória sobre as batalhas, usado para afastar o mal.
	Hexagrama	Ligação entre Deuses e os homens.
	Bogha Bride (Cruz Solar)	Símbolo que representa os ciclos de nascimento, vida e morte da Deusa, usado por inúmeras culturas pagãs.
	Pentagrama	Estrela de cinco pontas, representa os cinco elementos, Terra, Ar, Fogo, Água e o Espírito.
	Triluna	Símbolo sagrado da Deusa, representa suas três faces: Donzela, Mãe e Anciã.
	Triquerta	Representa a Deusa Tríplice e todos os aspectos tríplices: Donzela, Mãe e Anciã.
	Triskle	Nascer, viver e morrer; os mundos celtas (Terra, Céus e Mares). É também um símbolo de proteção.

Confeccionando Talismãs

Qualquer objeto que tenha sido carregado magicamente com poder para realizar certas funções é considerado um talismã, um símbolo mágico que pode ser usado para que tais influências sejam sentidas. Talismãs têm sido usados desde a Era Paleolítica, quando as mulheres usavam imagens pintadas nas paredes das cavernas ou em pedras para representar a caça, o nascimento, morte e renascimento.

Os símbolos, como vimos nas páginas anteriores, podem ser vistos como um reservatório de poder. Um pentáculo, por exemplo, pode nos lembrar dos cinco elementos, ilustrando como o poder em questão pode estar interconectado, remetendo-nos ao pensamento de que esses poderes estão dentro de nós. E pode também conjurar a imagem do corpo humano, com braços e pernas abertos, nos lembrando de que os cinco elementos da natureza estão dentro e fora de nós, interconectados e progredindo. Com isso em mente, o pentáculo se torna um símbolo para essas qualidades e, assim, quando usado em um ritual, pode trazer tais forças a nós quando necessário.

O entendimento e o uso de um símbolo mágico é uma forma de arte essencial para o estudante de qualquer caminho mágico. A manipulação dos símbolos constitui uma linguagem que é entendida pela parte de nossa alma que é utilizada para fazer magia. Talismãs são formas pré-verbais direta de comunicação, que opera por meio de uma linguagem simbólica.

Você e o seu Coven podem ter reuniões memoráveis, em que símbolos são estudados e talismãs são construídos. Reúnam-se eventualmente para trabalharem com a Magia Talismânica, que é uma das mais fáceis e eficazes formas de Magia.

Elementos que devem ser observados pelos coveners durante a confecção de um talismã

Todas essas informações podem ser vistas no Compêndio, caso não saibam de cabeça as correlações associadas aos desejos, planetas e elementos da natureza.

1. O dia e hora em que o talismã é feito. Leve em consideração a fase lunar também.
2. As analogias como ervas, cores, aromas, pedras, metais para serem colocadas dentro de saquinhos, que quase sempre servem de corpo para os talismãs.
3. Um fio de cabelo, um pedaço de unha ou um objeto pessoal para servir de testemunho e impregnar energia pessoal ao talismã, de forma que ele saiba para quem trabalhar.
4. A própria imaginação. Figuras de animais, Deuses e outros símbolos criados que julgar útil ou necessário.
5. Frases de poder que podem ser inscritas nos talismãs.
6. Desfazer-se dos Talismãs quando ele cumprir sua função.

Percebemos, assim, que a função dos Talismãs se fundamenta em três elementos básicos que devem ser observados em sua confecção:

a. O tempo empregado para sua construção.
b. A matéria da qual ele é feito.
c. As figuras e os desenhos que contém.

Construindo um talismã

Vamos ver aqui um exemplo de construção simples de um talismã para amor, usando correspondências.

Sabemos que o planeta associado ao amor é Vênus, Deusa da paixão e da sexualidade na cultura Romana. Partindo desse princípio, se olharmos no Compêndio, vamos ver que a cor de Vênus é a cor-de-rosa, uma de suas ervas sagradas é a própria rosa e seu dia sagrado é a sexta-feira, governando sobre o horário das 20h do mesmo dia.

Sendo assim, eu poderia começar a construir o meu talismã numa sexta-feira, às 20 horas, fazendo um pequeno saquinho de feltro cor-de-rosa, em forma de coração, colocando dentro dele algumas rosas secas com um fio de cabelo, bordando ou pintando o símbolo de Vênus, como visto anteriormente, e fechando-o. Em seguida, eu o consagraria, ungindo-o com um óleo de rosas, enquanto meditaria sobre o meu desejo, pedindo o auxílio da Deusa para enviar as suas bênçãos ao talismã que acabei de construir.

Como regra de uso em todos os talismãs, eu o carregaria sempre comigo, deixando-o próximo ao meu corpo ou em qualquer lugar que eu pudesse sempre tocá-lo, reforçando meu pedido toda vez que isso acontecesse.

Essa é a forma básica de construção de todos os talismãs. Consulte o Compêndio no final do livro para saber quais os outros planetas e seus atributos, de forma que talismãs diferentes sejam criados para outras finalidades.

Construindo um bindrunes

Bindrunes significa literalmente junção de Runas.

Você e o seu Coven podem se reunir para construírem juntos os seus talismãs e carregá-los de poder, e um Bindrunes é uma das formas mais gostosas e fáceis de construir um.

Fazer um Bindrunes é muito simples. A ideia é escolher os símbolos que representam seu desejo e intercalá-los em uma roda de oito raios, construindo seu talismã sempre no sentido horário. É possível escolher até quatro símbolos diferentes que representam seu desejo e intercalá-los na roda.

O Bindrunes pode ser gravado em um pedaço de madeira ou em argila, couro, pedras, conchas, lascas de troncos ou em qualquer outra fonte natural.

Vamos dar um exemplo de um Bindrunes construído para terminar um projeto financeiro há muito começado e que por vários fatores não foi concluído.

Percebemos que os melhores símbolos para esse assunto são as Runas Fehu e Uruz. Assim, criamos uma roda de oito raios, como a demonstrada:

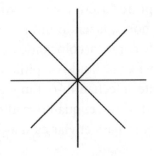

Em seguida, colocamos a Runa Fehu em um dos raios.

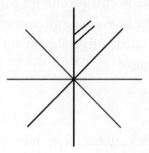

Logo depois dela, colocamos no raio seguinte a Runa Uruz.

E assim, continuamos intercalando os símbolos até preenchermos todos os raios da roda como demonstrado no Bindrunes finalizado:

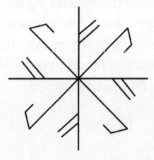

Após terminar seu Bindrunes, será necessário fazer um pequeno ritual de Consagração. Ele pode ser ungido com um óleo apropriado ao seu desejo (vide Compêndio), ser abençoado pelos quatro elementos ou ser apresentado aos Quadrantes ou consagrado a uma Deusa em um ritual do Coven, quando ele será carregado magicamente por energia elevada, etc.

Depois ele deve permanecer por aproximadamente três dias no escuro, embaixo da terra, ou envolto em um pano preto.

Passado esse período, leve-o sempre com você na carteira, no bolso, no carro etc. Quando o talismã tiver cumprido sua função, queime-o e jogue suas cinzas aos ventos.

Óleos Mágicos

O uso dos óleos e de materiais fragrantes para ungir o corpo é um costume que remonta à antiguidade e esteve presente em diferentes povos antigos como os hebreus, os celtas e os egípcios. Seu uso cerimonial e sagrado se perpetuou, sendo usado até hoje em diversas cerimônias religiosas. Há tempos se acredita que os odores têm efeitos naturais e sobrenaturais curiosos sobre a humanidade. Magos dos tempos antigos ungiam seus corpos com óleos, que influenciavam profundamente em seus sentidos, induzindo-os a visões e a contatos com o mundo espiritual.

O uso dos óleos mágicos é uma forma primal de entrar em contato com o sobrenatural e o uso dos odores como um estimulante psicológico é uma ótima alternativa para que esse contato se estabeleça. Muitas pessoas são sensíveis a diferentes fragrâncias, e existem inúmeras maneiras de usar os óleos para objetivos mágicos.

Você e o seu Coven poderão utilizar algumas de suas reuniões para fazerem seus próprios óleos, o que é simples e ao mesmo tempo satisfatório. No final deste capítulo tem alguns exemplos de óleos muito úteis para o Coven, vocês podem se reunir para confeccionar e abençoarem seus próprios óleos nos rituais do seu grupo.

Vestindo as velas

O simples contato das mãos com as velas pode impregnar nelas os pensamentos e os desejos humanos.

Quando usamos velas em rituais mágicos, elas devem ser ungidas, para que a influência energética que outras pessoas tenham colocado nelas antes seja anulada.

Se desejarem atrair algo, unjam a vela do pavio para a base. Para afastar, unjam a vela da base para o pavio.

Para neutralizar algo, vocês deverão ungir a vela do pavio para a base e da base para o pavio.

Para colocarem as forças em movimento, unjam a vela primeiro do meio para o pavio e depois do meio para a base.

Ungindo talismãs

Para intensificar o poder dos talismãs, muitas pessoas utilizam óleos mágicos que representem seus desejos e intenções para ungi-los.

Já para ungir um talismã em forma de saquinho quadrado, molhe as pontas dos seus dedos com o óleo desejado e então unja seus quatro cantos, no sentido horário, tendo claramente em sua mente seu desejo. Depois ligue os pontos começando pelo ponto superior direito e movendo sua mão, no sentido horário, ponto a ponto, terminando novamente na ponta superior direita.

Num talismã circular, unja sequencialmente o símbolo, começando no Norte, indo para o Leste, Sul e Oeste. Depois, ligue os pontos começando no Norte, seguindo no sentido horário, terminando no Norte novamente.

Usualmente, a consagração dos talismãs é repetida com frequência para carregá-los.

Essa forma de consagração pode ser feita também com simples papéis contendo o símbolo do nosso desejo, que após ungido com um óleo apropriado pode ser por nós usados com o mesmo efeito de um talismã.

Ungindo objetos

Para instrumentos mágicos e outros utensílios usados em rituais ou no corpo, a consagração dos óleos é realizada de forma triangular.

Quando estiver consagrando algo que queira projetar a energia de atração, unja o objeto como se estivesse fazendo um triângulo imaginário invertido, puxando a energia na sua direção.

E se quiser implementar uma energia de banimento, unja o objeto como se estivesse repelindo a energia, untando o triângulo imaginário de seu vértice inferior para as outras duas superiores, como se estivesse abrindo algo.

Ungindo o corpo

Quando for ungir o corpo, imagine dois triângulos – um com o vértice para cima (do umbigo à cabeça) e outro com o vértice para baixo (do umbigo aos pés).

Se estiver se sentindo deprimido ou estressado, a unção deve ser feita do umbigo para a cabeça.

E se quiser atrair amor ou favor de outras pessoas, comece a unção da cabeça para o umbigo.

Para afastar energias negativas e a influência de pessoas ou associações indesejadas, comece a unção do umbigo para os pés.

Já para atrair boas energias, comece a unção dos pés para o umbigo.

Outros usos

Uma garrafa de óleo pode ser simplesmente guardada em um quarto para atrair ou repelir influências.

Óleos também podem ser usados em banhos, *dágides* ou imagens.

Também podem ser adicionadas em incensos ou perfumes. Outro uso muito comum é respingar algumas gotas na roupa.

Os óleos e suas influências

ALECRIM: fortalece a saúde; amor e proteção.

ALFAZEMA: afasta as más energias; traz paz, acalma e regula o sono.

ALMÍSCAR: fortalece a energia sexual e o magnetismo pessoal.

ARRUDA: elimina as energias nocivas e atrai proteção.

BENJOIM: atrai energia mágica e física.

CANELA: atrai conhecimentos psíquicos, prosperidade e amor

CÂNFORA: usado para purificação e energia física.

CEDRO: espiritualidade; autocontrole e exorcismos.

CIPRESTE: atrai saúde e tranquilidade.

CRAVOS: memória; coragem; proteção; cura e prosperidade.

JASMIM: amor; paz; espiritualidade; sexo e bom sono.

LAVANDA: amor e paz.

MENTA: energia física e prosperidade.

MIRRA: espiritualidade e meditação.

PATCHULI: sexo; energia e prosperidade.

PINHO: saúde; purificação; proteção e prosperidade.

RAÍZES: conecta com as energias telúricas; atrai riqueza e solidifica.

ROSAS: amor; paz e beleza.

SÂNDALO: realização de desejos; saúde e espiritualidade.

VERBENA: amor e purificação.

Alguns óleos para seu Coven

A seguir, encontram-se algumas receitas tradicionais de óleos mágicos Wiccanianos que podem ser feitos por você e pelos demais Coveners,
para utilizar nos rituais. Não deixe de levar em consideração dia, hora e
Lua em que os óleos são confeccionados e, se quiserem, poderão adicionar
energia especial escolhendo um frasco na cor mais apropriada ao óleo.

Óleo da Sacerdotisa

Pode ser utilizado pela Sacerdotisa para ungir os Coveners e objetos mágicos.

- Uma gota de óleo essencial dama da noite
- Três gotas de óleo essencial de rosas
- Uma gota de óleo essencial de verbena
- 20 ml de óleo mineral

Óleo da Mãe Terra

Usado para nos conectar com a energia da Deusa em sua face de nutridora.

- Três gotas de óleo essencial de patchuli
- Duas gotas de óleo essencial de musk
- Três gotas de óleo essencial de rosas
- 30 ml de óleo mineral

Óleo de Ísis

Destinado a atrair a energia da Deusa Ísis.

- Quatro gotas de óleo essencial de rosas
- Cinco gotas de óleo essencial de lótus
- Três gotas de óleo de cânfora
- Duas gotas de tintura de mirra
- Três gotas de óleo essencial de jacinto
- 20 ml de óleo mineral

Óleo da Deusa Solar

Para trazer a energia das Deusas solares como Sunna, Amaterasu, Aine, Brigit e Grian.

- Três gotas de óleo essencial de canela
- Três gotas de óleo essencial de verbena
- Três gotas de óleo essencial de ylang ylang
- 20 ml de óleo mineral.

Óleo para a Lua Negra

Para ser usado em rituais de Lua Negra.

- Duas gotas de óleo essencial de mirra
- Uma gota de óleo essencial de canela
- Uma gota de óleo essencial de dama da noite
- Uma gota de óleo essencial de rosas
- 30 ml de óleo mineral

Óleo de Athena

Perfeito para ser usado quando precisamos de sorte em concursos, provas ou proteção.

- Uma gota de óleo essencial de cedro
- Uma gota de óleo essencial de cânfora
- Sete gotas de óleo essencial de musk
- 40 ml de azeite de oliva

Óleo para Iniciação

Usado em rituais de Iniciação.

- Uma gota de óleo essencial de bétula
- Três gotas de óleo essencial de junípero
- Uma gota de óleo essencial de madeira de sândalo

Óleo para Dinheiro Rápido

Usado para ungir velas, notas, moedas e as mãos para atrair prosperidade.

- Sete gotas de óleo essencial de patchuli
- Cinco gotas de óleo essencial de madeira de cedro
- Quatro gotas de óleo essencial de vetiver
- Duas gotas de óleo essencial de gengibre
- 20 ml de óleo mineral

19

Aura

Aura é um campo energético que reflete a energia sutil existente dentro do nosso corpo. Essa energia expressa exatamente quem somos e é afetada pela nossa vida diária, pelos nossos anseios, alegrias e tristezas, além de refletir nossa saúde emocional, espiritual e física.

Próxima à nossa pele está presente o que chamamos de aura etérica. Ela engloba o nosso corpo e geralmente não é maior que meio metro. Quando pode ser vista, a aura se mostra aos homens como uma névoa colorida, circundando nosso corpo. Essa é a parte visível do corpo etérico, que absorve energia cósmica. Isso geralmente acontece quando estamos dormindo ou durante as práticas rituais e meditativas. Quando nos encontramos em um estado normal de consciência, essa parte de nosso campo áurico geralmente se contrai.

Nossa aura principal está ligada em volta do corpo, como uma camada. Sua cor é emanada através dos Chacras. A aura principal absorve a energia do solo, como uma árvore, e projeta-a pelos Chacras. É a energia conjunta dos Chacras que gera a tonalidade mais visível de nossa aura.

Quando exposta à luz, a aura diminui, e ela expande quando a luz não está presente. A aura é sensível a cores. Ela reage às cores de roupas que usamos, bem como às cores que visualizamos no nosso dia a dia.

A aura pode ser vista em tudo o que existe, tanto nos seres animados como nos inanimados. Ela reflete, também, nossa natureza e nossa personalidade.

Desenvolver a habilidade de ver e sentir a aura é algo que os Coveners de seu grupo devem fazer, pois ela pode ser muito útil quando forem trabalhar a energia de cura em alguém, mesmo que seja a distância.

Reúna-se com seu grupo para aperfeiçoar essa habilidade e realizar vários exercícios que possibilitarão ver, expandir, comprimir e mudar a cor de uma aura.

Veja a seguir alguns desses exercícios que poderão ser utilizados por seu Coven. A maioria deles é realizada com alguém servindo de receptor, enquanto outra pessoa torna-se o emissor.

Sentindo a Aura

A aura pode ser sentida pelo calor, por formigamento nas mãos, por pequenas ondulações, etc.

Em um Círculo consagrado, passe sua mão receptora, com a palma voltada para a pessoa de quem quer sentir o campo áurico, ao redor do corpo dela. Inicie com sua mão bem próxima ao corpo e aos poucos vá afastando para sentir a aura.

Continue passando a mão, relatando aquilo que sente e que deve ser dito à pessoa que está sendo explorada.

Perceba se ela está tensa, sem energia, com dificuldades ou feliz.

Exercícios de visualização da aura

Posicione a pessoa, cuja aura quer ver, em frente a um fundo preto que pode ser um painel, um pano preto ou qualquer outro.

Pressione seus olhos algumas vezes e olhe para a pessoa, procurando perceber se existe algum campo ao redor do corpo dela que pode ser percebido por seus olhos. Continue pressionando os olhos e olhando firmemente para a pessoa, até que imagens comecem a surgir.

É possível perceber a aura de muitas maneiras diferentes. Ela pode se apresentar como uma leve energia ao redor do corpo da pessoa, algo que lembre uma fumaça, raios, luz e de outras muitas formas.

Repita o exercício quantas vezes forem necessárias para obter bons resultados.

Exercícios de expansão e compressão da aura

Posicione alguém em frente a um fundo preto como no exercício anterior. Uma pessoa deve se encarregar de ver a aura enquanto a outra, que está em frente ao fundo, visualiza sua própria aura e tenta expandir ou comprimi-la pela sua vontade.

A pessoa deve visualizar sua aura e com os olhos da mente vê-la crescer e diminuir, dando tempo para que o receptor consiga perceber isso. Quem ficar encarregado de ver a aura vai então relatando aos poucos aquilo que vê.

O exercício deve ser repetido quantas vezes forem necessárias para se obter bons resultados.

Exercícios para ocultar a aura

A aura visualizada com o olho da mente deve ser comprimida até aparentemente desaparecer.

Esse tipo de exercício pode ser muito útil quando desejamos nos defender magicamente ou ocultar nossa aura de vampiros energéticos.

Exercícios de mudança de cor da aura

Este exercício é feito da mesma maneira que os demais, só que neste caso a pessoa tentará mudar a cor da aura pela força de sua vontade.

Mudar a cor da aura pode ser muito útil quando desejamos mostrar aos outros uma personalidade diferente ou inspirar carisma ao nosso redor, seja para sermos bem-sucedidos em uma entrevista de trabalho seja numa conquista amorosa, etc.

Esse tipo de exercício pode ser muito útil também para artistas que precisam transmitir uma personalidade extremamente carismática.

Decifrando as cores da aura

As cores da aura podem revelar diferentes personalidades, tendências artísticas, estados emocionais e até mesmo doenças. Tudo possui aura: seres humanos, animais, pedras, objetos. Por isso, tentem também realizar os exercícios anteriores com plantas, objetos ganhados, etc. Conheça a seguir as principais cores da aura e seus significados.

Vermelho

A predominância da cor vermelha na aura das pessoas indica vitalidade, excitação, coragem e forte energia sexual. Porém, se estiver muito concentrada num determinado ponto, pode ser sinal de algum distúrbio.

Nos animais, exprime instinto e vigor, ao passo que nas plantas está associado ao crescimento.

Já nos objetos indica que eles foram tocados por alguém que estava entusiasmado ou ansioso e que os deixou impregnado dessa energia.

Laranja

A predominância da cor laranja na aura das pessoas indica capacidade de realização, sensualidade, boa saúde, versatilidade e dinamismo.

Nos animais, é sinal de manifestação dos instintos (fome, sede, desejo sexual).

Nas plantas, indica a produção de sementes ou o nascer das flores.

Nos objetos, expressa um grande potencial energético (é comum na aura de sinos e de objetos religiosos em geral).

Amarelo

A predominância da cor amarela na aura das pessoas indica inteligência, facilidade para se comunicar e para aprender, e supremacia da razão sobre a emoção.

Nos animais, pode ser sinal de doença, debilidade física ou tristeza. Nas plantas, significa falta de vitalidade, especialmente se a tonalidade do amarelo for muito fraca.

Já os objetos de aura amarela costumam ser dotados de pouca energia ou emitir vibrações ruins.

Dourado

A predominância da cor dourada na aura das pessoas indica espiritualidade elevada e prosperidade.

Ela surge com mais intensidade na região do tórax, pois está associada ao amor, qualidade inerente ao centro energético do coração.

Nos animais, o dourado expressa felicidade.

Nas plantas, simboliza suavidade e fluidos positivos.

Nos objetos, mostra que foram tocados por uma pessoa bem-intencionada.

Verde

A predominância da cor verde na aura das pessoas indica saúde e vigor.

Esse tom costuma aparecer com grande intensidade na região da cabeça, pois está associado à atividade mental.

Nos animais, a aura verde indica mansidão.

Nas plantas, demonstra a emissão de fortes ondas de energia positiva, sendo muito comum nos vegetais dotados de propriedades curativas.

Os objetos de aura verde são uma autêntica fonte de positividade. Eles costumam apresentar esse tom depois de terem sido tocados por pessoas que estão de bem com a vida.

Azul

A predominância da cor azul na aura das pessoas indica paz interior, harmonia, saúde equilibrada, bem-estar, descanso e autoconfiança.

Geralmente se manifesta com maior intensidade após um ato sexual satisfatório e durante o sono.

Nos animais, a aura azul é sinal de felicidade e de satisfação com o tratamento que vem recebendo do dono.

Nas plantas, indica propriedades tranquilizantes e analgésicas.

Nos objetos, pode ser interpretada como uma emanação de fluidos positivos

Violeta

A predominância dessa cor na aura das pessoas é a expressão de poderes mágicos, capacidade de compreensão, saúde e mente equilibradas.

Quando surge nos animais, a aura violeta significa satisfação e fidelidade.

Nas plantas, é sinal de uma força positiva, tanto que as violetas e as flores de lótus que simbolizam a espiritualidade costumam ter a aura dessa cor.

Nos objetos, indica uma forte concentração energética e geralmente se manifesta depois que o objeto foi tocado por uma pessoa espiritualmente evoluída.

Brilhante

A predominância dessa cor (uma espécie de névoa brilhante e branca) na aura das pessoas indica dons telepáticos, poder de cura, paranormalidade, pureza e bondade.

Costuma se manifestar com maior força nas mãos de massagistas e outras pessoas que lidam com cura.

Nos animais, é sinal de capacidade de adaptação.

20

Prática divinatória

OM FREQUÊNCIA, ALGUM MEMBRO do Coven vai precisar de alguma orientação. Conhecer uma forma oracular vai ser de grande ajuda nessas horas. Existem momentos em que precisamos saber se devemos seguir, esperar ou mudar de ideia ou de ação. E há, também, aqueles momentos em que precisamos saber se a hora é ideal para trabalharmos Magia, ou se a realização de um feitiço vai mais atrapalhar do que ajudar. Nessas horas é bom ter em mãos um oráculo como o tarô, as runas ou um mapa astral. Ensinar algumas dessas artes oraculares extrapola o propósito desta obra, seria necessário um livro inteiro para nos focarmos somente nos aspectos básicos de cada uma delas. No entanto, como referência, vou abordar uma prática oracular simples, que tem sido muito usada por Bruxos ao redor do mundo com bons resultados: a Litomancia, que é a divinação pelas pedras.

Essa forma oracular pode ser aprendida por todos os Coveners e pode ser ensinada e estudada ao longo do processo de Dedicação, de maneira que quando ele se iniciar esteja apto a ter seu próprio conjunto de pedras para ser usado como oráculo.

Em seu maravilhoso livro *Witchcraft for Tomorrow*, Doreen Valiente nos falou sobre uma antiga forma oracular utilizada pelas Bruxas antigas por meio de pedras.

Segundo ela, a Litomancia foi muito usada pelas antigas praticantes da Arte, o que pode ser constatado pelas origens da palavra Bruxa em francês *Sorcière*, querendo dizer algo como "lançar pedras".

Antigas práticas para conhecer sobre o destino com base nos halos formados por uma pedra lançada ao rio ainda fazem parte do conhecimento popular até os dias atuais.

As pedras podem ser usadas não só para propósitos mágicos, mas também divinatórios. Diferentes culturas associaram significados ocultos às pedras, de maneira que elas, invariavelmente, representam um poder oculto em praticamente todos os povos.

Algumas vertentes mágicas dizem que as pedras e os cristais são, na realidade, Deuses que se cristalizaram nessas formas quando o véu que separa o mundo material do espiritual foi criado.

Os cristais são as maiores testemunhas do passado, fazendo parte do Planeta antes mesmo da vida humana. Os povos primitivos construíam monumentos e templos com rochas e cristais. Na Califórnia, cristais de quartzo foram encontrados em cemitérios da pré-história que, pelas pesquisas, datariam de cerca de oito mil anos.

No Egito, os sacerdotes colocavam grandes cristais em uma bandeja de ouro redonda para captar a energia do sol. Em seguida, focalizavam as partes afetadas pela doença e direcionavam a luz do sol refletida pelo cristal naquelas partes. Eles acreditavam que as doenças eram desequilíbrios mentais e espirituais, e que o reino mineral poderia restabelecer a harmonia entre corpo, mente e espírito.

Os maias acreditavam que os cristais eram habitados por espíritos e, por isso, os consideravam sagrados. Entre os aborígenes australianos, os cristais sempre foram tidos como objetos mágicos, principalmente aqueles que apresentavam falhas em seu interior, produzindo o efeito de um arco-íris. No Oriente, chineses e japoneses consideravam os cristais como a manifestação de suas próprias divindades, e assim, os veneravam em seus templos.

O conhecimento do poder dos cristais e das pedras está presente em praticamente todos os povos antigos.

Desde tempos antigos, as Bruxas sempre recorreram à magia e ao poder dos cristais para desenvolver suas capacidades de vidência. Daí surgiram as bolas de cristal, que desde aquela época são usadas para acessarmos nossa mente subconsciente em busca de respostas.

Variadas pedras são usadas não só na confecção de bolas de cristais, mas também em runas e espelhos mágicos. Isso acontece porque acredita-se que cada pedra é preenchida por uma presença divina, uma centelha da consciência criadora. Para nós, Bruxos, os cristais são seres vivos, e cada pedra é habitada por um ou mais elementais, por isso é possível curar, atrair sucesso, amor, contemplar o futuro e muito mais por meio deles.

Existem diferentes maneiras de Litomancia, as pedras são perfeitas para a adivinhação, podemos utilizá-las em números e formas distintas. Para utilizar a maneira ensinada aqui, você vai precisar de treze pedras de cores diferentes. O treze sempre foi um número associado à Bruxaria, seu simbolismo já foi explicado com detalhes previamente.

Sete das treze pedras representarão os sete corpos celestes mágicos conhecidos e honrados desde a antiguidade: Lua, Sol, Marte, Mercúrio, Júpiter, Vênus e Saturno.

As outras pedras representarão, cada uma, aspectos gerais do dia a dia: vida, sorte, amor, magia e lar.

Cada pedra tem uma cor diferente, associada aos poderes que ela representa, mostrados mais adiante, que possibilita distinguir uma da outra.

Construindo seu jogo de pedras

O primeiro passo é encontrar ou comprar suas treze pedras. O oráculo deve ser extremamente pessoal. Você vai perceber que os formatos e cores das pedras de cada Covener serão variados e possivelmente expressarão sua personalidade.

A seguir, encontram-se as cores e cristais mais indicados para cada pedra de seu oráculo.

LUA: pedra da lua, pérola, quartzo-branco, mármore ou pedras de cor branca.

SOL: citrino, olho de tigre, topázio, âmbar, pedra do sol ou pedras de cor laranja ou dourada.

MARTE: granada, jaspe, hematita, cornalina ou pedras na cor vermelha.

MERCÚRIO: ágata, citrino ou pedras nas cores amarela e marrom.

JÚPITER: sodalita, turquesa, safira, ametista, lápis-lazúli, crocidolita ou pedras nas cores azul-marinho e lilás.

VÊNUS: quartzo-rosa, água-marinha, aventurina, malaquita ou pedras nas cores rosa e verde.

SATURNO: ônix, turmalina-negra, obsidiana, quartzo-fumê, ímã ou outras pedras negras.

VIDA: pedras vermelhas como o rubi, jaspe sanguíneo, quartzo-vermelho. Pedras vermelhas podem ser usadas para representa-la, já que o vermelho é a cor da vida.

NOVIDADES: qualquer cor, principalmente aquela com duas ou mais cores como é o caso da turmalina-melancia, representando as muitas possibilidades trazidas pela pedra das novidades.

LAR: pedras verdes, quartzo-verde, aventurina, esmeralda ou um pedaço de osso. O verde sempre foi considerado a cor da terra, o que liga as pedras da mesma cor ao lar, clã e família.

SORTE: pedras douradas como a pirita e a pedra do sol ou uma pedra furada, representando o ouro e a fortuna.

AMOR: pedras rosa, como o quartzo-rosa.

MAGIA: pedras negras ou púrpuras, como o jaspe-púrpura.

Se quiserem, poderão fazer seu jogo de pedras não só com cristais, mas com seixos de formas diferentes, colhidos em um rio, ou com qualquer outra espécie de pedras com as quais se sentirem afinados.

Consagrando o oráculo

Cada Covener deve realizar o seu próprio ritual de consagração. Se um oráculo vai ser feito para ser mantido sob a guarda do Coven, a consagração pode ser realizada em um ritual de Esbat.

MATERIAL NECESSÁRIO:

- Uma vela preta.
- Um incenso de alecrim
- Um cálice com água
- Um saco de veludo preto para colocar as pedras
- Um punhado de sal
- Uma mandala com o gráfico pintado ou bordado
- As 13 pedras

Procedimento

Numa noite de Lua cheia, ao ar livre, disponha todos os ingredientes de forma harmônica sobre o Altar. Acenda a vela e o incenso e eleve as pedras aos céus, apresentando-as à Lua e dizendo:

Deusa que anda pelos céus noturnos
Abençoe este oráculo com sua luz divina.
Abençoada seja rainha da noite
Em suas múltiplas formas e infinitas manifestações.

Espalhe o sal sobre as pedras, enquanto pede para que a Terra abençoe o oráculo.

Passe a fumaça do incenso em cada pedra e peça as bênçãos do Ar.

Passe cada uma das pedras na chama da vela, pedindo o auxílio do elemento Fogo.

Respingue algumas gotas de água, convocando o mesmo elemento para derramar suas bênçãos sobre o oráculo.

Eleve as pedras mais uma vez em direção à Lua e visualize a luz lunar sendo derramada sobre suas mãos e se impregnando nas pedras. Continue visualizando, até elas brilharem em seu olho da mente.

Quando isso acontecer, agradeça as bênçãos da Deusa e deixe o oráculo ao ar livre, tomando a energia lunar por aproximadamente três horas.

Depois disso, coloque-o no saco de veludo e ele estará pronto para ser usado.

Consultando o oráculo

A figura demonstrada a seguir representa a mandala que deve ser desenhada em um pano, para que as pedras sejam jogadas sobre ela. Na realidade, em tempos antigos, as pedras eram provavelmente jogadas no chão ou em cima da pele de algum animal, mas o pano e a mandala pode ampliar e muito as possibilidades de interpretação. Muitos Bruxos colocam seu Cordão de Iniciação em forma de Círculo e lançam as pedras dentro dele, interpretando-as de acordo com a direção que elas caem.

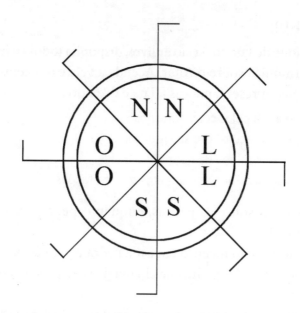

NORTE:
Representa o Norte
Os poderes da Terra
Ancestrais
Vidas passadas
Sabedoria
Lua nova
Inverno

LESTE:
Representa o Leste
Os poderes do Ar
Crescimento
Criatividade
Lua crescente
Primavera

SUL:
Representa o Sul
Os poderes do Fogo
Criança interior
Deuses protetores
Tensões, internas e externas
Lua cheia
Verão

OESTE:
Representa o Oeste
Os poderes da Água
Relações Passadas
Sonhos
Iniciação Mágica
Lua minguante
Outono

As pedras são chacoalhadas nas mãos enquanto uma invocação como a que segue é feita:

Deusa da Bruxaria,

Donzela, Mãe, Velha

Você que é a luz que brilha

A Lua Sagrada tão bela

Permita-me ver o que vai acontecer

Este é o meu desejo

Que assim possa ser.

As pedras são lançadas todas ao mesmo tempo sobre o pano ou na superfície.

A interpretação é feita de acordo com a queda das pedras, suas relativas posições e sua proximidade uma com a outra, possibilitando várias interpretações.

O significado de cada pedra

A Litomancia é um método divinatório muito intuitivo e espontâneo, assim, conhecimentos astrológicos se tornam grandes aliados e são de grande ajuda para a interpretação do oráculo.

Gaste algum tempo refletindo sobre o que cada pedra pode representar para você. Veja a seguir o significado genérico de cada pedra para que a interpretação da queda do jogo seja feita.

LUA: intuição, natureza feminina, sonhos, maternidade, espiritualidade, emoções, poderes psíquicos e extrassensoriais, vida interior, dons proféticos. Indica viagens e tudo o que se relaciona ao universo feminino. Representa a Deusa e as influências positivas do jogo.

Palavra-chave: intuição.

SOL: poder, masculinidade, energia pessoal, sucesso, propriedades, liderança, inteligência, prosperidade, riquezas, fama, carisma, positividade. O sol traz boas influências à questão. Representa o Deus.

Palavra-chave: sucesso.

MARTE: agressividade, raiva, conflitos, brigas, força, coragem, persistência, disputas, magia negativa, proteção, confusão interna e externa.

Palavra-chave: disputas.

MERCÚRIO: comunicação, inteligência, vendas, lógica, manipulação, novidades, notícias, transformações, cooperação, androginia, viagens, escrita, conhecimento.

Palavra-chave: comunicação.

JÚPITER: objetivos, prosperidade, fortuna, sucesso, benevolência, herança, oportunidades, presentes, expansão, sorte, família, ganhos financeiros.

Palavra-chave: dinheiro.

VÊNUS: amor, filhos, amizade, sociedade, beleza, criatividade, sensualidade, sedução, conquista, paixão, casamento, dons artísticos.

Palavra-chave: amor.

SATURNO: limitação, restrição, oposição, má sorte, ordem, regras, influências de vidas passadas, final, interferências, dificuldades, cuidado, perigo, dificuldade, demora. Representa as influências negativas do jogo.

Palavra-chave: negatividade.

VIDA: fala do dia a dia, da saúde física e mental, da carreira, das aspirações, dos compromissos, das responsabilidades, das alegrias, dos infortúnios e das circunstâncias da vida. Essa pedra fala da vida da pessoa que faz a consulta ao oráculo e da sua saúde física e mental.

Palavra-chave: dia a dia.

NOVIDADES: notícias, cartas, visitas, oportunidades, acontecimentos familiares e profissionais, surpresas.

Palavra-chave: oportunidades.

LAR: família, Coven, amigos, desejos, casa, posses, bens, propriedades. Essa pedra fala dos acontecimentos no lar da pessoa que consulta o oráculo.

Palavra-chave: família.

SORTE: acontecimentos inesperados bons ou ruins, fala sobre o destino.
Palavra-chave: acontecimentos.

AMOR: relacionamentos, os outros, paixões, autoestima, casamento, um desejo.
Palavra-chave: relações.

MAGIA: representa a parte mais importante da adivinhação, o fator governante, fala da espiritualidade, do poder mágico, da religião.
Palavra-chave: poder.

As quedas mais comuns

As pedras também podem ser interpretadas de acordo com a forma que caem sobre a mandala ou dentro do círculo formado com o cordão iniciático. Elas podem sugerir imagens, formas, números, símbolos. Use sua intuição para interpretar as quedas. A seguir, veja o significado para as quedas mais comuns:

- Pedras que caem no centro, ou próxima a ele, representam o coração da questão.
- Pedras que caem acima da linha horizontal representam a área pública da vida.
- Pedras que caem abaixo da linha horizontal indicam a vida privada.
- Pedras que caem no lado esquerdo da mandala representam o passado, e as que caem do lado direito falam do futuro.
- Um grupo fechado de pedras indica uma barreira a ser transposta e interferências.
- Um grupo aberto de pedras representa uma área de concentração.
- O formato de espirais indica energia em movimento para solucionar a situação.
- Círculos indicam proteção e uma situação continua.
- Uma linha reta fala de uma ação direta, assertividade e passos a serem dados em direção a uma situação.
- Triângulos indicam interação, união, conexão.

- Linha curva indica mudança de foco ou de direção.
- Uma linha com uma intercessão de pedras mostra influências externas e novos fatores associados à questão que serão preponderantes.
- Uma concentração de pedras claras ou escuras indica influências positivas.
- Uma pedra sozinha indica uma importante mensagem, ou mostra que é necessário permanecer sozinho para refletir melhor. Se for a pedra da Magia, indica intervenção divina.

Combinação de pedras

As pedras são interpretadas conforme caem uma em relação a outra.

Sendo assim, a combinação das pedras dá fortes indicações e trazem importantes mensagens sobre a questão.

Veja a seguir as combinações das pedras e seus significados. Se você não encontrar, por exemplo, a combinação JÚPITER/LUA tente sempre o contrário LUA/JÚPITER que encontrará a referência, visto que as combinações não se repetem. O lugar onde a pedra de Saturno cair representa a resposta de forma negativa. Quando isso acontecer, interprete o que se encontra abaixo ao contrário, porém não mude para positivas as respostas negativas. Mesmo que a pedra da lua, que representa positividade, caia perto de uma combinação negativa, ela apenas atenua seu significado. Não se esqueça de que se Saturno estiver próximo a uma combinação negativa, o significado nefasto deve ser enfatizado.

LUA/SOL: traz prestígio, felicidade e fortuna.

LUA/MARTE: oportunidades e saúde favorável.

LUA/MERCÚRIO: entusiasmo, oportunidade de excelentes negócios.

LUA/JÚPITER: honras, possível noivado ou casamento.

LUA/VÊNUS: excelentes períodos na vida afetiva.

LUA/SATURNO: proteção de pessoas importantes.

LUA/VIDA: bênçãos da Deusa.

LUA/NOVIDADES: possíveis viagens.

Lua/Lar: influências maternas.

Lua/Sorte: usar a intuição para chegar à realização do desejo.

Lua/Amor: possível casamento.

Lua/Magia: grandes poderes mágicos a seu favor.

Sol/Marte: progresso nos negócios e atividades sociais.

Sol/Mercúrio: oportunidade de grandes negócios.

Sol/Júpiter: grande fortuna, honras, sucesso e riqueza.

Sol/Vênus: boa saúde e sucesso no amor.

Sol/Saturno: sucesso em negócios a serem tratados com pessoas mais velhas.

Sol/Vida: indica realização de sonhos e de desejos.

Sol/Novidades: novidades favoráveis, respostas positivas.

Sol/Lar: forte influência da figura paterna, bom momento para descansar no lar.

Sol/Sorte: muita sorte assegurada, momento de aproveitar as oportunidades.

Sol/Amor: sucesso no amor, abertura de caminhos na vida afetiva.

Sol/Magia: bom período para práticas mágicas.

Marte/Mercúrio: risco de fracasso em empreendimentos, porém o momento é favorável para estruturação de ideias e de projetos.

Marte/Júpiter: finanças e posição social favorecidas.

Marte/Vênus: interesse sexual, acontecimentos rápidos nas finanças.

Marte/Saturno: elevação social e financeira.

Marte/Vida: desentendimentos e discussões no dia a dia.

Marte/Novidade: todos os projetos se concretizam com rapidez.

Marte/Lar: dificuldades no lar, divergências de ideias com familiares.

Marte/Sorte: sorte assegurada.

MARTE/AMOR: sexualidade em alta, poder de sedução.

MARTE/MAGIA: hora de se proteger magicamente, pode estar sendo vítima de algum ataque mágico.

MERCÚRIO/JÚPITER: intuição favorecida, lucros em todas as atividades intelectuais, possibilidades de promoções.

MERCÚRIO/VÊNUS: notícias da pessoa amada, festas e diversões surgirão.

MERCÚRIO/SATURNO: momento positivo para atividades comerciais e intelectuais.

MERCÚRIO/VIDA: notícias esperadas chegando, ótimo momento para concursos e estudos.

MERCÚRIO/NOVIDADES: chegada rápida de notícias.

MERCÚRIO/LAR: boa hora para reuniões familiares.

MERCÚRIO/SORTE: sorte em jogos e no comércio.

MERCÚRIO/AMOR: casamentos e contratos favorecidos.

MERCÚRIO/MAGIA: trabalhe Magia por meio de visualizações e palavras de poder.

JÚPITER/VÊNUS: casamento e união feliz.

JÚPITER/SATURNO: riquezas e elevação social.

JÚPITER/VIDA: momento de sorte e favorabilidade.

JÚPITER/NOVIDADES: chegada de notícias que envolvem ganhos materiais ou heranças.

JÚPITER/LAR: harmonia no lar, forte influência da figura paterna.

JÚPITER/SORTE: sorte em todos os âmbitos da vida.

JÚPITER/AMOR: encontro positivo de um parceiro amoroso.

JÚPITER/MAGIA: momento benéfico para praticar qualquer ato mágico para prosperidade.

VÊNUS/SATURNO: amizade e proteção de pessoas de posição elevada.

VÊNUS/VIDA: o amor é o tema central da vida da pessoa neste momento.

VÊNUS/NOVIDADES: encontro de um novo amor.

VÊNUS/LAR: hora de dar atenção ao lar e nutri-lo com carinho.

VÊNUS/SORTE: sorte em assuntos financeiros e amorosos.

VÊNUS/AMOR: plenitude no amor.

VÊNUS/MAGIA: magias de amor, encantamentos feitos para unir uma pessoa a outra.

SATURNO/VIDA: vida limitada, hora de expansão.

SATURNO/NOVIDADES: chegada de notícias positivas ou negativas dependendo de nossas ações passadas.

SATURNO/LAR: problemas internos no lar.

SATURNO/SORTE: sorte para encontrar pessoas ou objetos perdidos.

SATURNO/AMOR: um momento de tensão na vida amorosa.

SATURNO/MAGIA: magia extremamente negativa ao redor da pessoa que consulta o oráculo, momento apropriado para rituais de banimento.

VIDA/NOVIDADES: chegada de notícias relacionadas ao trabalho e vida de modo geral.

VIDA/LAR: hora de dar atenção ao lar.

VIDA/SORTE: sorte assegurada em todos os sentidos.

VIDA/AMOR: chegado o momento de buscar pela felicidade amorosa.

VIDA/MAGIA: espiritualidade como um fator importante.

NOVIDADES/LAR: novidades envolvendo algum familiar.

NOVIDADES/SORTE: hora de contar com a sorte.

NOVIDADES/AMOR: notícias da pessoa amada.

NOVIDADES/MAGIA: encontros mágicos e importantes para sua evolução espiritual.

LAR/SORTE: assuntos familiares favorecidos.

LAR/AMOR: casamentos e uniões.

Lar/Magia: hora de voltar as atenções mágicas para a família.

Sorte/Amor: sorte no amor.

Sorte/Magia: todos os atos esperados mediante ações mágicas são favorecidos.

Amor/Magia: magias envolvendo amor e paixão. A espiritualidade pode ser muito estimada por quem faz a consulta.

21

Exercícios mágicos para seu Coven

Não só durante a Dedicação, mas por toda nossa vida mágica, são necessários muitos exercícios para o desenvolvimento das habilidades psíquicas de cada Covener. Isso geralmente ocorre mantendo-se uma disciplina de meditações, contemplações e prática continua dos exercícios.

Manter um diário com o registro de todos os exercícios, seus avanços e retrocessos é muito importante para uma consulta futura de nosso desenvolvimento psíquico e extrassensorial.

Exemplo para os tópicos listados em um diário mágico pode ser:

Data: ....

Dia: ....

Lua: ....

Exercício: ....

Objetivos: ....

Descrição de sua experiência: ....

Sensações experimentadas durante os exercícios: ....

Avanços psíquicos e extrassensoriais alcançados: ....

Datas previstas para repetição do exercício: ....

A cada tópico listado anteriormente, os Coveners poderão apontar os dados relativos aos avanços em cada exercício.

É importante manter um programa contínuo de prática, sem interrompê-lo. Se cada Covener de seu grupo mantiver um programa de treinamento, realizando um dos exercícios apresentados neste capítulo, pelo menos três vezes por semana, durante 15 dias, eles terão mais de um ano e quatro meses de treinamento garantido, o que desenvolverá muitas das habilidades necessárias aos membros do grupo para saber apropriadamente criar, elevar e direcionar energia, entre outras coisas.

Veja os exercícios a seguir.

Sabendo a hora

Para ser feito durante três semanas.

Durante o decorrer do dia, pare por alguns instantes para pensar que horas são. Tenha claro em sua mente hora e minutos exatos. Olhe para o seu relógio e veja se acertou.

Repita isso cinco vezes ao dia, anotando os acertos e as falhas.

COLOR CENSUS

- 1ª SEMANA: escolha uma cor e esteja atento para quantas vezes ela aparece ao seu redor durante a semana e como ela afeta aqueles que estão por perto.
- 2ª SEMANA: escolha uma cor e decrete que todas as vezes que ela aparecer ao seu redor, as pessoas por perto serão afetadas com tais sensações, farão tal gesto ou falarão tal palavra.
- 3ª SEMANA: escolha uma cor e decrete que ela aparecerá para você somente em circunstâncias específicas. Especifique quais são essas circunstâncias.

Aumentando a percepção

Realizar este exercício duas vezes por semana, durante três semanas consecutivas, anotando se houve algum avanço ou não.

1ª SEMANA: distribua 35 objetos diferentes sobre um pano branco. Os objetos devem ser familiares e pouco familiares. Olhe para eles por um minuto. Depois cubra-os.

Veja quantos objetos você consegue lembrar em um espaço de 30 segundos. Anote a quantidade de acertos e quais foram os objetos.

2ª Semana: distribua 70 objetos sobre um pano branco e proceda da mesma maneira, anotando os acertos e quais foram os objetos.

3ª Semana: distribua 105 objetos diferentes sobre um pano branco e, mais uma vez, repita o processo, anotando os acertos e quais foram os objetos.

Captando impressões de pessoas conhecidas

Junte-se a seus irmãos de Dedicação e escolham três pessoas do convívio de todos e então percebam essas pessoas no dia a dia durante algum tempo, nos mínimos detalhes.

Individualmente, então, escolham para cada uma delas um animal, uma flor, uma cor e um símbolo que pareça apropriado àquela pessoa.

Comparem depois a lista e percebam a similaridade.

Discutam como as atribuições dadas às pessoas se relacionam com os quatro elementos e outras associações simbólicas.

Captando impressões de pessoas desconhecidas

Vá com seus irmãos de Dedicação a algum lugar público e observem as pessoas passando. Escolham alguém e percebam se vocês conseguem pensar em alguma história sobre como imaginam que a vida dela seja, isso baseado em suas impressões psíquicas e não psíquicas.

Os exercícios que seguem visam:

- Desvendar a energia e como ela funciona nos seres humanos e ambientes diversos.
- Aprender a relaxar os corpos e reduzir o estresse de forma geral, tornando-se mais receptivo.
- Tranquilizar a mente quando ela se encontra em superatividade para compreender a mensagem interna.
- Usar a visão da mente como veículo de viagem entre os mundos para buscar informações.
- Parar com o prejulgamento e dar mais ouvido à intuição.

- Trabalhar magicamente com símbolos e imagens de maneira geral e usar sua interpretação para analisar os fatos da vida.
- Trabalhar com canções, movimentos, danças e ritmos sagrados.
- Buscar a compreensão do ser e trabalhar a cura delas.
- Buscar pela comunicação interna e externa, buscando o contato com os dois mundos, sem perder o contato com a realidade.
- Alterar os níveis de consciência, vigiando habitualmente para busca de visões e poder.
- Adquirir poder por meio de suas viagens pelos diferentes mundos para saber se defender em circunstâncias difíceis.
- Mudar a ideia sobre o tempo linear e como alterá-lo.
- Deixar de se sentir vítima das circunstâncias e tornar-se responsável pela sua vida bem como pelos acontecimentos dela.

Usando a imaginação

Crie uma imagem mental do que você quer criar na realidade.

Pense nela com todos os detalhes e com todo entusiasmo e empolgação.

Solte a imagem.

Repita o processo dez vezes por dia.

Esse exercício é um potencializador na hora de elevar o cone do poder. Pode também ser feito diariamente com o simples objetivo de lançar um desejo para o universo.

Exercício de sensação

Feche os olhos e perceba o que o cerca, usando o tato. Escute os sons ao seu redor. Perceba os diferentes aromas ao seu redor. Sinta os três sentidos ao mesmo tempo.

Repita o processo ao menos uma vez por dia.

Esse exercício pode ser usado como uma variação do descrito anteriormente.

Treinando a imaginação

Escolha um objeto em sua casa. Recrie o objeto em sua mente, pensando em cada detalhe.

Depois de recriá-lo, concentre-se em cada uma de suas partes como cor, textura, odor, som, temperatura.

Pense nelas como algo na natureza. Por exemplo: se sua escolha for a de um porta-retrato branco e vermelho, você pode vê-lo com as mesmas bases das nuvens do céu e de uma rosa vermelha. Percorra todo o objeto dessa maneira.

Depois que tiver pensando em todas as partes e seus correspondentes na natureza, comece a mudar a forma original do objeto em sua mente.

Repita o processo uma vez por dia.

Esse exercício exercita a mente, a imaginação e nossa habilidade de conferir o poder dos espíritos da natureza aos objetos escolhidos.

Treine isso com pedras, talismãs, objetos mágicos, pingentes, etc.

Relaxando

Escolha um local confortável e respire profundamente por três vezes. Expire todas as tensões que possa estar sentindo.

Tome consciência de seu corpo, começando pelos pés e subindo gradualmente até chegar ao topo da cabeça.

Perceba como a gravidade exerce um grande efeito sobre você.

Sinta como ela o puxa para baixo e que sem ela você flutuaria. Entregue-se à gravidade e deixe que ela retire todas as tensões do seu corpo.

Perceba, no entanto, que seus pensamentos e sua visualização não estão sujeitos à gravidade.

Repita esse exercício antes de qualquer prática mágica.

Uma jornada ao outro mundo

Relaxe seu corpo como descrito anteriormente.

Concentre-se sobre uma questão que deseja obter mais informações.

Diga a questão em voz alta.

Respire profundamente algumas vezes.

Veja a entrada de uma caverna ou uma abertura na terra que tenha visitado ou que viu alguma vez. Fixe-se apenas nessa imagem. Aproxime-se da entrada e deixe seu Animal de Poder se apresentar para você. Faça sua pergunta para ele e prepare-se para viajar. O animal vai lhe indicar para descer no túnel com ou sem ele; siga suas orientações.

Desça o túnel. Você vai chegar até o lugar onde está sua resposta, que pode se apresentar de diferentes maneiras.

Aceite o que acontecer e quando for convidado a se retirar, retorne pelo mesmo caminho.

Quando chegar até a entrada, agradeça seu animal de poder.

Anote em seu Livro das Sombras os principais pontos da jornada.

Repita o processo em dias alternados.

A função desse exercício é fornecer respostas claras sobre suas indagações.

Sentindo seu ser espiritual

Feche os olhos e relaxe.

Preste atenção nas diferentes partes de seu corpo.

Faça isso rapidamente, até que tome conta de todo seu corpo ao mesmo tempo.

Comece a expandir esse sentimento como se sua pele fosse elástica e você estivesse sendo preenchido de ar até perceber que está uns seis metros maior do que o seu corpo original.

Sinta como é perceber este ser maior.

Veja-se entrando no carro ou em casa com esse corpo.

Sinta-se encolhendo para o tamanho real.

Faça esse exercício sucessivas vezes, até perceber que consegue sentir ser mais difícil retornar completamente aos seus limites físicos apenas.

Fiscalização de seu corpo energético

Relaxe e feche os olhos. Veja o seu ser utilizando a técnica de sentir e de ouvir.

Explore seu corpo espiritual do começo ao fim.

Observe o que você vê. Principalmente as áreas onde parece que a energia está ausente.

Direcione sua energia para essas áreas, vendo-as iluminar.

Perceba se há alguma área retraída ou contraída em seu corpo espiritual.

Caso isso aconteça, expanda essas áreas, rapidamente, pois a eficácia do exercício está na rapidez em realizá-lo.

Faça isso depois de alguma reunião, de algum contato com pessoas que o deixam constrangido ou depois de confrontos emocionais.

Mudanças

Relaxe e feche os olhos.

Veja, sinta e perceba seu corpo espiritual.

Sinta em que estado ele se encontra.

Solicite a mudança que deseja fazer. Pense em algo na natureza que possua as qualidades desejadas. Comece a colorir seu corpo espiritual com a qualidade específica. Agradeça ao espírito da imagem natural e volte a sua consciência normal.

Esse exercício serve para ajudá-lo a assumir o controle de seu corpo espiritual e direcionar sua energia para você mesmo.

Consciência de si mesmo

Relaxe o corpo e tome consciência dele da cabeça aos pés.

Dirija sua consciência para a terra abaixo de você. À medida que vai descendo, cumprimente cada parte da terra.

Estabeleça sua conexão a partir da base de sua coluna com o centro da terra, com os pés bem plantados nela.

Deixe formar uma cauda mental a partir de você, alcançando a terra e enraizando-se. Use essa cauda para eliminar o excesso de tensão e então deixe que a energia da terra se eleve ao seu corpo, tornando-o mais sólido e presente.

Tornando-se transparente

Feche os olhos e relaxe o corpo.

Imagine-se tornando-se transparente como o vidro ou névoa.

Perceba que as pessoas que olham além de você não o percebem, não conseguem vê-lo.

Com a sua vontade é possível transformar essa aparência em geral, incluindo todos, ou pode tornar-se visível para uma pessoa em particular, com quem deseja fazer contato.

Você também pode se tornar invisível apenas para uma pessoa que o está importunando

Inverta o exercício quando estiver novamente pronto para ser percebido, vendo-se nitidamente, tornando-se brilhante e físico.

A eficácia desse exercício se baseia na necessidade, já que a forte intenção é a base do exercício.

Mudando de forma

Feche os olhos. Saia do seu corpo e vire-se de frente para ele.

Veja e sinta seu corpo a sua frente.

Decida que mudança você quer fazer em seu corpo, estenda suas mãos espirituais e alongue ou modele seu corpo como massa.

Efetue as mudanças que desejar.

Vire-se novamente e volte-se para seu corpo.

Sinta as mudanças que você realizou.

Faça o exercício ao inverso para voltar ao normal.

Essa técnica assemelha-se bastante à técnica de ficar invisível, com o diferencial de que você pode alterar as formas de seu corpo para parecer diferente.

Familiarizando-se com as pedras

Escolha uma pedra ou mineral.
Olhe a pedra e estude-a cuidadosamente.
Perceba todos os detalhes.
Feche os olhos e pergunte à pedra:

- Quais são suas propriedades?
- Você quer me dizer algo?
- Como você pode me ajudar?

Aguarde as respostas.
Tente ver o espírito da pedra.
Agradeça ao espírito as indicações dadas.

Encontrando pontos de poder

Escolha um lugar espaçoso na natureza.
Sente-se e feche os olhos.
Sinta o seu corpo espiritual e a terra ao seu redor.
Peça para ser conduzido até o ponto de poder mais próximo.
Fique atento para identificar esse ponto.
A identificação pode ser por um ponto de luz que o conduzirá ao local ou por um brilho intenso no lugar, etc.
Chegando ao local, sente-se e repita o exercício; essa é a parte autoconfirmadora, pois você pode receber outro local, possivelmente até melhor.
De olhos fechados, perceba o que esse lugar tem de diferente.

Ampliando o tempo

Para acelerar o tempo, primeiro você vai precisar acelerar sua velocidade no mundo dos espíritos.
Sente-se com o tambor ou com o chocalho à sua frente.
Coloque o relógio para despertar dentro de quatro minutos.
Feche os olhos e comece a tocar o tambor ou o chocalho metodicamente, uma batida por segundo.

Visualize a entrada de sua caverna ou um buraco na terra.

Peça ao seu Animal de Poder que se apresente e o ajude a reduzir a velocidade do tempo.

Triplique a batida ou as chocalhadas para dar uma sensação de urgência.

Viaje por entre os mundos.

Quando o alarme de seu despertador tocar, chegou a hora de retornar.

Aumente o ritmo do som e volte da mesma maneira que foi.

Analise o quanto você experimentou nestes minutos.

Seguramente foi o suficiente para mais de uma hora de descrições.

Anote a experiência em seu Livro das Sombras.

Realize esse exercício sucessivas vezes e, com o tempo, traga essa experiência para o mundo real, tentando ampliar o tempo acelerando seu próprio ritmo, como as batidas do tambor.

Alterando o presente a partir do passado

Siga o método comum de jornada, indo até a caverna ou buraco na terra e pedindo ajuda do seu Animal de Poder.

Escolha um obstáculo ou dificuldade de sua vida atual.

Entre em sintonia com seus sentimentos em relação ao que acontece.

Peça ao seu animal que o ajude a recordar as origens de sua atual dificuldade no passado.

Deixe que ele o leve até um lugar onde possa presenciar o incidente do passado que levou as coisas a chegarem até aonde estão.

Interaja com as pessoas na cena.

Aja como se estivesse dirigindo uma peça.

Reconstrua o acontecimento passado.

Retorne pelo mesmo caminho e agradeça ao seu Animal de Poder.

Destruindo as crenças

Faça uma lista de crenças e ideias que o incomodam.

Ao lado de cada crença, escreva a convicção contrária.

Leia o papel cinco vezes ao dia.

Quando conseguir transformar o mau hábito para a convicção contrária, risque o tópico.

Reconhecendo hábitos

Faça uma lista de suas ações habituais que costumam mantê-lo preso a uma só forma de pensar e de agir.

Tome consciência desses padrões e observe-se todas as vezes que estiver realizando um deles.

Examine detalhadamente os padrões do hábito.

Perceba exatamente o porquê e quando você realiza esse hábito.

Tome consciência de todo processo.

Veja quais ações alternativas são possíveis e experimente-as.

Se você tem o hábito de ir andando pelo mesmo caminho ou pela mesma calçada todos os dias, mude esse hábito e veja quais efeitos ele produz em sua vida e em seu pensamento.

Mudando hábitos

Escolha alguns dias em que você estiver tranquilo e sem fazer nada e pratique uma inversão de hábitos. Exemplos:

- Usar roupas do avesso.
- Andar para trás pela casa.
- Fazer a refeição no sentido inverso.
- Comer uma fruta, comida ou bebida que faz mal a você.
- Dormir em horários diferentes.
- Realizar novas possibilidades de inversões.

Dedique o dia inteiro para a mudança de hábitos.

Analise acuradamente o que essa mudança de hábitos causa em sua vida.

A função desse exercício é para percebermos que os hábitos são estruturas convenientemente criadas para tornar a vida mais fácil, mas também para limitá-la e nos impossibilitar de experienciar novas possibilidades. E ainda nos mostra que os hábitos tornam o nosso mundo um pouco menor com nossas crenças irrefutáveis e nos faz refletir sobre continuar um padrão ou hábito estabelecido porque sempre foi assim.

Disciplina mental

Deixe seus pensamentos viajarem por cinco minutos.

Concentre-se onde seus pensamentos estiveram nesse tempo e então tente rever a série de pensamentos em sua mente.

Escreva sobre os seus avanços.

Pense em uma imagem ou em uma forma.

Retenha isso na mente por cinco minutos.

Visualize uma tela branca por cinco minutos.

Autoconhecimento

Faça uma lista de suas qualidades positivas e negativas. Seja honesto.

Quando tiver completado a lista, comece a trabalhar sobre cada uma delas.

Respirando

Pense em uma qualidade que você gostaria de mudar ou uma ideia. Então imagine esse pensamento no ar que você respira.

Aspire esse pensamento para dentro de seu corpo.

Lembre-se de respirar lenta e profundamente.

Comece com sete segundos para cada inspirada e aumente o número, um a um, nos dias que se seguem até chegar ao máximo possível.

Recepção consciente da comida

Com o exercício da respiração, pense em uma qualidade ou em um objeto e imagine essa forma na comida.

Conforme come, imagine que o pensamento quer que seu desejo entre para seu corpo a cada mastigada.

Água

Imagine a qualidade ou uma ideia na água.

Perceba que o pensamento começa a fazer parte de você cada vez que toma água ou que ela toca sua pele.

Força de vontade

Para construir a força de vontade em sua mente, comece a ultrapassar seus limites.

Ao se se sentir faminto, não coma até sentir que sua fome passou. Quando se sentir cansado, vá caminhar por alguns minutos, etc.

Visualizando sons

Passe algum tempo escutando um som comum, como o tique-taque de um relógio, até memorizar exatamente o que o som parece.

Agora tente visualizar esse som em sua mente, fazendo-o parecer vívido até que possa quase ouvi-lo.

Tente reter o som em sua mente por cinco minutos.

Visualizando um lugar estranho

Imagine um lugar onde você jamais tenha ido e retenha a imagem em sua mente.

Veja o lugar com extremos detalhes.

Procure visitar esse lugar para constatar seus progressos.

Criando manifestações naturais

Procure relaxar por alguns instantes.

Certifique-se de que as portas e as janelas do lugar onde você se encontra estejam fechadas.

Feche os olhos e imagine-se respirando um elemento.

Repita o processo até estar convencido de que o elemento está dentro de seu corpo.

Agora se imagine liberando o elemento dentro da sala.

Continue respirando o elemento e liberando-o.

Imagine e determine que alguma manifestação simples relacionada ao elemento vai ocorrer na sala, como mudança de temperatura, umidade, ar, etc.

Procure testar o mesmo exercício com diferentes elementos.

Não se esqueça de agradecer o auxílio dos elementos e de dispensá-los ao final de cada prática. Caso contrário, as manifestações que você determinou continuarão ocorrendo, mesmo quando não estiver praticando os exercícios.

Provando os elementos

Pegue quatro copos de água e encha-os.

Concentre-se em cada um dos copos com um dos elementos.

Imagine que a água vai assumindo características específicas do elemento como gosto ou densidade.

Projete toda sua vontade e determinação para isso.

Prove as diferentes águas agora e verifique se elas parecem diferentes.

Pode ser que a água da terra tenha gosto de barro, a do fogo seja ácida ou quente, e assim por diante.

Repita o exercício até obter progressos.

A mão psíquica

Sente-se em um lugar confortável e coloque suas mãos sobre uma superfície.

Olhe fixamente para suas mãos e imagine que sua mão espiritual está saindo de seu corpo.

Mova a mão espiritual, sem mover a mão física.

Tente tocar a parede, o teto ou chão com sua mão espiritual, sem mover a mão física.

Faça isso até estar convencido de que sua mão espiritual está realmente tocando tais coisas.

Repita o exercício quantas vezes forem necessárias até obter sucesso.

22

Liderança de Coven

S E VOCÊ ESTÁ LENDO ESTE LIVRO é porque, provavelmente, pensa em criar o seu próprio Coven e é provável também, que se torne a Sacerdotisa ou o Sacerdote de seu grupo, já que foi quem primeiro teve o impulso de formação do mesmo.

Se seu Coven for governado por consenso, talvez liderá-lo se torne uma tarefa mais fácil do que se ele tiver uma estrutura hierárquica, em que a última palavra e a maioria das decisões recairão invariavelmente sobre você. Exatamente por esse motivo, é importante refletir sobre vários pontos da liderança de um grupo. Muitas pessoas confundem liderança com tirania e arrogância e o verdadeiro exercício de liderar está longe disso. O verdadeiro líder é aquele que é capaz de criar novos líderes em seu próprio grupo e sempre trabalha para o crescimento de todos. Um bom líder de Coven é aquele que consegue estimular os Coveners para que cada um coloque o que tem de melhor a serviço do grupo e da comunidade Wiccaniana como um todo. Um bom líder é aquele que compartilha o poder com todos e não o monopoliza. Líder é aquele que é capaz de auxiliar os que estão ao seu redor a evoluir, percebendo onde o grupo está e aonde quer chegar.

O trabalho de liderança de um Coven é muito difícil, demanda tempo, dedicação, estudo e, acima de tudo, amor. Amor pela Arte, pela Deusa, por seus ideais e por seus irmãos de Coven. Ser Sacerdotisa ou Sacerdote de um Coven é um trabalho de doação. Pode ser que o verdadeiro significado da palavra doação não seja muito claro para você neste momento. Mas, seguramente, saberá o que é isso quando depois de um dia inteiro de enxaqueca, um dos membros de seu grupo o acordar às quatro horas da manhã aos prantos porque acabou de internar sua mãe no hospital ou por qualquer outro motivo mais ou menos grave que esse, mas que para ele é de vital importância.

Qualquer pessoa que se envolva na liderança de um Coven deve, antes de tudo, ser muito responsável, centrado e equilibrado. Vidas e o bem-estar de muitas pessoas estarão envolvidos na convivência em um Coven. Então, pense muito bem antes de assumir um compromisso tão importante como esse, sabendo que nem sempre o que é agradável para você será para os outros membros de seu grupo e aqui, mais uma vez, entra a palavra doação.

A verdadeira liderança envolve muito mais do que traçar um Círculo Mágico, saber o significado dos Instrumentos, a hora correta de realizar os Sabbats ou os Esbats. Um verdadeiro líder precisa compreender com profundidade os poderes com os quais ele trabalha e como eles são criados, elevados e direcionados.

Um líder precisa estar preparado para aconselhar, sabendo ajudar os Coveners a explorarem as raízes de suas indagações e a observar com abrangência todas as possibilidades de uma questão. Ele também precisa ter a humildade suficiente para saber que quando está mal relacionado com ele mesmo, enfrentando momentos de crises pessoais e emocionais, não tem condições de auxiliar os outros, devendo, portanto, quebrar seus laços e vínculos mágicos com seus Iniciados e Dedicados, para que esses possam continuar seu crescimento na Arte de outras maneiras. Uma pessoa que almeja o cargo de Sacerdote ou de Sacerdotisa de Coven deve pensar com clareza se realmente deseja se tornar um líder, quais suas responsabilidades e as mudanças bruscas que isso causará em sua vida.

O líder do Coven deve manter comunicação frequente com seus Coveners e saber se todos eles estão conseguindo acompanhar todo o programa de treinamento proposto e se estão progredindo e aprendendo com ele.

Se você pensa em criar um Coven para se sentir mais importante que outros, ou para satisfazer seu próprio ego, esqueça! As pessoas logo sentirão isso e vão abandonar você e o castelo de areia que construiu.

Se pensa em ser Sacerdotisa e Sacerdote de um Coven por achar isso glorioso, não se iluda! Muitas serão as críticas e acusações injustas que receberá quando pessoas desequilibradas não encontrarem em você o super-herói que elas projetaram.

E ainda, se quer se tornar um líder de um Coven porque acha que isso vai chocar a sociedade ou porque ser Bruxo está na moda, não faça isso também! Brincar com o Sagrado não é engraçado, não tem nada de brincadeira nisso.

A Wicca não é uma moda, mas, sim, uma religião, com uma filosofia profunda que demanda estudo e muita entrega. Você pode chocar muito mais a sociedade pintando o cabelo de cor de abóbora com mechas pink, por exemplo.

Agora, se você quer se tornar um líder de Coven porque acredita que pode fazer um bom trabalho de transformação interior em você próprio e auxiliar os outros, prossiga!

Ou se deseja se tornar uma Sacerdotisa ou um Sacerdote de um Coven porque sente que isso é vital para seu aprendizado e crescimento, também está no caminho correto.

Tornar-se líder de um Coven porque acredita que a prática em grupo pode auxiliar você e os outros a descobrir novas possibilidades de reverenciar o Sagrado, só prova que está seguindo os preceitos da Arte, siga em frente e seu caminho será abençoado.

Um Coven é um grupo formado por pessoas de diferentes naturezas, criações e opiniões. Sendo assim, problemas surgirão como surgem em qualquer lugar onde existam seres humanos. Você, como líder, deve procurar sempre ter uma postura neutra, sabendo guiar discussões, possibilitando que todos possam expressar suas ideias e suas opiniões.

Resolver conflitos, auxiliar os Coveners a compreenderem diferentes pontos de vista buscando por soluções viáveis, identificar divergências e procurar por saídas alternativas e muitas vezes chegar ao ponto de decidir quem permanece e quem parte, também são funções daqueles que optaram pela liderança. Exatamente por esse motivo, um líder de Coven deve sempre nutrir o perfeito amor e a perfeita confiança entre o grupo, lutando para que esse princípio não seja quebrado.

A liderança também é feita de conhecimento e experiência, e se em seu grupo houver alguém mais experiente e conhecedor da Arte do que você, ceda gentilmente a liderança a ele. Reconhecer que não estamos preparados para exercer a função que gostaríamos também faz parte do caráter de um bom futuro líder.

Quando seu grupo estiver montado e estabelecido há algum tempo, sente-se com os Coveners e discutam abrangentemente sobre o Coven e suas relações entre uma pessoa e outra. Façam uma avaliação profunda de sua vida, de suas percepções e de seus propósitos.

O questionário que vai ver a seguir é muito útil para ser utilizado nesse processo, as perguntas respondidas podem levar o grupo a um entendimento abrangente sobre diversos aspectos do Coven.

Avaliação de Coven

Perguntas sobre as realidades do poder

1. Quem tem poder neste grupo? De que tipo?

2. Quanto poder eu tenho?

3. Quantos no grupo concordam sobre nossas percepções de poder? Essas pessoas sabem que têm poder?

4. Algumas pessoas pensam que têm mais poder do que realmente possuem?

5. Como as decisões são tomadas no grupo? Quem tem o poder para fazer isso?

6. Como a informação é compartilhada no grupo? Que informação é privada? Quem mantém isso, e como ela é transmitida aos outros?

7. Que habilidades, conhecimento, ou experiência eu tenho para beneficiar o grupo?

8. Quanto disso eu posso compartilhar?

9. O que está me impedindo?

10. Que respostas eu tenho? Como isso me faz sentir?

11. Que uso estamos fazendo um do outro como recurso no grupo? Nós estamos desperdiçando nossos dons? O que poderíamos fazer de diferente?

12. O que as pessoas precisam para trazer mais das suas forças para o grupo? Como podemos criar a atmosfera correta com as força delas?

13. Quem é mais respeitado no grupo? Abdicamos de poder em favor a essas pessoas? Nesse caso, como?

14. De que modo nós concordamos, discordamos, manipulamos ou rebelamos?

15. Esse grupo está realmente seguro?

16. Que expectativas existem no grupo? Ele está satisfeito?

17. Como alguém ganha poder ou respeito neste grupo?

18. Se este grupo é hierárquico, qual controle, leis, regras ou outros fatores limitam o uso de poder? Eles são efetivos? Se não é, o que mais podemos fazer?

PERGUNTAS SOBRE PROPÓSITO

1. Qual é o propósito primário do grupo?

2. O que eu quero que seja o propósito do grupo?

3. Quais são minhas expectativas? Decepções? Satisfações? Insatisfações?

4. Concordamos em nosso propósito? Em que tipo de grupo estamos?

5. Que diferenças existem? Elas expandem e fortalecem o grupo, ou estão nos dividindo? Nós estamos em transição?

6. Que expectativas podemos ou não esperar atender? A que necessidades estamos satisfazendo? Não as encontramos? Queremos conhecê-las?

7. De que tipo de confiança precisamos um do outro?

8. Que estrutura ou propósito melhor vai ajudar cada um de nós a perceber nossas visões para o grupo?

PERGUNTAS SOBRE O BOM FUNCIONAMENTO DO GRUPO

1. Nós estamos claros sobre nossas metas e como pretendemos alcançá-las?

2. Conhecemos e respeitamos bem um ao outro, o bastante para nos sentirmos confortáveis para trabalharmos juntos?

3. Nosso trabalho é ético, projetado para nosso crescimento, para nossa realização e para o benefício dos que pedem ajuda, e nunca para prejudicar outros?

4. Compartilhamos as responsabilidades de trabalho no grupo? A contribuição de cada indivíduo é importante?

5. Vemos um ao outro socialmente fora do grupo e apoiamo-nos em momentos de dificuldades?

6. Nós desfrutamos? Há diversão e riso em nossas reuniões?

7. Trabalhamos para aprender? Procuramos, profundamente, comparar fontes diferentes? Tentamos técnicas novas? Apontamos perguntas até acharmos o caminho correto?

8. Mantemo-nos saudáveis e nos harmonizamos para canalizar o poder mais prontamente e para receber insights?

9. Mantemos nossa área ritual e nossas ferramentas ordenadas e limpas?

10. Constantemente buscamos conhecimento de muitas fontes – em pessoas, livros, seminários ou outros caminhos?

11. Não fazemos uma virtude de autoridade e obediência, mas tratamos um ao outro com igual respeito (mesmo com uma estrutura formal e hierárquica de Coven)?

12. Elevamos poder e canalizamos isso? Nossos rituais são leituras dóceis, roteiros gesticulados ou ritos espontâneos cheios de energia, vitalidade, desejo e propósitos?

23

Criando bases sólidas para seu Coven

U M COVEN É UM GRUPO FORMADO por pessoas que sabem que há força na prática em grupo. E ele será formado por pessoas que trabalharão duramente para chegarem a um objetivo em comum, que é o de aperfeiçoar cada vez mais sua conexão com a Deusa e o Deus e sua prática mágica.

Em um Coven, o princípio do "Perfeito Amor e Perfeita Confiança" deve prevalecer no grupo como um ideal a ser alcançado. Cada integrante deve trabalhar duramente para desenvolver autoconfiança, sinceridade, ambição e honestidade, características fundamentais em um verdadeiro Bruxo.

Ao longo de meu caminho Mágico, vi muitos Covens sendo formados, estruturados, crescerem e se dissolverem. Essa é a lei natural da vida e a fundamentação dos três Grandes Mistérios da Arte: Nascimento, Vida e Morte.

É natureza de um Coven nascer a partir da centelha do desejo de seus fundadores, crescer e perecer, para quem sabe um dia, renascer num novo tempo por força do amor de seus primeiros fundadores ou de outros que a ele se filiaram, acreditaram nos seus propósitos e decidiram dar continuidade a sua proposta.

Muitos Covens não passam de seu primeiro ano de vida, enquanto outros permanecem durante muito tempo como um ioiô, sendo formados e desformados sem jamais chegarem a ter Elders e estrutura fixa. Muitas vezes isso ocorre por pura falta de aptidão de seus líderes e formadores para lidar com grupos, pois desejos, vaidades e falhas humanas se apresentarão. Outro fator é que, como na maioria das vezes os fundadores de um Coven jamais fizeram parte de um anteriormente, a inaptidão para criar um programa interessante e efetivo de treinamento mágico, capaz de corresponder às expectativas de todos, acaba desmotivando muitos. A Iniciação formal e tradicional, que possibilita a vivência da experiência do dia a dia de um Coven, é sempre a melhor opção para que você crie um grupo com bases e raízes sólidas. Isso também lhe dará a oportunidade de conhecer um sistema de treinamento testado e aprovado por outros e que você vai poder transmitir àqueles que ao seu grupo se juntarem. Como na maioria das vezes isso quase sempre não é possível, você pode passar muito tempo de sua vida tentando criar o Coven ideal, sem obter sucesso, se não se atentar a alguns fatores primordiais que levam à dissolução dos grupos.

Um Coven mantém as pessoas conectadas com o Sagrado devido ao seu ritmo de prática. Cada grupo possui um ritmo diferente, que se desenvolve a partir da disponibilidade das pessoas que fazem parte dele. Sendo assim, muitos grupos se encontrarão semanalmente para se manterem ligados aos ritmos da Terra, da Lua e com seus Deuses, enquanto outros se reunirão apenas nos Esbats e Sabbats para desenvolverem o mesmo trabalho mágico.

Todos aqueles que se filiarem a um grupo devem ter em mente que é pelo Coven que dedicarão todo o tempo livre disponível para a Arte, ao menos durante o prazo de Dedicação, que dura um ano e um dia. Isso ocorre porque são necessários disciplina, estudo formal e aprofundamento dos conhecimentos da Wicca como uma preparação para o Sacerdócio que se aproxima com a Iniciação.

O Coven é o local onde todos aprofundam suas experiências na Arte, por meio da convivência e da troca de informações, colocando seus dons para servir aos Deuses e sua comunidade da melhor maneira possível.

É muito comum que, com o passar do tempo, surjam problemas de ego exacerbado e de vaidade dentro dos grupos, na tentativa de provar quem sabe mais, entende mais ou é mais querido ou importante.

O verdadeiro Sacerdote sabe transmitir a seus Coveners que o poder mágico e espiritual vem somente dos Deuses. Sendo assim, ninguém é mais importante que ninguém dentro do Coven. Todos, até mesmo os mais experientes, estão num processo de aprendizado e de crescimento, com base na sabedoria infinita do Sagrado que jamais se esgota.

Um Coven é um lugar formado apenas por pessoas que respeitamos, acreditamos e amamos. Jamais tragam para dentro do Convém aqueles que não conheçam profundamente ou de quem desconfiam. Como já vimos, isso pode criar problemas sérios no futuro. Todos os que quebram os laços de perfeito amor e perfeita confiança merecem uma segunda chance, mas fiquem atentos se o erro persistir e a pessoa não buscar por mudanças necessárias.

Mantenham-se longe de pessoas desequilibradas. Um Coven deve ser formado por pessoas boas, honestas, verdadeiras e mentalmente saudáveis. Como alguém pode ser espiritual, se não possui uma postura centrada?

Grupos precisam de pessoas de confiança, autênticas, que saibam escutar, que os impulsionam à evolução mediante a exploração do Sagrado que compreendem, que são abertas ao aprendizado, independentemente de sua posição, idade e experiência. As pessoas que fazem parte do Coven praticarão uma Religião da Terra. Sendo assim, pare e perceba: elas estão vivendo em harmonia com os valores dessa espiritualidade?

Um Coven precisa de pessoas que respeitam a diversidade e suas convicções, e que, acima de tudo, sejam discretas e saibam guardar os segredos e particularidades compartilhados em Círculo. Pense quantos problemas podem ser trazidos para o grupo por uma pessoa fofoqueira, que pode usar o que os outros compartilham para manipulá-los? Nenhum grupo consegue progredir desse jeito.

Levem em consideração, também, que um Coven não pode ser um fator para que seus membros se isolem de sua família ou de seus parceiros e amigos. Coven não é gueto, e não deve se tornar um lugar onde as pessoas são proibidas de expressarem suas opiniões e o que sentem. Não se deve confundir postura com autoritarismo, pois não há lugar para ele dentro do grupo.

Covens jamais devem se tornar um lugar para o abuso sexual. Muitos são os casos de grupos onde o avanço mágico, Dedicações e Iniciações dependem daquilo que é "dado" a quem pede. Denuncie casos de abusos que chegarem a seu conhecimento e não permita que o Sagrado seja usado como desculpa para depravações e doenças da mente humana.

Lembre-se sempre de que em um Coven não há lugar para hipocrisia. As pessoas devem agir de acordo com o que elas dizem ser ou sentir. E também não é lugar para exploração. Não existem taxas a serem pagas para se participar de um Coven, para ser Dedicado ou para ser Iniciado.

Isso não quer dizer que as pessoas não devem dar pequenas contribuições para a compra de velas, ervas, aluguel do local onde as reuniões são feitas ou material necessário para a realização dos rituais. Todo Coven tem suas despesas que devem ser divididas igualmente entre todos os seus membros, bem como o trabalho que surgir das reuniões do Coven, como a necessidade de limpar e organizar a área ritual após o término das reuniões, sem que ninguém seja sobrecarregado.

Um Coven jamais deve ser motivo para que as pessoas ajam contrariamente aos seus valores. A Arte nos exige uma mudança de visão de mundo e nenhum paradigma é necessário para a sua prática. Porém, isso é fruto de um programa de estudos e desprogramação contínuo, que nunca vai contra nossos valores centrais. Verdadeiros líderes de Coven jamais tentam forçar ou pressionar insensivelmente os membros de seu grupo. O Sagrado cria o caminho para que as mudanças necessárias sejam feitas, comunicando-se com nossa mente profunda e motivando-a para que a transformação ocorra.

Coven não substitui família. Nossa família é algo único, nosso porto seguro, as origens que nos ligam à nossa ancestralidade, tão importante para a Wicca e o Paganismo em geral. Por isso, um Coven jamais deve colocar seus membros contra a sua família de sangue ou incentivá-los a negligenciar ou abandonar aqueles de quem descendemos. A filosofia da Arte nutre um respeito profundo pelos que vieram antes de nós e os que ainda virão. A crença de que os ancestrais vivem em espírito é muito antiga e ainda vigente na prática Wiccaniana. O culto e o respeito aos mais velhos, os preservadores da sabedoria ancestral de nosso povo é fundamental na Wicca. Um Wiccaniano que não respeita seus ancestrais vivos ou sua família, jamais conseguirá nutrir uma relação de respeito com os que já partiram para o País de Verão. A prática Wiccaniana também engloba atitudes. Exatamente por isso, jamais permita que a relação com o seu Coven supere a sua relação familiar. Sentir que um Coven o acolhe como uma família é importante, mas manter boas relações com os seus ancestrais de sangue também é primordial. Ninguém conseguirá ter uma prática religiosa tranquila quando os membros de sua família se colocam contra ela por motivos razoáveis. A Wicca busca pela harmonia. Sendo assim, equilibre a relação pessoal com suas duas famílias, a do sangue e a do espírito.

Um Coven não é uma igreja onde determinadas pessoas encenam um papel e outras somente observam, mas, sim, um lugar de participação, já que cada pessoa é considerada uma Sacerdotisa ou um Sacerdote, ou está em treinamento para se tornar um. Todos devem se sentir importantes e participativos. O líder do Coven não é o intermediário entre o Céu e a Terra, já que a Wicca encoraja a crença de que não necessitamos de ninguém para agir como nossos advogados divinos. Aquele que dirige o Coven é apenas um guia, que nos transmite informações necessárias para conseguirmos estabelecer uma comunicação efetiva com os Deuses.

Não podemos considerar um Coven como uma escola de Magia, isso não é um fato. O aprendizado mágico dentro do Coven acontece naturalmente, sem exames ou notas. Cada pessoa progride de acordo com seu próprio ritmo, sob a supervisão de alguém mais experiente e devidamente treinado. O processo mágico de aprendizado em um Coven induz a pessoa a passar por experiências por meio de rituais e das meditações propostas. Cada experiência é única, partindo do princípio de que cada pessoa é detentora do seu próprio caminho, que é único.

Mas também não é um grupo de mitodrama, nem de autoajuda, muito menos uma clínica de recuperação. O Coven ensina sobre autossuficiência, autorrealização e crescimento interno por meio de Magia e do poder dos Deuses e do Universo que canalizamos para nosso processo de transformação interior. Um Coven é um lugar para pessoas que tenham sua vida em ordem e sob controle, ou que, no mínimo, estão trabalhando para isso. Mesmo que os membros de um Coven deem suporte emocional aos outros em tempos difíceis, problemas pessoais são de caráter individual e, muitas vezes, precisam de ajuda profissional para serem solucionados. Nem tudo é Magia.

Um Coven não é um sistema ditatorial. Uma Sacerdotisa ou um Sacerdote de valor jamais deve manipular seus Coveners, mantendo-os na ignorância. Todos têm o direito de pensar e reivindicar. Governar o Coven não significa que a regra é servir e sim compartilhar poder, conhecimentos, sabedoria, amor e respeito. Aquele que governa o Coven deve ouvir com carinho e atenção as opiniões dos outros, compartilhando suas próprias visões, afinal, ninguém tem obrigação de adivinhar as ponderações de um Sacerdote.

Os egos não tem lugar dentro de um Coven. Apesar de todos terem um, eles devem estar sob controle. Nenhum Coven sobrevive muito tempo com uma Sacerdotisa antipática e intransigente, ou com um Covener que contesta todas as decisões para chamar atenção dos outros. Qualquer Coven com pessoas assim perderá em breve seus membros e o respeito, podendo se tornar um lugar onde a última coisa que vai conseguir é estabelecer comunicação com o Sagrado.

Coven não é um lugar para se desenvolver uma carreira, nem é um império. A estrutura da Wicca é celular, grupos com poucas pessoas, que se conhecem profundamente e que se reúnem para praticar a Arte regularmente. O controle de qualidade é muito mais importante do que a proliferação desenfreada de grupos ou da Tradição. Sendo assim, mantenha seu grupo pequeno, de forma que todos possam olhar dentro do Círculo Mágico um para o outro, conhecendo bem cada face, cada expectativa e o coração e a personalidade de cada pessoa ali presente.

Pagãos levantam a bandeira da Arte sob a égide da liberdade, sendo exercida por meio da responsabilidade. A Sacerdotisa ou o Sacerdote de um Coven é sempre aquele que vai guiar as pessoas no caminho da Arte, o que significa que ela ou ele deve ter algo de valor para compartilhar, cultivando exatamente aquilo que quer receber em troca: lealdade, amor, respeito, honestidade, cidadania e muitas outras qualidades que devem fazer dessa pessoa alguém especial e importante para a Deusa e para o mundo.

Cada um de nós é um potencial nas mãos da Deusa que deve celebrar a vida e a beleza, encontrando na diversidade o caminho para a paz.

Que o seu Coven seja um lugar onde esses princípios possam ser plantados, nutridos e que germinem, presenteando a vida com seus frutos, trazendo para a Terra a chegada de um novo tempo, o milênio da Deusa!

Que você caminhe em beleza sua vida inteira
Fale com sabedoria cantando o amor da Deusa
Que você encontre o seu dom e alegria.
Que a Deusa Tripla abençoe os seus dias.

Blessed Be!

Claudiney Prieto

APÊNDICE

Onde conhecer outros pagãos?

Seguramente, o maior desejo de todos os Wiccanianos é conhecer outros Bruxos para formar um grupo de estudos, um Círculo ou um Coven. Muitos só têm contato com a Arte da Bruxaria por livros como este e, por isso, sentem-se sozinhos, às vezes até mesmo o único praticante da Wicca que realmente conheçam. Hoje, a Internet tem sido um dos maiores pontos de encontro de Wiccanianos e praticantes da Bruxaria, aproximando pessoas distantes e até mesmo as que estão próximas. Muitos Covens têm surgido graças a sites, portais, chats e listas de discussão espalhados pela Web.

Para que você se familiarize com os termos:

- PORTAL: é uma grande página na Internet, com inúmeros recursos, que leva o internauta a outros vários sites sobre o mesmo tema.
- CHAT: uma sala de bate-papo em tempo real.
- LISTA DE DISCUSSÃO: um sistema de distribuição de e-mail muito utilizado entre Wiccanianos de todo mundo. Nela, as pessoas se conhecem e conversam sobre o tema trocando e-mails.

Sendo assim, a melhor forma de se aproximar de outros Bruxos e de romper as barreiras da distância é pela Internet.

Conheça alguns recursos úteis pelos quais você poderá conhecer outros Bruxos e saber sobre as novidades da comunidade Wiccaniana brasileira usando a Web.

Tradição Diânica Nemorensis

A Tradição Diânica Nemorensis foi fundada pelo autor e é o resultado dos sucessivos anos de mescla de novas ideias e de interesses às práticas e rituais herdados de sua Tradição Mãe. Depois de anos, ao observarem que o que faziam e acreditavam diferia substancialmente daquilo que lhes tinha sido ensinado, essa expressão espiritual Diânica, que floresceu em solo brasileiro, ganhou um novo nome Dianismo: Nemorensis.

O site traz os princípios básicos e os fundamentos da Tradição, e é uma porta de acesso para se informar sobre os rituais públicos realizados por ela.

Para saber mais e se inscrever visite o site:
http://www.nemorensis.com.br

Tradição Gardneriana No Brasil

A Wicca Gardneriana é a Tradição mais antiga e a mãe de todos os caminhos Wiccanianos subsequentes. Seu sistema de rituais e de conceitos teológicos têm sido transmitidos de pessoa para pessoa em uma linha iniciática ininterrupta direta até Gerald Gardner, considerado o pai da Tradição. Gardner chamou a atenção pública para a Wicca logo após o fim da Segunda Guerra Mundial e veio a público com seu Coven na sequência da revogação das Leis da Inglaterra contra a Bruxaria, no início dos anos de 1950. Para os que buscam pela chamada Wicca Tradicional, este pode ser um bom começo para adquirir informações confiáveis e entrar em contato com iniciados legítimos da Tradição Gardneriana no Brasil.

Para saber mais informações e se inscrever visite o site:
http://www.wiccagardneriana.com.br

Santuário da Grande Mãe

É o primeiro templo de Wicca em São Paulo aberto diariamente ao público. O Santuário da Grande Mãe é um refúgio espiritual destinado aos praticantes da Wicca e da Espiritualidade da Deusa que realiza regularmente práticas e cerimônias como meditações e experiências de conexão diárias com os Antigos Deuses. O objetivo do Santuário é promover a integração entre os praticantes da Arte e suas diversas Tradições presentes no Brasil.

O Santuário da Grande Mãe é um lugar de meditação e de contemplação espiritual. As visitas não precisam ser agendadas e basta ir ao templo durante o horário de funcionamento para entrar. O local foi especialmente preparado para que os visitantes possam passar alguns instantes de tranquilidade e paz durante a visita. Torna-se também uma alternativa viável para aqueles que estão impossibilitados de praticar a Wicca em seus lares poderem se sentir mais próximos dos Deuses.

Mais informações sobre o Santuário da Grande Mãe:
www.santuariodagrandemae.com.br

Site pessoal do autor
http://www.claudineyprieto.com.br

O site é recheado de informações sobre Wicca, trazendo dicas, entrevistas e artigos interessantes.

Literatura sugerida ao leitor iniciante e aos círculos de prática em formação

Segue uma pequena lista de literatura sugerida que é uma ótima fonte de recursos para todos os que desejam maiores informações sobre a Wicca e a prática da Arte em Covens. Para o praticante avançado, todos os livros relacionados na Bibliografia são uma ótima fonte de recursos para aprofundar ainda mais seus conhecimentos.

- Wicca – A Religião da Deusa
  Claudiney Prieto (Editora Alfabeto)

- Todas as Deusas do Mundo
  Claudiney Prieto (Editora Alfabeto)

- Wicca para Todos
  Claudiney Prieto (Editora Alfabeto)

- Ritos de Passagem
  Claudiney Prieto (Editora Alfabeto)

- A Arte da Invocação
  Claudiney Prieto (Editora Alfabeto)

- O Oráculo da Grande Mãe
  Claudiney Prieto (Editora Alfabeto)

- A Bíblia das Bruxas
  Janet e Stewart Farrar (Editora Alfabeto)

- A Deusa das Bruxas
  Janet e Stewart Farrar (Editora Alfabeto)

- O Deus das Bruxas
  Janet e Stewart Farrar (Editora Alfabeto)

- Origens Mágicas da Wicca
  Sorita d'Este e David Rankine (Editora Alfabeto)

- O Poder Mágico
  Deborah Lipp (Editora Alfabeto)

- Bruxaria Solitária
  Flávio Lopes (Editora Alfabeto)

- Bruxas e Bruxarias
  Coleção Mistérios do Desconhecido (Editora Abril)

- O Livro Mágico da Lua
  D. J. Conway (Editora Gaia)

- A Grande Mãe
  Erich Numann (Editora Cultrix)

- Bruxaria – A Tradição Renovada
  Evan John Jones e Doreen Valiente (Bertrand Editora)

- História da Bruxaria
  Jefrey Burton Russell (Editora Aleph)

- O Poder da Bruxa
  Laurie Cabot (Editora Campus)

- O Despertar da Bruxa em Cada Mulher
  Laurie Cabot (Editora Campus)

- O Deus das Feiticeiras
  Margaret Murray (Editora Gaia)

- O Culto das Bruxas na Europa Ocidental
  Margaret Murray (Editora Madras)

- História das Crenças e Ideias Religiosas
  Mircea Eliade (Zahar Editores)

- O Anuário da Grande Mãe
  Mirella Faur (Editora Alfabeto)

- O Legado da Deusa
  Mirella Faur (Editora Alfabeto)

- O Poço dos Desejos
  Patrícia Telesco (Editora Pensamento)

- O Corpo da Deusa
  Rachel Pollack (Editora Rosa dos Tempos)

- A Bruxa Solitária
  Rae Beth (Bertrand Editora)

- Os Mistérios Wiccanianos
  Raven Grimassi (Editora Gaia)

- O Livro Completo da Bruxaria do Buckland
  Raymond Buckland (Editora. Gaia)

- A Verdade Sobre a Bruxaria Moderna
  Scott Cunningham (Editora Gaia)

- Guia Essencial da Bruxa Solitária
  Scott Cunningham (Editora Gaia)

- Vivendo a Wicca
  Scott Cunningham (Editora Gaia)

- Enciclopédia de Cristais, Pedras Preciosas e Metais
  Scott Cunningham (Editora Gaia)

- Magia Natural
  Scott Cunningham (Editora Gaia)

- O Ramo de Ouro
  Sir James George Frazer (Editora Guanabara)

- A Dança Cósmica das Feiticeiras – Guia de Rituais para celebrar a Deusa
  Starhawk (Editora Nova Era)

Compêndio

Uso de Cordões

Na Wicca Tradicional existem três cordões que representam o Primeiro, Segundo e Terceiro graus iniciáticos.

Esses cordões são geralmente: vermelho, verde e azul.

O Cordão vermelho assinala o Primeiro Grau e representa o sangue do nascimento e o desejo do conhecimento.

O verde assinala o Segundo Grau e representa a renovação por meio do sangue do nascimento. A partir desse momento, o Iniciado poderá iniciar e instruir outros no caminho, e esse cordão representa a frutificação de seus esforços.

O cordão azul é recebido no Terceiro Grau, representando a União da Deusa e do Deus, já que essa é a cor do céu do dia, onde Lua e Sol podem ser vistos ao mesmo tempo.

Dependendo da Tradição, essas cores podem variar. Nas Tradições com mais graus Iniciáticos diversas cores podem ser usadas para representarem diferentes estágios do crescimento na Arte.

Os cordões, chamados também de Cíngulos, são utilizados para vários propósitos e podem ser usados para trabalhar Magia, mesmo por grupos que possuem apenas um único grau iniciático. Dessa forma, um conjunto de Cordões com diferentes cores pode ser adquirido por cada Covener para serem usados quando necessário.

Geralmente são dados nós pelo cordão enquanto se pensa naquilo que queremos alcançar. O número é aquele mais associado ao desejo:

1. Para novos projetos.
2. Para assuntos familiares.
3. Para crescimento de todas as ordens.
4. Para estruturação de projetos e desejos.
5. Para expansão.
6. Para amor.
7. Para todos os desejos.
8. Para prosperidade e conexão com o divino.
9. Para transformações e bênçãos da Deusa.

Os nós são dados enquanto encantamentos rimados criados para a ocasião são recitados. Isso pode ser uma experiência incrível num Coven com várias pessoas fazendo o mesmo ato e desejos ao mesmo tempo. Nomes de Deuses e Deusas também podem ser recitados para serem ligados magicamente ao desejo.

Uma ação ritual, chamada de Roda dos Bruxos, pode ser realizada por todo Coven, quando os Cordões dos Iniciados são atados por um só nó ou são entrelaçados enquanto cada Covener segura as extremidades do cordão. Esse método pode ser usado para criar e elevar energia, enquanto os Coveners andam em sentido horário cantando ou recitando algo relacionado ao ritual. Quando a energia chega ao ápice de seu poder, todos os Coveners soltam seus cordões, visualizando a energia entrando no solo e indo em direção ao desejo.

Uma *Witches Ladder* (Coleira de Bruxa) pode ser feita com um cordão com 40 ou 70 nós atados. Ela é usada para recitar palavras de poder, encantamentos e mantras enquanto conta-se, usando os nós, o número de vezes que tais palavras devem ser repetidas. A Coleira de Bruxa também pode ser feita com objetos pessoais, que simbolizam o nosso desejo sendo atado a cada nó dado. Quando atamos mechas de nosso cabelo, pedaços de nossas roupas e objetos pessoais aos nós, a Coleira torna-se uma poderosa proteção contra todos os tipos de males.

Enrolar um cordão com os nós ao redor de objetos pessoais ou de representações de pessoas nos liga magicamente a elas.

Muitos Covens utilizam basicamente as Magias dos Cordões para trabalho mágico do dia a dia do grupo, atando seus desejos, criando campos de proteção com os cordões, fazendo *Witches Ladders* para trabalhar um desejo e assim, sucessivamente.

Explore este tipo de magia com seu grupo, crie e descubra novas técnicas.

Posturas Rituais

Existem muitas posturas rituais que são adotadas pelos Coveners durante os ritos que podem representar muitas coisas, mas, em resumo, são símbolos corporais usados para estabelecer comunicação com o Sagrado.

A seguir, encontram-se listadas e exemplificadas as posturas mais comuns e tradicionais da Arte Wiccaniana, bem como seu significado:

POSTURA DA DEUSA

Usada para invocar a Deusa nos rituais, é muito comum quando a Sacerdotisa vai realizar o ritual de "Puxar a Lua", agradecer, abençoar ou invocar quaisquer energias. Poderíamos dizer que é a postura básica que pode ser utilizada para praticamente todas as coisas.

Nas saudações ao Altar, a postura da Deusa é seguida pela postura do Deus, simbolizando assim a reverência às duas mais importantes divindades da Arte.

POSTURA DO DEUS

Usado para invocar o Deus nos rituais.

Essa postura algumas vezes é chamada de Posição de Osíris, em analogia ao Deus no sarcófago. Por isso também é uma posição que pode ser adotada em momentos solenes ou em ritos de passagem associados à morte, como o Réquiem.

Postura da Cruz

Usada para fixar a energia dos quatro elementos no corpo humano.

Essa postura geralmente é assumida antes, para centramento, ou após algum trabalho mágico. Ela representa o homem em conexão com toda a natureza.

Postura da Terra

Assumida para invocar as energias do elemento Terra durante as cerimônias, meditações e cânticos.

Postura do Ar

Assumida para invocar as energias do elemento Ar durante as cerimônias, meditações e cânticos.

Postura do Fogo

Assumida para invocar as energias do elemento Fogo durante as cerimônias, meditações e cânticos.

Postura da Água

Assumida para invocar as energias do elemento Água durante as cerimônias, meditações e cânticos.

Postura de Emissão e Recepção de Energia

Essa postura é assumida nos momentos em que devemos emitir e receber energia ao mesmo tempo. Também é uma postura que pode ser usada para praticamente todas as funções.

Postura de Elevação de Energia

Essa postura é assumida quando é necessário elevar alguma energia no ritual. Os braços são elevados conjunta e lentamente, formando um arco ascendente imaginário ao redor da parte superior do corpo.

Postura de Atração de Energia

Essa postura é assumida nos rituais para atrair alguma energia ou encerrar algum trabalho mágico. As mãos são elevadas e lentamente são abaixadas, formando um arco descendente imaginário ao redor da parte superior do corpo.

Postura de Geração de Poder

Essa postura é assumida quando desejamos gerar poder. A energia é visualizada por meio de nossa imaginação e canalizada pelo olho da mente às nossas mãos para formar uma esfera de energia. Em seguida, a energia é projetada ou direcionada apropriadamente.

Postura da Mano Luna

Esse gesto é usado para invocar a energia da Deusa nos rituais. Ele é geralmente feito com a mão esquerda, que representa as energias femininas e é considerado o lado da Deusa. Quando feito respectivamente com a Mano Cornuta, a energia da Deusa e do Deus são atraídas ao mesmo tempo.

Postura da Mano Cornuta

Gesto usado para invocar a energia do Deus, realizado com a mão direita, que representa as energias masculinas; considerado o lado do Deus.

Analogias

Bruxos acreditam que tudo o que existe na natureza tem vida e é habitado por espíritos. Sendo assim, plantas, pedras e os quatro elementos da natureza estão vivos e são nossos aliados mágicos. Se uma planta tem o poder de curar determinadas doenças, partindo-se desse princípio, torna-se racional que ela também possua poderes para provocar alterações no mundo físico e doar parte de sua energia mágica para nossos intentos.

As analogias são instrumentos que usamos para convocarmos determinadas energias, trabalhando Magia para uma função, e estão relacionadas a tudo: cores, planetas, números, dias, horas, aromas, ervas, pedras, Deuses. Todas essas coisas foram criadas pela Deusa e, sendo assim, carregam uma centelha de sua parte divina, adormecida em seu interior. Um Bruxo é alguém treinado que sabe despertar o divino que reside dentro de uma erva ou de uma pedra, fazendo com que essa energia trabalhe a seu favor, provocando as mudanças necessárias.

Na sua jornada mágica, você e seus Coveners encontrarão muitas tabelas e analogias diferentes e pode ser que cada um dos membros de seu grupo atribua significados e relações completamente distintas da suas para a mesma coisa. Isso acontece porque, obviamente, diferentes coisas têm significados diferentes para diferentes pessoas. Uma cor de vela que um Bruxo associa a tal conceito pode ter um atributo diferente para outro. Cada Bruxo precisa decidir o que funciona melhor para ele, o que cada erva, pedra ou aroma significa para aquela pessoa. Na Magia não existe certo ou errado, e cada visão é um diferente entendimento que conduz ao mesmo lugar. Cada Covener deve ser incentivado a fazer sua própria lista de analogias e experimentar diferentes formas de trabalhos mágicos.

Construindo uma tabela de correspondências.

Incentive cada Covener a fazer uma lista de coisas que talvez ele precise trabalhar no futuro, como prosperidade, amor, saúde, carreira, paixão, emprego. Eles devem refletir profundamente e deixar a mente trazer à tona símbolos associados aos conceitos listados. Um Covener, por exemplo, pode associar a cor vermelha à realização de desejos, porque o primeiro carro que ele comprou com o dinheiro de seu trabalho era dessa cor. Sendo assim, ele terá, então, uma cor que pode ser adicionada a sua tabela de correspondências que para ela representa a realização de objetivos. Ele deve encontrar ao menos quatro correspondências diferentes para cada conceito, representando os quatro elementos que são a base dos rituais:

1. Um aroma para o Ar, que pode ser usado como essências, incensos ou perfumes.
2. Uma cor para o Fogo, que pode ser a cor da vela usada no ritual.
3. Uma erva para a Terra, que será usada para queimar no caldeirão ou fazer um amuleto.
4. Um símbolo para Água, usado para bordar em talismãs, gravar em pedras ou visualizar enquanto o ritual é realizado.

A mesma ideia pode ser usada para encontrarmos as analogias associadas aos Sabbats, aos Quadrantes, aos Esbats, aos Ritos de Passagem e até mesmo aos rituais de consagração de cargos no Coven ou em Iniciações e Dedicações.

Fazer uma tabela de analogias pessoais vai tornar a prática mágica de cada Covener muito mais viva e personalizada, e elas não serão uma lista de conceitos distantes que não representam a visão e o entendimento de cada praticante.

O Uso das Cores

As cores afetam nossa mente e nossa emoção de uma maneira incrível. Quando nossos olhos visualizam uma cor, nosso cérebro trabalha para que essa cor seja transmitida pela nossa aura, que se expande e afeta o humor das pessoas e do ambiente ao nosso redor. Por isso, quando usamos uma vela de determinada cor, estamos na realidade utilizando uma linguagem simbólica que permitirá ao nosso cérebro informar ao nosso corpo sutil que é hora de mudar sua cara, para que nos tornemos mais receptivos. Poderíamos dizer, em certo sentido, que é até mais atraente para um determinado tipo de energia.

Quando usamos uma vela rosa em um feitiço, estamos na realidade mandando uma informação para nosso Eu Mágico de que precisamos vibrar em uma frequência afinada com as energias do amor, que se expressam por nossa aura exatamente pela mesma cor. Em nosso dia a dia, a aura continuará emitindo essa cor, atraindo como um ímã as pessoas que estejam vibrando na mesma frequência energética ou que tenham um objetivo em comum e, quando menos esperamos, encontramos alguém que também estava em busca do parceiro ideal, por exemplo. É assim que a Magia acontece!

A tabela a seguir fornece a correspondência básica de cada cor. Ela deve ser usada apenas como uma diretriz e não como regra. Se você sente que uma cor não é apropriada para trabalhar aquele dado objetivo exemplificado, não hesite em buscar por outra que corresponda às suas expectativas.

Vermelha	Está ligada ao elemento Fogo. Traz a energia da coragem, proteção, superação dos obstáculos, poder e paixão.
Azul	Está ligada ao elemento Água. Traz a energia da fluidez, paz, equilíbrio, cura, harmonia e cura.
Verde	Está ligada ao elemento Terra. Traz frutificação, prosperidade, crescimento, sorte, fertilidade e proteção.
Amarela	Está ligada ao elemento Ar, traz comunicação, criatividade, cura, bênçãos, aprendizado e sorte nas vendas.
Rosa	Está ligada a amor, à amizade e aos relacionamentos.
Laranja	Traz sucesso, riqueza, reconhecimento, fama e autoridade.
Branca	Pode ser usada para todos os propósitos.
Preta	Pode ser usada para todos os propósitos. Ótima cor para banimentos, proteção e para absorver energia negativa.
Marrom	É também associada à Terra. Traz fundamentação, prosperidade e propriedades.

Aromas

O uso dos aromas é algo mágico, que fica fortemente impresso em nossa memória.

Óleos essenciais vem sendo usado há muito tempo para cura, massagens e energizações, além de serem usados, também, para ungir velas e instrumentos mágicos, trazendo assim seu poder mágico àquilo que entra em contato com sua fragrância.

Alecrim	Estimulante mental, ativa a memória, dispersando o cansaço da mente, estimula a consciência e é animador antidepressivo.
Alfazema	Atua no plano astral, eliminando maus fluidos e as energias negativas nos ambientes.
Almíscar	É afrodisíaco, ativa a sensibilidade e é revitalizante mental.
Arruda	Age como proteção, é um importante filtro contra espíritos negativos, contra mau-olhado, inveja e má sorte. Usado na limpeza contra energias negativas.
Benjoim	Limpa e descarrega ambientes, neutraliza inveja, mau-olhado, etc. Propicia a serenidade e a purificação espiritual.
Canela	Atrai dinheiro, clientes, novos amores e casamento.
Cânfora	Usada em massagens para relaxamento muscular, é ótimo purificador e neutralizador de energias nocivas.
Cedro	Possui propriedades sexuais e tem efeito revigorante.
Cipreste	Propicia um clima de fraternidade, harmonia, prosperidade e conciliação. É usado para transformar as energias.
Cravo	Estimulante mental, ativa a memória fraca, a coragem e revitaliza o corpo. Também neutraliza a tristeza e a mágoa.
Eucalipto	Harmoniza e estabiliza emoções, ansiedade, meditação e é bom para o estresse.
Jasmim	Calmante, antidepressivo e estimulante da sensibilidade.
Lavanda	Bom para acalmar a agitação e a excitação, diminui a ansiedade, é bom para insônia, para irritação, tensão, depressão. Dissolve a negatividade.
Lótus	Utilizado para clarividência. Ajuda na concentração mental, no relaxamento, inibe o medo e a insegurança interior.

Madeira	Dissolve sentimentos de apreensão e preocupação excessiva. Age contra o medo e a compulsividade.
Mirra	Usado para limpeza da casa, afasta maus fluidos e traz oportunidades.
Olíbano	Forte condensador de energias.
Patchuli	Estimulante sexual, antidepressivo e revigorante. Muito usado como afrodisíaco, atua contra impotência sexual masculina.
Raízes	Indicado para estabilizar o sistema emocional. Direciona também o equilíbrio financeiro.
Rosas	Traz alegria e vitalidade. Usado em ritos de amor.
Sândalo	Induz o relaxamento profundo e o autocontrole. Ótimo para atingirmos facilmente estados meditativos.
Verbena	Afasta a negatividade, a tristeza e a melancolia. Libera energias negativas, eliminando feitiços.

AROMAS E SIGNOS	
Áries	Arruda e Pinho.
Touro	Alfazema e Sândalo.
Gêmeos	Alecrim, Benjoim e Menta.
Câncer	Cânfora e Alfazema.
Leão	Canela e Sândalo.
Virgem	Alecrim, Benjoim e Verbena.
Libra	Alfazema, Canela e Rosas.
Escorpião	Arruda, Patchuli e Pinho.
Sagitário	Almíscar, Cravos e Mirra.
Capricórnio	Cedro, Cipreste e Raízes.
Aquário	Jasmim, Lavanda e Mirra.
Peixes	Almíscar e Mirra.

O Momento Ideal

Na Bruxaria, acredita-se que exista um momento ideal para tudo.

As fases da Lua, as correspondências astrológicas, a hora do dia, todos têm uma força específica. Quanto mais estiverem alinhados com nosso desejo, mais rápido ele se tornará uma manifestação no mundo físico.

O Poder da Lua

LUA BALSÂMICA: estende-se do primeiro dia da Lua nova até o terceiro. Momento de reflexão e descanso. Não é apropriada para trabalhar Magia.

LUA CRESCENTE: estende-se do terceiro dia da Lua nova até o sétimo. Momento apropriado para encantamentos de crescimento.

LUA ENCERADA: estende-se do sétimo dia da Lua nova até o décimo. A Lua cresce forte, momento ideal para rituais voltados à sorte, aos amigos e à prosperidade.

LUA GIBOSA: estende-se do décimo dia da Lua nova até o décimo-terceiro. A Lua cresce em direção ao seu pico. Ainda um momento apropriado para trabalhar Magia evolutiva.

LUA CHEIA: ocorre quatorze dias após a Lua nova. É o melhor momento para qualquer ritual.

LUA DISSEMINADORA: do terceiro dia após a Lua cheia até o sétimo. Momento apropriado para banimentos e para eliminar dificuldades, obstáculos, doenças e inimizades.

LUA EVANESCENTE: estende-se do sétimo dia até o décimo depois da Lua cheia. Enfraquece os inimigos, os obstáculos, as disputas, as separações e as perdas.

LUA MINGUANTE: do décimo dia após a Lua cheia até a véspera da Lua nova. Momento positivo para trabalhar Magia de banimento e diminuição do azar, das dificuldades, etc.

A Posição da Lua nos Signos

A posição da Lua nos signos também é algo que pode ser observado na hora de realizarmos Magia.

A Lua muda de signo a cada dois dias e meio e você pode encontrar sua posição facilmente em efemérides astrológicas. A lista que segue aponta os significados mais genéricos associados à posição da Lua nos signos:

Lua em Áries	Autoridade, renascimento, liderança, coragem, confiança. Cura de problemas associados à cabeça. É a Lua ideal para começarmos coisas, pois ela favorece a realização rápida de tudo aquilo que quisermos.
Lua em Touro	Dinheiro, amor, aquisições, propriedades. Cura de problemas associados ao pescoço.
Lua em Gêmeos	Comunicação, livros, liberar bloqueios mentais, viagens. Está associada à cura dos braços, das mãos e do pulmão.
Lua em Câncer	Casa, família, honra à Deusa, emoções. Cura do estômago e do tórax.
Lua em Leão	Autoridade, coragem, sucesso, fertilidade, filhos. Cura da parte superior das costas.
Lua em Virgem	Trabalho, cura, sucesso, estabilização. Cura do sistema nervoso.
Lua em Libra	Justiça, união, equilíbrio, artes, amor. Cura dos rins e das costas. Favorece o autoconhecimento, a autoexaminação e a interação com as demais pessoas.
Lua em Escorpião	Poder, crescimento psíquico, sexo. Cura dos órgãos reprodutores. Favorece o conhecimento do poder psíquico.
Lua em Sagitário	Viagens, esportes, verdade, honestidade, prosperidade. Cura das coxas e do fígado. Favorece os voos da imaginação e a confiança.
Lua em Capricórnio	Organização, ambição, carreira, política, direção. Cura dos dentes, da pele, dos ossos e dos joelhos. Favorece a estruturação e a disciplina.
Lua em Aquário	Ciência, liberdade, amizade, elimina vícios. Cura da panturrilha, dos tornozelos e do sangue. Favorece as atividades individuais.
Lua em Peixes	Arte, sonhos, música, poesia, espiritualidade. Cura dos pés. Favorece a reorganização interior e exterior.

Influências Mágicas do Dia

Os dias da semana é mais uma correspondência que deve ser observada.

A associação dos sete planetas mágicos com os dias da semana é muito antiga e podemos perceber isso, por exemplo, pela raiz de seus nomes na língua inglesa, espanhola e italiana. A seguir, encontram-se os significados mais comuns associados a eles:

DOMINGO: para conquistar o sucesso. É o dia do Sol.

SEGUNDA-FEIRA: para conquistar coisas ligadas à mulher, a fecundidade, à intuição e à espiritualidade. É o dia da Lua.

TERÇA-FEIRA: quando quiser se proteger de feitiços enviados, de inimigos, conquistar a vitória e conseguir o impossível recorra a esse dia. É o dia de Marte.

QUARTA-FEIRA: para conquistarmos ascensão profissional, nos comunicarmos melhor, obter sorte no comércio e a cura de doenças. É o dia de Mercúrio.

QUINTA-FEIRA: para conquistarmos o sucesso financeiro, a abundância e a prosperidade. É o dia de Júpiter.

SEXTA-FEIRA: para conquistarmos o sucesso no amor e atrair a pessoa amada. Representa Vênus.

SÁBADO: para obtermos estabilidade, paz familiar, espiritual, encontrar objetos e pessoas perdidas. É o dia de Saturno.

Os 4 Elementos da Natureza

	TERRA	AR	FOGO	ÁGUA
Significado geral	Estruturação Crescimento Fartura	Intelecto Imaginação Inspiração Mente	Garra Proteção Dinamismo Propósito	Intuição Amor Emoções Fertilidade
Ponto cardeal	Norte	Leste	Sul	Oeste
Cores	Preto Marrom Verde	Amarelo Branco Tons pastéis	Vermelho Laranja Dourado	Azul Prata
Sentido	Tato	Olfato	Visão	Paladar
Deusas	Gaia Ceres Deméter Cerridwen	Nut Ísis Cardea	Brigit Vesta Sunna	Afrodite Frigg Tiamat

As Horas Planetárias

Outro fator importante são as horas planetárias. Por isso, veja na tabela a seguir qual a hora que está relacionada em analogia ao trabalho mágico de seu Coven. Inicie o ritual nessa hora. Não se esqueça de diminuir uma hora quando estivermos no horário de verão.

Significado das abreviações utilizadas na tabela das Horas Mágicas:

SOL (Sol)

LUA (Lua)

MERC (Mercúrio)

VEN (Vênus)

MART (Marte)

JUPIT (Júpiter)

SAT (Saturno)

Hora	DOM	SEG	TER	QUA	QUI	SEX	SAB
13h	SOL	LUA	MART	MERC	JUPT	VEN	SAT
14h	VEN	SAT	SOL	LUA	MART	MERC	JUPT
15h	MERC	JUPT	VEN	SAT	SOL	LUA	MART
16h	LUA	MART	MERC	JUPT	VEN	SAT	SOL
17h	SAT	SOL	LUA	MART	MERC	JUPT	VEN
18h	JUPT	VEN	SAT	SOL	LUA	MART	MERC
19h	MART	MERC	JUPT	VEN	SAT	SOL	LUA
20h	SOL	LUA	MART	MERC	JUPT	VEN	SAT
21h	VEN	SAT	SOL	LUA	MART	MERC	JUPT
22h	MERC	JUPT	VEN	SAT	SOL	LUA	MART
23h	LUA	MART	MERC	JUPT	VEN	SAT	SOL
0h	SAT	SOL	LUA	MART	MERC	JUPT	VEN
1h	JUPT	VEN	SAT	SOL	LUA	MART	MERC
2h	MART	MERC	JUPT	VEN	SAT	SOL	LUA
3h	SOL	LUA	MART	MERC	JUPT	VEN	SAT
4h	VEN	SAT	SOL	LUA	MART	MERC	JUPT
5h	MERC	JUPT	VEN	SAT	SOL	LUA	MART
6h	LUA	MART	MERC	JUPT	VEN	SAT	SOL
7h	SAT	SOL	LUA	MART	MERC	JUPT	VEN
8h	JUPT	VEN	SAT	SOL	LUA	MART	MERC
9h	MART	MERC	JUPT	VEN	SAT	SOL	LUA
10h	SOL	LUA	MART	MERC	JUPT	VEN	SAT
11h	VEN	SAT	SOL	LUA	MART	MERC	JUPT
12h	MERC	JUPT	VEN	SAT	SOL	LUA	MART

Glossário

Abençoado seja: expressão comum na Wicca, significa desejar bênçãos a alguém. Geralmente é dita no final dos rituais ou escrita ao final de textos sagrados.

Abençoar: ato de sacralizar algo ou alguém, enviando-lhe o melhor de nossos desejos e pensamentos. Acredita-se que todos possuem o poder de abençoar.

Adivinhação: arte de perscrutar no desconhecido, interpretando padrões fortuitos ou símbolos. Incorretamente chamado de "ler a sorte". Exemplos incluem: tarô, I ching, runas, vidência em água ou fogo, etc.

Admissão ritual: forma ritualizada de alguém entrar no Círculo. Geralmente é a Sacerdotisa que admite os membros no interior do Círculo, logo após ele ser lançado.

Alma grupo: energia formada pelo esforço da união dos membros de um grupo. A alma grupo é uma energia que surge espontaneamente e que vai aos poucos conferindo características e tendências. Poderíamos dizer que ela é a personalidade do grupo.

Alta Sacerdotisa: mulher devidamente Iniciada e Elder da Arte. É ela quem dirige os rituais do Coven.

Alto Sacerdote: homem devidamente Iniciado e Elder da Arte. Ele é o parceiro mágico da Sacerdotisa e a auxilia nos rituais do Coven.

Amuleto: um objeto natural, como pedra, pena, semente ou folha que tem a virtude de atrair sorte ao seu portador.

Analogia: conjunto de correspondências usadas na elaboração de rituais e feitiços.

ANCESTRAL: antepassado de sangue ou espiritual.

ANIMAL DE PODER: espíritos de categoria animal acessados para auxiliar em trabalhos mágicos, não mágicos e para restabelecer a conexão do homem com a natureza.

ANTIGA RELIGIÃO: outro nome para designar a Arte da Bruxaria.

ANTIGOS, OS: termo utilizado para se referir aos Espíritos presentes no momento infinito da Criação. Também usado para designar os ancestrais e a todos os aspectos da Deusa e do Deus.

ÁREA RITUAL: local onde uma cerimônia sagrada é realizada.

ARTE, A: Bruxaria, Wicca.

ATERRAMENTO: técnica de transmissão de energia em excesso ao interior da terra. Geralmente é realizado antes e depois de cada ritual.

ATHAME: faca ritual, geralmente um punhal, utilizado nos ritos Wicca-nianos. A maioria tem fio duplo e cabo preto, mas não todas. Essa faca raramente é usada para corte físico. Seu uso principal é como direciona-dor de energia semelhante ao bastão, mas com usos comuns diferentes. Associado à maioria das Tradições com o elemento Ar, porém em outras se encontra conectado ao elemento Fogo.

ATRIBUTOS: conjunto de significados atribuídos a algo.

AURA: energia que rodeia seres e objetos animados e inanimados. Quando vista por sensitivos, a aura se expressa por meio de cores, representando o estado emocional de alguém.

AUTOINICIAÇÃO: cerimônia exclusivamente Pagã, na qual um indivíduo se apresenta aos Deuses para ser iniciado diretamente pelas Deidades, ou seja, sem o intermédio de outro Bruxo que já seja iniciado. A autoiniciação é um Rito de Passagem relativamente recente, data dos idos de 1970 e não é aceita como uma Iniciação válida por algumas Tradições da Arte.

B.O.S: modo abreviado de se referir ao Livro das Sombras, do inglês *Book of Shadows*.

BALEFIRE: fogo aceso para propósitos mágicos ou religiosos, normalmente ao ar livre. Fisicamente semelhante à fogueira.

BANEFULL: prejudicial, destrutivo ou mau.

Banimento: ato de expulsar e neutralizar as energias nocivas de uma pessoa, objeto ou lugar.

Banir: mandar embora, retirar, exterminar.

Banquete: refeição comunal e sagrada realizada no final de cada ritual. Também Chamada de Bolos e Vinhos e Bolos e Cerveja.

Bardo: um dos cargos do Coven. Também designa antigos Sacerdotes celtas iniciados e treinados para preservar a história de seus Deuses e cultura através da música.

Bastão: um dos Instrumentos Mágicos. Simboliza o elemento Fogo. Para algumas Tradições, ele é associado ao elemento Ar.

Beijo circular: o ato de uma pessoa beijar a outra no Círculo sequencialmente no sentido horário. O beijo é passado de um Covener a outro de maneira que a pessoa à direita beije a do meio que beijará a pessoa da sua esquerda e assim sucessivamente.

Bênçãos brilhantes: termo similar ao Abençoado seja. Representa as bênçãos da Deusa sob os raios lunares.

Besom: vassoura mágica.

Blessed be: significa literalmente "abençoado seja". Uma expressão simples de bênçãos e tradicionalmente usada na Wicca.

Bolline: faca de lâmina curva com cabo branco usada para colher ervas e entalhar talismãs.

Bruxo solitário: pessoa que pratica a Arte da Bruxaria sozinha, sem ter vínculo com nenhum grupo ou Coven.

Bruxo: praticante da Arte da Bruxaria. Um iniciado ou autoiniciado em uma das facções da Religião Pagã.

Caldeirão: um dos Instrumentos Mágicos utilizados na Bruxaria, e que representa simbolicamente o ventre da Deusa. É usado com inúmeros propósitos que vão desde a preparação de poções e filtros até a vidência na água, que é depositada em seu interior.

Cálice: também chamado de Taça Ritual, é utilizado nos Ritos para conter água, vinho ou suco que serão consagrados. É um dos Instrumentos Mágicos e representa o elemento Água.

Carga da Deusa ou do Deus: textos ancestrais sagrados que são lidos em rituais, expressando as orientações ou bênçãos feitas pelos Deuses aos praticantes da Arte. Acredita-se que foram transmitidos diretamente pelos Deuses aos homens, mas textos modernos inspirados e "concebidos" por Bruxos em estado alterado de consciência também são aceitos.

Cargos: posições de respeito, quando se assumem maiores responsabilidades com o Coven.

Carregar: tornar algo mágico, imbuído de energia e poder; também transferir energia mágica ou pessoal a um objeto, talismã, Instrumento Mágico, etc.

Cascão astral: um vampiro astral.

Centramento: ato de se acalmar e se equilibrar antes de cada ritual.

Chacras: sete centros de poder existentes no corpo humano por onde recebemos e trocamos energia.

Ciclo lunar: período de 28 dias observados até que a mesma lunação se repita

Círculo de prática: grupo de estudos que se reúne para praticar a Bruxaria e formar, futuramente, depois de um ano e um dia no mínimo, um Coven.

Círculo Mágico: esfera de energia mágica no qual normalmente são praticados os rituais Wiccanianos. A área dentro do Círculo é vista como sendo solo sagrado, no qual os Deuses se encontram. O Círculo sempre é destraçado (apagado, desfeito, etc.) no fim das cerimônias. Frequentemente é construído usando o athame e purificado com sal, incensos, vela acesa e água, mas os métodos variam.

Clarisenciência: poder extrassensorial de sentir fisicamente as energias associadas a algo ou a alguém.

Clarividência: poder extrassensorial de visualizar fatos que estão acontecendo ou que acontecerão.

Cone de poder: energia mágica que é elevada e dirigida para um objetivo específico; ato de elevar a energia criada e invocada no final do ritual, projetando-a para sua função.

Consagração: tornar algo sagrado ou abençoado.

Corpo astral: contraparte espiritual do corpo físico.

Cosmogonia: teoria sobre a criação do Universo.

Cosmovisão: visão pessoal sobre a criação do Universo.

Coven Filho: clã autônomo de outro Coven.

Coven Mãe: Coven que possui grupos descendentes do seu.

Coven: grupo de Wiccanianos, normalmente iniciatório, conduzido por um ou dois líderes que se reúnem para celebrações religiosas e mágicas. Por Tradição, o número máximo para formação de um Coven é de 13 pessoas, porém essa quantidade pode variar muito de acordo com a Tradição seguida.

Covener: membro de um Coven.

Coveners: membros de um Coven.

Covenstead: lugar onde o Coven se encontra para realizar seus Rituais.

Cowan: termo utilizado entre os Bruxos para designar aqueles que não são iniciados nos mistérios de sua Arte.

Criar energia: transformar vontade e desejo em energia que pode ser direcionada para efetuar mudanças.

Dagyde: boneco feito de argila, pano ou cera que é preparado ritualistica-mente para representar uma determinada pessoa em alguns ritos mágicos.

Dedicação: cerimônia que antecede a Iniciação na qual o Covener se propõe a aprender a Arte Wiccaniana.

Dedicante: outra forma de se referir a alguém que passou pelo ritual de Iniciação.

Deosil: sentido horário.

Destraçar o círculo: ato ritualístico em que os poderes da natureza e os Deuses são agradecidos e dispensados.

Deus, o: visto como a energia masculina criadora e o complemento da Deusa. Ele é o cocriador do Universo. Frequentemente identificado com o Sol, o céu, as florestas, a agricultura e os animais selvagens. Não confundir com o monoteístico conceito Cristão de "Deus".

Deusa, a: conceitos diferem, mas geralmente é definida como a Mãe universal de tudo, aquela que criou o Universo. Ela é frequentemente associada com a Lua, o oceano, a terra, a fertilidade, o nascimento e a morte.

Dianismo: segmento pagão matrifocal centrado exclusivamente na figura da Deusa.

Dias de Poder: igual a Sabbats.

Direcionar energia: canalizar a energia para um propósito específico por meio da nossa vontade.

Divinação: ato de consultar um oráculo para observar os acontecimentos futuros.

Divino: o mundo dos Deuses, algo que extrapola o entendimento humano.

Dogma da Arte: também chamado de Conselho Wiccaniano, é um código moral dos Bruxos. É tido como a única diretriz que um Bruxo deve seguir como conduta básica em sua vida religiosa. "Faça o que quiser, desde que não faça mal a nada nem a ninguém".

Donzela: a face jovem da Deusa associada à Lua crescente.

Druidismo: antiga religião dos povos celtas, centrada na natureza e oficiada pelos Druidas.

Ecletismo: a prática religiosa de pessoas ou tradições que utilizam diferentes panteões e sistemas mágicos.

Egrégora: forma-pensamento, uma consciência energética formada pela luz astral.

Elders: Anciões de uma Tradição ou de um Coven, pessoas que já cumpriram seu treinamento pós-iniciação e estão aptas a treinar e iniciar outros na Arte. Uma pessoa atinge a posição de Elder devido aos seus feitos ou tempo de prática religiosa.

Elementais: espíritos da natureza invocados para auxiliarem na realização de um Rito ou de um objetivo específico. São energias que personificam as qualidades dos quatro Elementos da natureza.

Elementar: egrégora criada por meio de um desejo. Quando fora de controle, ele se torna um cascão astral ou larvas astrais. Espíritos desencarnados que se tornam inconvenientes também são chamados de Elementar.

ELEMENTOS DA NATUREZA: os cinco elementos, reconhecidos desde a antiguidade, chamados de Terra, Ar, Fogo, Espírito e Água, da qual toda a vida depende.

ELEVAR ENERGIA: enviar a energia criada no ritual para que ela desempenhe sua função.

ENCANTAMENTO: uma petição mágica ritmada criada pelo Bruxo para ser utilizada em Rituais ou na realização de um sortilégio. Alguns Pagãos utilizam esse termo para se referirem ao ato de enfeitiçar ou lançar um sortilégio.

ENERGIA: poder capaz de efetuar transformações, existente em todos os objetos naturais e seres, que não pode ser medida.

ENTRE OS MUNDOS: termo usado para expressar estados alterados de consciência.

ESBAT: qualquer celebração religiosa Wiccaniana que não seja um Sabbat. É comumente realizado nas Luas cheias em honra à Deusa.

ESCRIBA: um dos cargos do Coven, aquele que mantém o registro do grupo.

ESPAÇO SAGRADO: área consagrada para a realização das cerimônias.

ESPÍRITOS: energia que habita todas as coisas animadas e inanimadas.

EU MÁGICO: personalidade que assumimos quando estamos em estado alterado de consciência e que é construída ao longo do nosso caminho mágico.

EVOCAÇÃO: ato de convocar espíritos ou Deuses para que assumam uma forma física. Prática que geralmente não é realizada na Wicca.

FAMILIAR: forma de pensamento criada pela luz astral para desempenhar determinadas funções, chamado também de Filho Mágico.

FEITIÇARIA: parte operacional da Bruxaria. É a prática da Religião Antiga que inclui a combinação de ervas, pedras e invocação à natureza para provocar mudanças físicas. Alguns se referem à Feitiçaria como um dos termos utilizados para designar a Bruxaria.

FEITIÇO: ritual mágico utilizando um conjunto de analogias destinado a provocar mudanças por meio da vontade.

FERIADOS PAGÃOS: Sabbats.

FILTRO MÁGICO: preparado mágico à base de ervas e elementos naturais, feito ritualisticamente e que tem o propósito de efetuar algum tipo de mudança física ou energética.

FILTROS MÁGICOS: poção feita à base de ervas, óleos, essências para ser utilizada no corpo ou em lugares para provocar mudanças.

FORMA DE PENSAMENTO: o mesmo que egrégora.

FUMIGAÇÃO: ato de incensar objetos ou locais, passar a fumaça de um incenso.

GLAMOUR: mudança de forma por meio da vontade mágica que provoca alterações no visual humano.

GRANDE MISTÉRIO: aquilo que não pode ser visto, nem compreendido humanamente.

GRANDE RITO: união sagrada da Deusa e do Deus. Simbolizada nos rituais quando o athame é inserido dentro do cálice para consagrar o vinho.

GRAUS INICIÁTICOS: diferentes estágios vividos que marcam o avanço do Iniciado dentro da Arte e de sua Tradição.

GROVE: grande grupo iniciático de prática com a mesma estrutura de um Coven, porém sem número limite de membros pré-determinado.

GUARDIÃO: um tipo de Familiar que é usado para proteger um Coven, pessoa ou local.

GUARDIÕES DAS TORRES DE OBSERVAÇÃO: seres que guardam os portais que interligam o mundo de homens e Deus, Espíritos dos Elementos.

HABILIDADES MÁGICAS: capacidades a serem desenvolvidas por todos os que praticam magia.

HANDFASTING: cerimônia que visa unir duas pessoas perante a Deusa e o Deus e pode ocorrer sem o reconhecimento do Estado. No Brasil, recebe vários nomes como Junção das Mãos, Rito de Compromisso, Ritual do Contrato, etc.

HANDPARTING: cerimônia realizada quando duas pessoas que foram unidas pelo ritual Handfasting decidem se separar.

HARMONIZAÇÃO: ato de colocar todos na mesma vibração energética para que o ritual seja bem-sucedido.

Herbalismo: conhecimento das propriedades mágicas e terapêuticas de ervas e plantas.

Hierarquia: graduação que expressa a distribuição de poderes em uma Tradição.

Identidade mágica: o mesmo que Eu Mágico.

Impressão psíquica: memória energética deixada em objetos animados e inanimados e que pode ser acessada por uma pessoa treinada em Clarividência.

Incensário: queimador de incenso.

Iniciação: Rito de Passagem pelo qual uma pessoa é inserida na Arte da Bruxaria ou em um Coven. Após essa cerimônia, o indivíduo se torna Bruxo e passa a ser considerado um Sacerdote da Antiga Religião da Deusa.

Iniciado: pessoa que passou pelo ritual de Iniciação, uma Sacerdotisa ou um Sacerdote.

Instrumentos mágicos: objetos utilizados nos rituais. Os mais importantes são o pentáculo, o athame, o bastão, o cálice e o caldeirão.

Invocação: ato de chamar ritualmente uma energia, espíritos ou Deuses. Também uma petição dirigida a um Deus. Um convite agradável aos Deuses para que eles se façam presentes em um Ritual ou em uma Cerimônia.

Invocar os Quadrantes: ato de chamar ritualmente a energia dos elementos e os poderes que residem em um determinado ponto cardeal.

Laço mágico: ligação espiritual entre duas pessoas ou um grupo, estabelecida por meio da Iniciação ou do ingresso em um Coven.

Lançar o círculo: o mesmo que traçar o Círculo Mágico, sacralizar o espaço ritual, criar um espaço sagrado.

Lei tríplice: lei Wiccaniana que assegura que tudo o que fizermos a nós retornará triplicadamente, seja o bem, seja o mal. Também chamada de Lei Tripla.

Leis da magia: regras sob as quais a magia opera.

Leis do Coven: regras utilizadas para governar um Coven, diretrizes que os Coveners devem seguir.

LIBAÇÃO: oferenda ritual de vinho feita aos Deuses quando o líquido é derramado sobre o solo ou pote especialmente destinado a essa função.

LIVRO DAS SOMBRAS: registro dos rituais de uma Tradição, Coven ou Bruxo.

LUA NEGRA: fase lunar que ocorre aproximadamente três dias antes da Lua nova; consagrada à Deusa Negra.

LUZ ASTRAL: energia que forma as imagens por meio do pensamento.

MACROCOSMO: visão abrangente de uma pequena representação, o Todo.

MAGIA: movimento de energias sutis. É a energia natural, inerente a todas as pessoas, para manifestar mudanças positivas e necessárias capazes de controlar eventos ou fatos de acordo com a nossa vontade. Isso é visto como natural, não sobrenatural, entre os praticantes da Antiga Religião.

MÃO DE PODER: mão com a qual escrevemos.

MATRIFOCAL: visão social ou religiosa centrada na figura da Mãe.

MEDITAÇÃO: reflexão, contemplação, que dirige o ser em direção ao Self (Eu), Deuses ou natureza.

MENSAGEIRO: um dos cargos do Coven, substituto do Sacerdote.

MENTE GRUPO: consciência energética formada pela prática do Coven.

MICROCOSMO: visão diminuta de uma grande representação, a natureza.

MISTÉRIOS: aquilo que só pode ser experienciado, sentido, um conjunto de segredos mantido pelo Coven ou Tradição.

MUDANÇA DE FORMA: o mesmo que glamour.

NEÓFITO: novato; alguém que se prepara para a Iniciação.

NEOPAGÃO: pessoa que segue uma versão moderna da Religião Pagã como a Wicca. Nome alternativo utilizado para se referir aos novos praticantes da Antiga Religião.

NEUTRALIZAR: prevenir ou limitar. No contexto mágico, é o ato de neutralizar um feitiço e prevenir que outros prejudiquem algo ou alguém.

NOME DA ARTE: o nome pelo qual um Bruxo é reconhecido na comunidade Pagã; o mesmo que nome de Coven.

NOME INICIÁTICO: nome secreto escolhido ou recebido na Iniciação, conhecido somente pelo Iniciado e às vezes o Iniciador.

Glossário | 399

Nome mágico: mesmo que nome iniciático.

Novatos: aqueles que se preparam para a Iniciação.

Ogham: alfabeto mágico dos celtas baseado nas árvores.

Olho da mente: imaginação, visualização que ocorre em nossa mente em exercícios e meditações.

Oito formas de magia: formas tradicionais de fazer magia que envolve a disciplina mental, transe, poder pessoal, correspondências, psiquismo, magia sexual, explorar dimensões astrais, uso de plantas de poder.

Pagão: palavra que se originou do termo latim *paganus* que significa "rural, camponês, aldeão". Hoje é um termo geral para seguidores de Wicca ou outra Religião politeísta com manifestações mágicas. Pagãos não são satanistas.

Pagãos: do termo *paganus*, significando pessoa do campo, o praticante de uma das vertentes da Antiga Religião.

País de Verão: o Outromundo Pagão, onde residem Deuses e os espíritos dos entes queridos.

Panteão: conjunto de Deuses de uma determinada cultura.

Panteísmo: crença de que todas as coisas carregam uma centelha divina.

PCER (*Psicocinese Espontânea Recorrente*): fenômenos do tipo *Poltergeist*.

Pentáculo: um dos Instrumentos do Altar. Representa o elemento Terra. Também pode ser entendido como uma palavra sinônima de pentagrama.

Pentagrama evanescente: forma específica de traçar um pentagrama no ar com o athame, o bastão ou com o dedo, que expulsa energia e dispensa o poder que se manifesta.

Pentagrama Invocante: forma específica de traçar um pentagrama no ar com athame, bastão ou dedo, que atrai energia e abre os portais para que o poder se manifeste.

Pentagrama: estrela de cinco pontas entrelaçada, com uma das pontas para cima, dentro de um círculo. O Pentagrama é um símbolo, diferente de um Pentáculo que é um objeto (um disco com um Pentagrama gravado ou desenhado). O Pentagrama é um símbolo de proteção. Tido como símbolo maior da Bruxaria.

Coven - Rituais e Práticas de Wicca para Grupos

PERFEITO AMOR E PERFEITA CONFIANÇA: frase que expressa o ideal pagão.

PERSONALIDADE DO COVEN: o mesmo que mente, grupo.

PLANO ASTRAL: uma das dimensões da existência, onde as imagens mentais tomam forma.

PLANOS INTERIORES: dimensões da existência que residem no interior do ser.

PODER PESSOAL: energia que sustenta o indivíduo e é inerente a todas as pessoas. Essa energia é atraída por meio da comida, da bebida, dos elementos, do Sol e da Lua e de outras fontes naturais.

PODERES: Deuses, espíritos e forças mágicas acessadas por meio de invocação e ritual.

POLITEÍSMO: sistema de crença baseada em muitas Divindades.

PORTADOR DA SACA: cargo do Coven, a pessoa que cuida das finanças do grupo.

PORTAL: abertura imaginária feita na borda do círculo para que as pessoas possam entrar e sair dele sem quebrá-lo.

POSIÇÃO DA DEUSA: postura ritual assumida pelo Bruxo para invocar a energia do Sagrado feminino.

POSIÇÃO DO DEUS: postura ritual assumida pelo Bruxo para invocar a energia do Sagrado Masculino.

POSTULANTE: neófito, alguém que deseja se iniciar.

PRECOGNIÇÃO: fenômeno paranormal em que é possível contemplar acontecimentos futuros.

PROGRAMA DE INICIAÇÃO: conjunto de exercícios, práticas e rituais preparatórios realizados pelo Dedicante antes da Iniciação.

PSICOMETRIA: capacidade de captar as impressões psíquicas de um objeto pelo toque.

PURIFICAÇÃO: prática ritual utilizada para neutralizar distúrbios e energias negativas.

PUXAR A LUA PARA BAIXO: ritual Wiccaniano em que a energia da Deusa invocada sobre o corpo da Sacerdotisa, levando-a a um estado alterado de consciência.

Puxar a Lua: termo utilizado para designar o estado alterado de consciência de uma Sacerdotisa, manifestado pela energia da Deusa.

Puxar o Sol: termo utilizado para designar o estado alterado de consciência de um Sacerdote, manifestado pela energia do Deus.

Quadrante: ponto cardeal onde residem as energias de um elemento e seus respectivos Poderes.

Que assim seja e que assim se faça: frase Wiccaniana que assegura a realização e eficácia de um feitiço, invocação ou ritual.

Reconstrucionismo: a recriação de um antigo sistema mágico ou religioso, adaptando-o à modernidade.

Rede Wiccaniana: código moral de ética e conduta Wiccaniana.

Reforçar o círculo: traçar o círculo novamente, visualizando-o com o olho da mente.

Registro Akáshico: memória ancestral inerente aos seres e ao Universo que dá acesso ao conhecimento do Todo.

Regulamento do Coven: conjunto de regras de um Coven.

Réquiem: Rito de Passagem realizado quando um Bruxo desencarna. É o funeral pagão.

Ritual: um ato religioso e mágico, inerente a todas as Religiões, que tem o intuito de contatar as energias superiores, Deuses ou Deidades específicas de uma determinada manifestação religiosa.

Robe: veste cerimonial, túnica, manto.

Roda do ano: as oito celebrações sazonais que marcam o início e o término de cada uma das estações do ano.

Sabbat: qualquer um dos oito festivais Wiccanianos solares, marcado pelos dois Solstícios e dois Equinócios, como também as quatro datas entre eles. Eles são (nomes de origem céltica, outros existem) Yule, Imbolc ou Candlemas, Ostara, Beltane, Litha, Lughnasadh ou Lammas, Mabon e Samhain.

Sacerdote: um Iniciado na Arte.

Sacerdotisa: uma Iniciada na Arte.

Sacralizar: tornar algo sagrado, puro e abençoado.

SAGRADO FEMININO: energia sagrada feminina que se expressa por diferentes nomes nas várias culturas.

SAGRADO MASCULINO: energia sagrada masculina que se expressa por diferentes nomes nas várias culturas.

SAGRADO: tudo aquilo que é venerado.

SELAR: fechar magicamente ou impedir que um objeto seja contaminado por energias negativas.

SENHOR: título conferido ao Deus ou Sacerdote.

SENHORA: título conferido à Deusa ou Sacerdotisa.

SENHORES DO NORTE/LESTE/SUL/OESTE: cargos de um Coven ligados aos elementos da natureza, veiculadores dos poderes da natureza no Coven.

SETE PLANETAS MÁGICOS: Sol, Lua, Marte, Mercúrio, Júpiter, Vênus e Saturno, planetas conhecidos desde tempos antigos.

SIGILO DO COVEN: símbolo que expressa a identidade de um Coven da mesma maneira que um brasão identifica uma família ou um clã.

SINO: objeto ritual tocado para marcar momentos importantes de um ritual bem como seu início e término.

SOLITÁRIOS: nome dado aos Bruxos que praticam sozinhos.

TALISMÃS: objeto confeccionado que serve como um canalizador de energia.

TAMBOR: objeto ritual usado para alterar a consciência, invocar, banir e acompanhar os cânticos sagrados.

TEALOGIA: estudo da presença da Deusa nas diversas culturas da Terra.

TEMPLO ASTRAL: forma de pensamento criado por meio da luz astral que assume o formato de um espaço sagrado onde reportamos nosso espírito e mente em algumas práticas rituais.

TEMPO DAS FOGUEIRAS: Inquisição.

TÍTULOS: denominação que expressa honras ou funções.

TRADIÇÃO: organizado e estruturado subgrupo específico da Wicca. Existem muitas Tradições e alguns Wiccanianos não seguem nenhuma Tradição específica. As Tradições mais comuns são Gardneriana, Seax Wicca, Diânica, Fairy, Picta, Teutônico, Caledonii, Alexandrina, porém existem muitas outras.

TRADIÇÕES: diferentes segmentos existentes no Paganismo.

TRANSE: estado alterado de consciência necessário para fazer Magia.

TÚNICA: mesmo que robe.

UNÇÃO: ato de ungir. Passar óleos essenciais ou um unguento mágico em um objeto, velas ou partes de nosso corpo como forma simples de consagração.

UNGUENTOS: pomadas mágicas para ungir chacras, locais e objetos.

UNO: conceito moderno da Wicca que expressa um ser além do tempo e espaço que teria criado a Deusa e o Deus. Sua existência é negada pela maioria dos Wiccanianos.

VAMPIRIZAR: sugar a energia vital de algo.

VARETA MÁGICA: galho de uma árvore que foi consagrado magicamente e que tem a função de traçar Círculos Mágicos, direcionar a energia, etc. Tem a mesma função que o bastão. Em algumas Tradições, está associada ao elemento Fogo e em outras ao Ar.

VESTES DA LUA: o mesmo que Vestir-se de céu.

VESTIR-SE DE CÉU: nudez ritual.

VISUALIZAÇÃO: ato de formar ou reter uma imagem específica na tela mental durante rituais ou lançamentos de sortilégios.

WICCA: religião neopagã moderna com raízes espirituais nas expressões de reverência à natureza como uma manifestação do divino. A Wicca vê a Deidade como Deusa e Deus; assim, é politeísta. Abraça magia e a teoria da reencarnação, e não tem nenhuma ligação com o Satanismo.

WICCANIANO: Bruxo, praticante da Wicca. Chamados equivocadamente muitas vezes de Wiccanos.

WICCANING: Rito de Passagem realizado quando um novo ser nasce em um lar Pagão. O Wiccaning visa pedir proteção aos Deuses e Elementais para um recém-nascido, assim como apresentá-lo às Divindades e à comunidade Pagã. É neste Rito que a criança recebe seu nome. Com frequência é realizado em adultos quando esses passam a se dedicar à Bruxaria.

WIDDERSHINS: sentido anti-horário.

Bibliografia

ANGEL, Adamo. *Meditando com as Fadas*. São Paulo: Gaia, 1997.

ATLAS DO EXTRAORDINÁRIO. Volumes I e II. Espanha: Ed. Ediciones del Prado, 1995.

BARRETT, Francis. *O Magus*. São Paulo: Mercuryo, 1994.

BETH, Rae. *A Bruxa Solitária*. Rio de Janeiro: Bertrand, 1997.

BIEDERMANN, Hans. *Dicionário Ilustrado de Símbolos*. São Paulo: Melhoramentos, 1994.

BLANCHEFORT, Jean de. *Guia da Magia*. São Paulo: Maltese, 1992.

BONTEMPO, Márcio. *Medicina Natural*. São Paulo: Nova Cultural, 1992.

BOURNE, Lois. *Autobiografia de uma Feiticeira*. 3. ed. Rio de Janeiro: Bertrand, 1996.

_____. *Conversas com uma Feiticeira*. 2. ed. Rio de Janeiro: Bertrand, 1995.

BUDAPEST, Zsuzsanna E. *A Deusa no Escritório*. São Paulo: Ágora, 1996.

BURN, Lucilla. *Mitos Gregos*. São Paulo: Moraes, 1992.

CABOT, Laurie. *O Amor Mágico*. 3. ed. São Paulo: Campus, 1993.

_____. *O Poder da Bruxa*. 4. ed. São Paulo: Campus, 1990.

_____. *O despertar da Bruxa em cada mulher*. São Paulo: Campus, 2000.

CAMPANELLI, Dan e Pauline. *Circles, Groves and Sanctuaries*. Woodbury, Minnesota, EUA: Llewellyn, 1993.

_____. *Wheel of the Year*. Woodbury, Minnesota, EUA: Llewellyn, 1989.

_____. *Rites of Passage*. Woodbury, Minnesota, EUA: Llewellyn, 1994.

_____. *Ancient Ways*. Woodbury, Minnesota, EUA: Llewellyn, 1991.

CASTILO, Monteserrat, *Magia Mediterrânea: Un Manual Practico*. Rubí, Espanha: Ediciones Obelisco, 1991.

CLARK, T. Rundle. *Símbolos e Mitos do Antigo Egito*. São Paulo: Hemus, 1998.

CONWAY, D. J. *A Magia Celta*. Lisboa: Estampa, 1994.

____. *Livro Mágico da Lua*. São Paulo: Gaia, 1997.

____. *Maiden, Mother, Crone*. Woodbury, Minnesota, EUA: Llewellyn, 1994.

COTTERELL. Arthur, *Encyclopedia of Mythology*. Leicester: Lorenz Book, 1996.

CROW, W B. *Propriedades Ocultas das Ervas e Plantas*. São Paulo: Hemus, 1980.

CUNNINGHAM, Scott. *Magia Natural*. São Paulo: Gaia, 1997.

____. *Guia Essencial da Bruxa Solitária*. São Paulo: Gaia, 1998.

____. *A Verdade sobre a Bruxaria Moderna*. São Paulo: Gaia, 1998.

____. *A Casa Mágica*. São Paulo: Gaia, 1999.

____. *Vivendo a Wicca*. São Paulo: Gaia, 2003.

_____. *The Magical Household*. Woodbury, Minnesota, EUA: Llewellyn, 1996.

_____. *Enciclopedia Cunningham de las Hierabas Magicas*. São Paulo: Luis Carcamo Editora, 1995.

_____. *Spell Crafts*. Woodbury, Minnesota, EUA: Llewellyn, 2001.

DUNWICH, Gerina. *Wicca – A Feitiçaria Moderna*. 3. ed. Rio de Janeiro: Bertrand, 2002.

____. *Os Segredos da Magia do Amor*. Rio de Janeiro: Bertrand, 1994.

ELIADE, Mircea. *História das Crenças e das Ideias Religiosas – Da Idade das Pedras aos Mistérios de Elêusis*. Tomo I, Volume II, Rio de Janeiro: Zahar, 1978.

EYMERICH, Nicolau. *Directorium Inquisitorum – O Manual dos Inquisidores*. São Paulo: Rosa dos Tempos, 1993.

FARRAR, Janet e Stewart. *O Deus dos Magos*. São Paulo: Alfabeto, 2018.

____. *Oito Sabás Para Bruxas*. São Paulo: Anúbis, 1998.

____. *A Bíblia das Bruxas*. São Paulo: Alfabeto, 2017.

____. *O Deus das Bruxas*. São Paulo: Alfabeto, 2018.

____. *A Deusa das Bruxas*. São Paulo: Alfabeto, 2018.

FAUR, Mirella. *Anuário da Grande Mãe*. São Paulo: Alfabeto, 2015.

____. *O Legado da Deusa*. Rio de Janeiro: Alfabeto, 2016.

FENTON, Sasha. *A Influência da Lua em sua Vida*. São Paulo: Círculo do Livro, 1992.

FILHO, Domício Proença. *Estórias da Mitologia 1*. São Paulo: Gaia, 2000.

____. *Estórias da Mitologia 2*. São Paulo: Gaia, 2000.

_____. *Estórias da Mitologia 3*. São Paulo: Gaia, 2000.

FRAZER, Sir James George. *O Ramo de Ouro*. São Paulo: Guanabara Koogan, 1982.

FORREST, M. Isidora. *Isis Magic*. Woodbury, Minnesota, EUA: Llewellyn, 2001.

GETTY, Adele. *A Deusa – A Mãe da Natureza Viva*. Rio de Janeiro: Edições del Prado, 1997.

GOMES, Horivaldo. *A Magia das Velas – Teoria e Ritual*. Rio de Janeiro: Pallas, 1993.

GONNE, Maud. *Celtic Wonder – Tales*. Mineola, NY: Dover Publications, 1995.

GREEN, Marian. *Magia Para a Era de Aquário*. São Paulo: Pensamento, 1989.

GRIMASSI, Raven. *The Wiccan Mysteries*. Woodbury, Minnesota, EUA: Llewellyn, 1997.

_____. *Mistérios Wiccanianos*. São Paulo: Gaia, 2000.

_____. *Bruxaria Hereditária*. São Paulo: Gaia, 2003.

_____. *Encyclopedia of Wicca and Witchcraft*. Woodbury, Minnesota, EUA: Llewellyn, 2000.

_____. *Wiccan Magick*. Woodbury, Minnesota, EUA: Llewellyn, 1998.

HALLAM, Elizabeth. *O Livro de Ouro dos Deuses e Deusas*. Rio de Janeiro: Ediouro, 2002.

HOPE, Murry. *Técnicas de Autodefesa Psíquica*. São Paulo: Hemus, 2017.

JOHNSON, Kenneth; ELSBETH, Marguerite. *Roda da Lua*. Mem Martins, Portugal: Publicações Europa América, 2000.

_____. *O castelo do Graal*. Mem Martins, Portugal: Publicações Europa América, 2000.

HOUSTON, Jean. *A Paixão de Isis e Osíris*. São Paulo: Mandarim, 1995.

HOWARD, Michael. *O Uso Mágico das Velas e seu Significado Oculto*. São Paulo: Hemus, 1980.

JACQ, Christian. *O Mundo Mágico do Antigo Egito*. Rio de Janeiro: Bertrand, 2001.

JONES, Evan John. *Feitiçaria – A Tradição Renovada*. 2. ed. Rio de Janeiro: Bertrand, 1994.

JONES, Evan John; CLIFTON, Chas S. *Sacred Mask and Sacred Dance*. Woodbury, Minnesota, EUA: Llewellyn, 1997.

JONES, Kathy. *The Ancient British Goddes – Her Myths, Legends and Sacred Sites*. Áustria: Ariadne Publications, 1991.

_____. *Spinning the Wheel of Ana*. Áustria: Ariadne Publications, 1991.

K., Amber. *Convencraft: Witchcraft for Three or More*. Woodbury, Minnesota, EUA: Llewellyn, 1999.

_____. *True Magick: a Beginner's Guide*. Woodbury, Minnesota, EUA: Llewellyn, 2002.

KERÉNYI, Karl. *Os Deuses Gregos*. São Paulo: Cultrix, 1997.

KILLINABOY, Paul. *Rituais de Magia com Velas*. São Paulo: Maltese, 1994.

KING, Francis. *Magia*. Espanha: Ediciones del Prado, 1996.

KNIGHT, Gareth. *Prática da Magia Ritual*. São Paulo: Hemus, 1982.

_____. *Prática de Exercícios Ocultos*. São Paulo: Hemus, 1984.

KRUTA, Venceslas. *Os Celtas*. São Paulo: Martins Fontes, 1989.

LEEK, Sybil. *Arte Completo de la Bruxaria*. Espanha: Edicomunicacíon, 1990.

LEVI, Eliphas. *Dogma e Ritual da Alta Magia*. São Paulo: Pensamento, 2013.

LUNA, Mario Roso de. *O Simbolismo das Religiões*. São Paulo: Siciliano, 1990.

LURKER, Manfred. *Dicionário dos Deuses e Demônios*. São Paulo: Martins Fontes, 1993.

MARKALL, Jean. *Druidas – Tradiciones y Dioses de Los Celtas*. Madrid: Tauros Humanidades, 1989.

MARTIN CLARET (Org.). *A Essência da Magia*: A Arte de Viver. São Paulo: Martin Claret, 1997.

MATHER, S L Mac Gregor. *O Feiticeiro e seu Aprendiz*. São Paulo: Pensamento, 1990.

MATTIUZZI, Alexandre A. *Mitologia ao Alcance de Todos*. São Paulo: Nova Alexandria, 2000.

MATTHEWS, Caitlín. *Elementos da Deusa*. Rio de Janeiro: Ediouro, 1994.

MAURA. *O Manual da Bruxa Autêntica*. Rio de Janeiro: Best Seller, 1994.

MCCALL, Henrietta. *Mitos da Mesopotâmia*. São Paulo: Moraes, 1994.

McCOY, Edain. *Encantamentos de amor*. São Paulo: Gaia, 2001.

_____. *Inside a Witches Coven*. Woodbury, Minnesota, EUA: Llewellyn, 1997.

_____. *Spellworking for Covens*. Woodbury, Minnesota, EUA: Llewellyn, 2002.

MCCRICKARD, Janet E. *Brighde – Her Folcklore and Mythology*. 2001.

MORGAN, Govenka. *Magia de Sorte e Prosperidade*. São Paulo: Além da Lenda, 2000.

MOURA, Ann. *Green Witchcraft*. Woodbury, Minnesota, EUA: Llewellyn, 1997.

_____. *Origins of Modern Witchcraft*. Woodbury, Minnesota, EUA: Llewellyn, 2000.

NEUMANN, Erich. *A Grande Mãe*. São Paulo: Cultrix, 1996.

Bibliografia | 409

NightMare, M. Macha. *Witchcraft and the Web*. ECW Press, 2001.

NOVA SAMPA DIRETRIZ. *Mistérios do Conhecimento Humano*. São Paulo: Nova Sampa Diretriz, 1995.

NOWICKI, Dolores Ashcroft. *Manual Prático de Magia Ritual*. São Paulo: Siciliano, 1989.

PAPUS. *Tratado Elementar de Magia Prática*. São Paulo: Pensamento, 1978.

REGULA, de Traci. *Os Mistérios de Ísis*. São Paulo: Madras, 2002.

Roséan, Lexa. *The Supermarket Sorceress*. Nova York: St. Martins Paperbacks, 1996.

PARACELSO. *As Plantas Mágicas*. São Paulo: Hemus, 1976.

POLLACK, Rachel. *O Corpo da Deusa*. Rio de Janeiro: Rosa dos Tempos, 1997.

PRIETO, Claudiney. *Wicca – A Religião Da Deusa*. São Paulo: Gaia, 2000.

_____. *Todas as Deusas do Mundo*. São Paulo: Gaia, 2002.

_____. *ABC da Bruxaria*. São Paulo: Gaia, 2002.

_____. *Wicca – Ritos e Mistérios da Bruxaria Moderna*. São Paulo: Germinal, 1999.

RIVA, Anna. *Golden Secrets of Mystic Oils*. Nova York: International Imports, 1996.

RUSSELL, Jefrey Burton. *A História da Feitiçaria – Feiticeiros, Hereges e Pagãos*. São Paulo: Campus, 1996. Série Somma.

SABOYA, Jackson. *Iniciação à Magia*. Rio de Janeiro: Nova Era, 1996.

SALLMANN, Jean Michel. *As Bruxas – Noivas de Satã*. Rio de Janeiro: Objetiva, 2002.

SAMS, Jamie. *As Cartas do Caminho Sagrado*. Rio de Janeiro: Rocco, 1996.

SERITH, Ceisiwr. *The Pagan Family*. Woodbury, Minnesota, EUA: Llewellyn, 1994.

SPALDING, Tassilo Orpheu. *Dicionário de Mitologia*. São Paulo: Cultrix, 1986.

SPROUL, Barbara C. *Mitos Primais*. São Paulo: Siciliano, 1994.

STARHAWK. *A Dança Cósmica das Feiticeiras*. Rio de Janeiro: Nova Era, 1997.

_____. *The Twelve Wild Swans*. São Francisco: Harper, 2000.

_____. *Circle Round*. Nova York: Bantam Books, 1998.

_____. *The Pagan Book of Living and Dyiong*. São Francisco: Harper, 1997.

_____. *Truth or Dare: Encounters with Powers. Authority and Mystery*. São Francisco: Harper One, 1988.

STEVENS, Jose; LENA. *Os Segredos do Xamanismo*. Rio de Janeiro: Objetiva, 1988.

SUMMERS, Lucy. *The Book of Wicca*. Londres: Barron's, 2001.

TELESCO, Patrícia. *O Poço dos Desejos*. São Paulo: Pensamento, 1999.

THIAGO, Miranda Arroyos de San. *O Livro das Feiticeiras*. Rio de Janeiro: Pallas, 2008.

THOMPSON, Janet. *Of Witches*. York Beach, ME: Samuel Weiser, 1996.

____. *Magical Hearth – Home for the Modern Pagan*. York Beach, ME: Samuel Weiser, 1995.

TORRES, José Augusto Maciel. *Guia das Ciências Ocultas*. São Paulo: Pen, 2017.

VALIENTE, Doreen. *Witchcraft for Tomorrow*. São Paulo: Phoenix, 1978.

VINCI, Léo. *A Magia das Velas*. São Paulo: Pensamento, 1995.

____. *Incenso – Preparo, Uso e Significado Ritual*. 4. ed. São Paulo: Hemus, 1984.

WALKER, Barbara G. *A Velha – A Mulher de Idade Sabedoria e Poder*. São Paulo: A Senhora, 2001.

WELBURN, Andrew. *As Origens do Cristianismo*. Rio de Janeiro: Best Seller Círculo do Livro, 1991.

WHITMONT, Edward C. *O Retorno da Deusa*. São Paulo: Summus Editorial, 1991.

WORTH, Valerie. *Crone's Book of Charms and Spells*. Woodbury, Minnesota, EUA: Llewellyn, 2002.

WOSIEN, Maria-Gabriele. *Dança Sagrada*. São Paulo: Triom, 2002.

WOODS. Gail. *Sisters of the Dark Moon*. Woodbury, Minnesota, EUA: Llewellyn, 2001.

Sobre o autor

CLAUDINEY PRIETO é a principal voz da Wicca no Brasil. Considerado um dos autores mais respeitados e conhecidos da atualidade, seus livros – sempre permanentes no ranking brasileiro dos best-sellers –, atingiram com *Wicca – A Religião da Deusa* a marca de mais de 200 mil exemplares vendidos em todo o Brasil.

Foi iniciado na Wicca há mais de 20 anos e é fundador da Tradição Diânica Nemorensis, uma Tradição de Bruxaria genuinamente brasileira, fruto de anos de sua vivência com a Religião da Deusa no Brasil. É um Alto Sacerdote de 3º Grau da Tradição Gardneriana, um Minos na Minoan Brotherhood, Arquissacerdote da Fellowship of Isis, membro da FOI ArchPriesthood Union, Elder da Tradição Apple Branch e foi o primeiro e único homem ordenado por Zsuzsanna Budapest na Wicca Diânica. O autor tem trabalhado ativamente sendo porta-voz da Wicca em todo o mundo, palestrando no Parlamento Mundial das Religiões e desenvolvendo atividades em países como Estados Unidos, México, Canadá, Alemanha e Argentina.

Foi fundador e idealizador da ABRAWICCA, a primeira Associação Pagã Brasileira, e coordena, há mais de 10 anos, a organização da Conferência Anual de Wicca & Espiritualidade da Deusa no Brasil, o maior evento Pagão da América Latina, de âmbito nacional e internacional, direcionado à apresentação de teses, visões e discussões sobre as experiências transformadoras com o Sagrado Feminino em suas muitas manifestações. E idealizador e coordenador da Universidade Livre de Estudos Pagãos (UNILEP), a primeira escola on-line no Brasil dedicada exclusivamente ao estudo da Wicca e Paganismo por meio do sistema de educação a distância (EAD), e criador do Goddess Blessing e do Goddess Healing Systems(r), únicos sistemas de bênção e cura centrados no Sagrado Feminino e especificamente voltado para os pagãos.

Em 2014, criou o World Goddess Day Project (Projeto Dia Mundial da Deusa), que reúne milhares de pessoas, em mais de 40 países pelo mundo, compartilhando os muitos mitos, histórias e diversidade de culto da Grande Mãe, com atividades locais que visam a dar visibilidade ao Sagrado Feminino por meio da arte e espiritualidade.

Além de ser muito procurado para ministrar palestras e fornecer ensinamentos sobre Bruxaria, Claudiney é frequentemente convidado a dar entrevistas em rádio e TV para desmistificar os velhos estigmas negativos, equívocos e deturpações associados à religião Wicca. Também ensina Bruxaria por meio de treinamentos iniciáticos privados que introduzem os buscadores nas diversas Tradições às quais mantém afiliação e possui graus.

Atualmente, Claudiney dedica a maior parte do seu tempo na organização da Mystic Fair Brasil, a maior feira mística e esotérica do Planeta, que acontece anualmente em São Paulo.

Dentre as suas publicações destacam-se também: *ABC da Bruxaria, Todas as Deusas do Mundo, Ritos e Mistérios da Bruxaria Moderna, Wicca para Bruxos Solitários, Ritos de Passagem, A Arte da Invocação, Wicca para Todos, Oráculo da Grande Mãe* e *Novo Tarô de Marselha* e a obra aqui reeditada, *Coven – Rituais e Práticas de Wicca para grupos.*

Visite o site do autor em www.claudineyprieto.com.br
para contatos e mais informações sobre o seu trabalho.

OUTROS TÍTULOS DA EDITORA ALFABETO

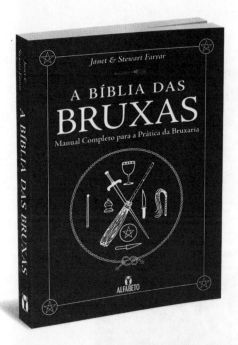

Para saber mais, escaneie o QR Code acima ou acesse o site da editora:
www.editoraalfabeto.com.br

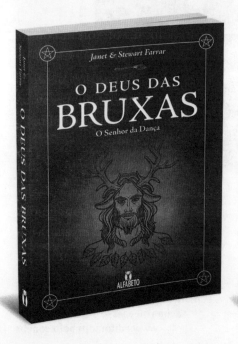

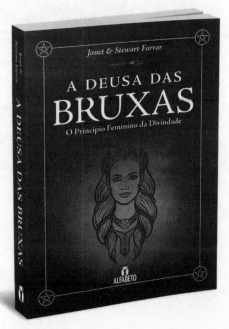

OUTROS TÍTULOS DA EDITORA ALFABETO

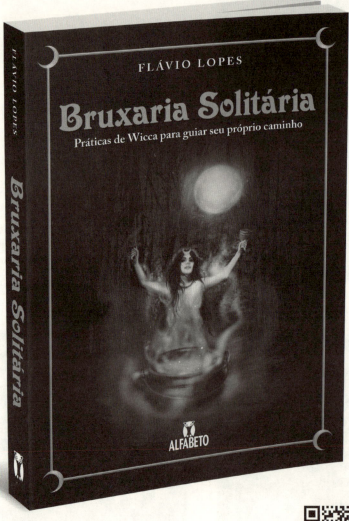

Para saber mais, escaneie o QR Code acima ou acesse o site da editora:
www.editoraalfabeto.com.br

OUTROS TÍTULOS DA EDITORA ALFABETO

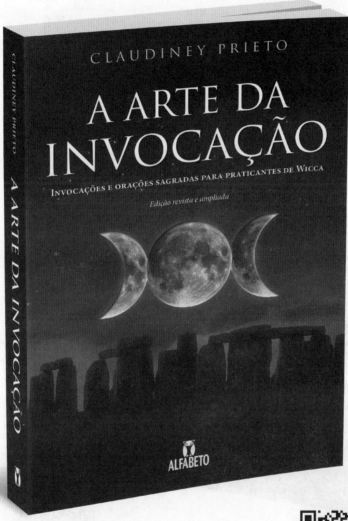

Para saber mais, escaneie o QR Code acima ou acesse o site da editora:
www.editoraalfabeto.com.br

OUTROS TÍTULOS DA EDITORA ALFABETO

Para saber mais, escaneie o QR Code
acima ou acesse o site da editora:
www.editoraalfabeto.com.br